모든 문제의 해답이 놓여 있는 곳, 모든 신비가 시작되는 곳
마음의 과학 Ⅰ

어니스트 홈즈 지음

진리를 나타내기 위해 전 이 책을 씁니다.
이 책에서 보여주는 진리는 우리를 해방시켜
새로운 세계로 인도할 것입니다.
그때 미혹의 안개를 뚫고
영원과 변하지 않는 실체를 보게 될 것입니다.

어니스트 홈즈 Ernest Holmes

1887-1960

어니스트 홈즈

어니스트 홈즈(1887-1960)는 신사상 단체인 종교과학(Religous Science)의 설립자이다. 젊은 시절 크리스천 사이언스(Christian Science)라는 단체에서 수학하다가 1912년 로스앤젤레스에 오게 된다. 1919년 그의 첫 책인 "창조적 마음(Creative Mind)"을, 1926년 "마음의 과학(Science of Mind)"을 출간한다. 홈즈는 신사상에 아주 막대한 영향을 미쳤다. 특히 "우리가 우리의 현실을 창조할 수 있다"는 그의 핵심 사상이 그러했다. 이 책은 마음의 과학의 초판이다. 개정판은 1938년에 나왔다.

안식이 그대, 방문자에게 찾아오기를

그대 방문자에게 안식이 찾아오기를..
지금 이곳으로 들어오기를 두려워 말라.
언제든 내 집에 들어올 수 있게 난 문을 열어놓았고
모두를 위한 방이 마련돼 있다.
깨끗하게 청소된 벽난로에 불을 하나 지핀다.
그 따뜻한 방은 마음을 밝게 하니,
그 안에서 안정과 휴식을 찾을 수 있으리.

당신 앞의 식탁에 생명의 과일을 놓는다.
포도주 역시 이곳에 있으니, 빛을 받아 반짝인다.
당신을 위한 의자를 마련했고,
그것은 태양을 받아 그늘 속에서 일렁인다.
앉아서 쉬어라. 그리고 당신의 영혼을 새롭게 충전하라.
과일을 먹으며 포도주를 마셔라.
모든 것, 이 모든 것은 당신의 것이니, 언제든 환영한다.

CONTENTS

어니스트 홈즈에 대하여	4
서문	8
역자서문	12
1부 진화의 시작 The Evolution of Man's Thought	17
2부 존재의 본성 The Nature of Being	45
Chapter 1 머리말	46
Chapter 2 우주의 구조	84
Chapter 3 존재의 본성에 대한 설명	118
Chapter 4 정리	138

3부 인간의 본성 The Nature of Man	145
Chapter 1 머리말	146
Chapter 2 인간의 구조	180
Chapter 3 인간의 본성에 대한 설명	192
Chapter 4 정리	246

4부 멘탈힐링 Mental Healing	251
Chapter 1 머리말	252
Chapter 2 일체성의 구조	260
Chapter 3 멘탈힐링에 대한 설명	266
Chapter 4 정리	342

서 문

마음의 과학이란 강의를 집필하면서 전 제가 새로운 진리를 발견했다고 주장하지는 않습니다. 어떤 시대이던 이 진리를 알고 있던 소수의 사람들이 항상 존재했습니다. 하지만 대다수의 사람들은 우리가 정신적인 세상, 영적인 세상 안에서 살고 있다는 것을 상상조차 하지 못했습니다. 오늘날의 사람들은 더 많은 진보를 이루게 되면서 더 넓은 영역을 탐구할 수 있게 되었고, 이로 인해 생명에 대한 더 깊은 의미를 탐구할 준비가 되었습니다.

깨달은 이들은 항상 알고 있던 위대한 진리, 전 이제 이 책을 통해 그것을 나타내려고 합니다.

흔히 우리는 어떤 **창조의 지성**(Creative Intelligence)이 속박 속에 갇힌 인간을 창조했고 여전히 그 속박 속에 가두고 있다고 생각합니다. 하지만 이런 가정은 우리가 신이라고 부르는 **창조의 권능**(Creative Power)을 더럽히는 일일 것입니다. 그리고 또 신이 인간을 하나의 개성을 지닌 인격으로 창조하면서 스스로를 발견할 기회조차 주지 못했다는 가정 역시 온당치 못합니다. 개개인들은 당연히 기계적인 인간이 아닌 자유의지를 지닌 인간입니다. 인간이란 껍데기 안에 자유라는 씨앗이 놓여 있습니다. 그래서 우리는 돌아온 탕아처럼 자아를 찾기 위한 스스로의 여정을 떠나야만 합니다. 가끔 그 여정은 참으로 힘들어 보이기도 하고 등에 지고 있는 짐이 너무 무거워 보이기도 하지만, 우리는 알 수 없는 존재와 신성한 실체를 미묘하게 느낄 수 있습니다. 자아 본연의 본성은 이렇게 자유라는 방식 안에서 언제나 자신을 표현하려고 합니다. 내면에서 들리는 이 음성에 귀를 기울이십시오. 그것은 경이로운 생명에 대한 이야기와, 우리가 꿈조차 꿀 수 없었던 아름다운 최상의 사랑에 대한 이야기와, 영혼이 간질히 바라던 사유에 대한 이야기를 늘려주고 있습니다.

하지만 이 우주의 위대한 사랑은 분명 우주 존재의 위대한 법칙과 하나일 것입니다. 그래서 우리는 반드시 법칙이란 것을 통해 그 위대한 사랑에 도달해야만 합니다.

그렇다면 이 책은 사랑과 법칙에 대한 가르침입니다. 신의 사랑이 완벽한 것처럼, **신의 법칙** 또한 완벽합니다. 우리는 반드시 둘 모두 깨우쳐야 합니다. "귀 있는 자가 있거든, 듣게 하라."

이 책에서 언급된 많은 저자들과 또한 이 책에는 언급되지 않은 많은 저자들에게 감사를 전합니다. 다양한 저작들을 소스로 이 책이 집필된 것이기에 우리가 이 책을 통해 이해의 폭을 넓힐 수 있다면 그것은 저의 공적이 아니라, 이 진리를 위해 헌신한 수많은 분들의 시간과 생각과 노력의 대가일 것입니다.

어니스트 홈즈

역자서문

우리는 많은 문제들을 겪고 있고, 그것을 해결하는 과정에 있습니다. 인간관계, 재정적인 문제, 건강에 대한 문제 등. 그런데 우리가 그 문제를 바라보는 시각이 달라지지 않는다면 작은 문제 하나조차도 해결할 수 없다는 것을 알고 계신가요?

예를 들어 나에게 상처를 줬던 사람 때문에 원망과 미움의 문제를 겪고 있다면, 그 대상들을 바라보는 시각이 변하기 전까지는 원망의 문제는 해결되지 않습니다. 그 시각이 변하지 않는다면 상대방은 여전히 나에게 상처를 줬던 가해자이고, 나는 여전히 상처를 받은 피해자입니다. 그래서 나는 여전히 화가 나고, 억울한 마음이 들고, 복수를 꿈꿉니다. 애써서 상대방을 용서한다고 말하고, 화가 나는 마음을 억누를 수는 있겠지만, 그것도 잠시일 뿐입니다. 시각이 그대로라면 문제도 그대로입니다.

하지만 이 갈등관계를 보는 시각이 달라진다면 문제는 해결될 수 있습니다. 어떻게 하면 나의 시각이 변할 수 있을까요? **새로운 사실**을 깨달아서 받아들일 때입니다. 쉽게, 과거에 내가 그 사람에게 상처를 줬던 일을 깨닫거나, 나도 다른 이들에게 상처를 많이 줬었던 가해자였다는 것을 깨닫는 것을 생각해볼 수 있습니다. 완전히 새로운 관점에서 보지는 않겠지만, 예전에는 상대방을 절대 가해자로, 나를 절대 피해자로 생각하는 관점에서는 벗어나게 해줄 것입니다. 나 역시 가해자일 수도 있다는 작은 가능성이 이 사태를 바라보는 관점에 약간의 변화를 만들어 줄 수 있습니다. 이 시선의 변화가 원망과 미움을 자연스럽게 사그러들게 할 것입니다. 즉, 약간의 **새로운 사실**이 문제를 바라보는 관점을 약간 변화시키고, 자연스럽게 결과를 만들어 냅니다. 우리가 현재의 문제에서 벗어나고자 한다면 새로운 사실을 받아들여 이렇듯 현재의 시선이 변화되어야만 합니다.

이 책 역시 **새로운 사실**을 건네줍니다. 그것 역시 지금의 시선을 변화시킬 것입니다. 하지만 이번에는 조금 더 근원적인 것을 새롭게 보게 할 **새로운 사실**입니다. 그 근원적인 것은 "나"입니다. 그리고 "나"와 관계하는 주변의 모든 것입니다. 세상을 바라보는 기준이었던 나를 새롭게 보게 하고, 그로써 세상 모든 것을 바라보는 시각을 변화시켜줄 **새로운 시각**을 제공해줄 것입니다.

제가 이 책을 좋아하는 이유는, 바로 이것 때문입니다. 때로는 나를 버림받은 존재라고 여길 때도 있었고, 문제를 해결책이 없는 것으로 여길 때도 있었습니다. 어떤 원초적인 죄가 있기에, 혹은 과거에 어떤 죄를 지었기에 벌을 받는다고 여겼던 적도 있었습니다. 이런 잘못된 관념은 제게 버림받은 기분, 외로움, 두려움 등을 심어줬습니다.

저와 같은 기분에 사로잡혔던 분들이라면 이 책이 그런 망상에서 벗어나게 해주고 어렸을 때 느꼈던 천진난만한 해방감과 안정감을 회복시켜 줄 수 있을 것입니다. 더불어 이런 시각의 변화로 인해 많은 문제를 다른 시각에서 대할 수 있을 것입니다.

형이상학적인 내용이 많은 책입니다. 그저 현실과는 동떨어진 어떤 철학의 분류로 생각하며 읽는다면 어떤 변화도 없을 것입니다. 하지만 계속해서 그 의미를 생생한 현실로 받아들이면서 읽는다면 큰 이득을 얻을 수 있으리라 생각합니다.

유익한 한권의 책이 되었으면 합니다.

리그파

마음의 과학은 총 두 편으로 이루어져 있고, 이 책은 첫 번째 이야기입니다.
제가 주석을 달은 부분은 * 표시를 해두었습니다.

1부
The Evolution of Man's Thought
진화의 시작

INSTINCT MAN
태초 인간

우리가 인간의 역사를 그 기원까지 추적해본다면 인간이 자기 자신을 의식적으로 인식하지 못하는 시점까지 보게 될 것입니다. 자아에 대한 의식을 지닌 인간으로는 아직 진화하지 못했기에 태초의 본능적 상태였을 것입니다.

그러던 상태에서 지금처럼 자아의식을 지닌 모습이 되었다면, 그 태초의 모습에서 성장과 진화라는 펼쳐짐의 과정이 존재했다는 것은 틀림없습니다. 그런데 이렇게 무언가가 펼쳐져 나오기(unfold) 위해서는 그 안에 펼쳐질 대상을 잠재적으로 지니고 있어야 합니다. 우리의 현재모습이 이렇게 지성을 지니고 있다는 것을 생각해본다면 **태초의 본능적 인간 안에도 지성의 원인자가 잠재적으로 분명 존재할 것입니다.**

*태초의 본능적 인간(Instinctive Man) : 아기가 처음 태어났을 때 자의식을 지니지 못한 채 본능에만 의존하는 것처럼, 인류의 시작도 이와 유사한 상태가 있었을 거라는 가정 하에서 그것을 태초의 본능적 인간이라고 한다. 갓난아이 안에는 미래의 어떤 모습이라도 될 수 있는 잠재성이 들어있는 것처럼 이 태초의 본능적 인간 안에도 우리 인류의 모든 잠재성이 들

어 있다.

*펼쳐짐(unfoldment) : evolve처럼 진화를 뜻하지만 영어 본래의 의미에서는 내면에 간직되어 있는 것이 외부로 펼쳐낸다는 뜻이 강하다. 그래서 진화란 본래 내면에 갖고 있는 것을 외부에 표현해내는 것이다. 비록 외부에서 보면 새롭게 무언가가 생기는 것이긴 하지만 그 본래의 의미를 잘 고찰해보면 무에서 유가 창조되는 것이 아닌 본래 지니고 있던 잠재성이 외부로 펼쳐진다는 것을 알 수 있다. 그래서 진화라는 표현으로 해석되는 단어 역시도 이런 뜻을 감안하고 봐야 한다.

그렇다면 태초의 본능적 인간이란 '세상 모든 것의 내적인 원천(Inner Something)' 혹은 '근원의 생명(Life)'을 뜻합니다. 지금 우리의 눈으로는 그것을 볼 수 없습니다. 하지만 위와 같은 추론을 해본다면 그런 것이 반드시 존재한다는 결론에 이릅니다. 우리는 그 태초의 생명을 인간 안의 신이라 말할 수 있고, 또 인간을 통해 활동하는 신의 생각이라고 말할 수도 있습니다. 그렇다면 의문점이 있습니다. 태초의 본능적 인간이 신의 관념이라고 한다면 그곳에서 펼쳐져 나온 인간은 왜 완벽하지 않은 걸까요? 전 이렇게 대답하겠습니다. 인간은 완벽하지만 개별적인 개성을 지니고 서서히 진화되었기에 그 완벽한 자아를 발견하는 여정을 스스로 하도록 홀로 남겨졌다고 말입니다. 위에서 명령을 하면 무작정 따르기만 하는 기계적인 모습으로 인간이 창조된 것은 아닙니다. 자유선택과 자유의지라는 속성으로 창조되었기에 완벽한 자아를 찾는 위대한 여정 역시도 스스로 해야만 했습니다.

NATURE WAITS ON MAN'S SELF-RECOGNITION
자연은 인간 스스로 자신의 자아를 발견하기를 기다린다

태초의 본능적 생명은 인간에게 자유의지를 준 때부터 인간 스스로 자신의 자아를 찾게끔 했습니다. 마찬가지로 태초의 본능적 생명은 인간의 내면에 간직한 완벽함 역시도 인간이 스스로 찾아내 펼쳐내기를 기다리고 있습니다. 물론 그 생명이 아주 관여를 안 했다고 말한다면 틀린 이야기일 것입니다. 왜냐하면 인간의 외로운 여정 속에서도 몸의 무의식적인 활동을 하게끔 하거나 아니면 고요함 속에서 인간에게 어떤 영감을 줬던 것도 사실이기 때문입니다. 하지만 그 외의 시간들은 인간 혼자만의 여정이었습니다. 태초의 생명은 인간을 여전히 완벽한 존재로 간직하고 있을지도 모릅니다. 아니 분명 그렇습니다. 하지만 인간 스스로 이 사실을 깨닫기를 바라고 있습니다. 그래서 인간의 외로운 여정의 시간 동안 **태초의 생명**은, 즉 신은 언제나 인간에게 이 위대한 발견이 이루어지고 있는지를 지켜보고 있으면서 인간이 진화의 발걸음을 하나씩 뗄 때마다 바로 응답해줄 준비가 되어 있습니다.

우리가 인류의 진화를 살펴본다면 이 말이 사실인 것을 알 수 있을 것입니다. 우리가 자연의 힘을 발견했을 때를 생각해보세요. 전기를 예로 들어보겠습니다. 그 힘은 발견된 이후에만 생겨난 것이 아니란 것을 알 것입니다. 항상 있어 왔습니다. 하지만 인간에게는 오직 그것이 발견되어 사용하는 방법을 알게 되었을 때만 존재하는 것이 되었습니다. 전기는 우주에 항상 존재했습니다. 모세가 사람들을 이끌고 이집트를 건널 때도 존재했던 힘입니다. 다만 모세나 그를 따르던 사람들은 그 힘을 몰라서 조금의 혜택도 볼 수 없었습니다. 이것은 자연의 모든 **법칙**에도 적용되는 사실입니다. 다시 말해 자연의 힘은 언제나 존재했지만 인류가 그 존재를 발견해서 이해했을 때에야 사용될 수 있었습니다. 마찬가지로 **태초의 생명** 역시도 인간이 **자신**을 발견하고, 더 나아가 **거대한 전체**(great Whole)와의 관계를 발견하기를 기다리고 있습니다.

이것이 세상 모든 자연력(自然力)에 해당되는 명백한 사실이라면 인간 내면의 내적이고 보다 정교한 힘들에도 우린 같은 식의 기대를 할 수 있을 것입니다. 우린 내면에 존재하는 보다 정교한 힘이 인간을 통해 펼쳐지는 것(unfoldment)을 진화(evolution)라고 부릅니다.

THE FIRST GREAT DISCOVERY
첫 번째 위대한 발견

인간의 첫 번째 위대한 발견은 자신이 생각할 수 있다는 사실에 대한 자각입니다. 바로 이 위대한 발견이 이루어진 날, 인간은 자리에서 일어나 이렇게 말했습니다. "I AM." 이것은 한 개아(個我)로서 이룰 수 있는 첫 번째 위대한 발견이었습니다. 그날부터 인간은 한 개별적인 자아가 되었고, 더 위대한 진화의 발걸음을 혼자의 힘으로 걸어야만 했습니다. 이제 인간은 전체와 분리된 한 개별적 자아가 되었기에 강제적인 진화의 힘은 멈췄습니다. 그래서 그날부터 인류는 자연과 자연의 힘과의 기계적인 결합의 상태에서 벗어나게 되었고, 이제는 자연과 자연의 힘과의 조화를 스스로 만들어야만 했습니다. 하지만 **태초생명**은 항상 우리 곁에 있어왔고 앞으로도 영원히 우리를 떠나지 않을 것이기 때문에 인간 혼자 일할 필요는 없었습니다. **태초생명**은 인간이 자신의 무한한 가능성을 보다 많이, 보다 많이 펼치기를 바란 채 우리와 영원히 함께 있습니다.

인간은 **무한한 근원**으로부터 자신을 펼쳐내고(진화하고) 있습니다. 그래서 인간 뒤에는 **위대한 알려지지 않은 자**가 있다고 말할 수 있습니다. 그런데 "알려지지 않은 자"이지 "알 수 없는 자"가 아닙니다. 왜냐하면 인간을 통해 이 알려지지 않은 자는 알려지게 될 것이고 보다 더 많은 **태초의 생명**이 인간을 통해 나타날 것이기 때문입니다. **자연**은 인간을 위해서 인간을 통해 활동해야만 합니다. 이것은 모든 생명이나 그 생명의 활동들에 대해서도 적용되는 진리입니다.

첫 번째 인간의 위대한 발견은, "생각할 수 있고, 계획할 수 있고, 실행할 수 있다"는 것입니다. 인류가 이룬 위대한 문명과 그 외 모든 것들은 바로 이 발견을 기초로 세워졌습니다. 전력을 이용할 수 있게 되고, 증기를 가둬두었다가 원하는 곳에 내뿜기도 합니다. 숲을 황폐하게 만들기도 하고, 도시를 짓기도 하고, 사막에 꽃을 피우기도 하고, 세계 전역에 걸쳐 사람들과 소통할 수도 있었습니다. 정말로, 인간은 지구를 소유한 것처럼 보였습니다.

THE INNER SENSE AWAKENS

내면의 감각이 깨어나다

하지만 세상을 다 가진 것과 같은 인간의 외형적 능력에도 불구하고 인간은 여전히 어떤 막연한 무언가를, 어떤 더 커다란 무언가를, 어떤 끝나지 않은 저 멀리의 무언가를 느낍니다. 그건 일종의 내면의 신비로운 감각과 같은, 직관적인 충동과 같은, 마치 더 밝은 빛을 기대하며 어둠속에서 손을 더듬어 찾는 것과 같은 느낌입니다. 세상을 다 가진 것 같은 이런 외형적인 힘에도 불구하고 인간은 여전히 불행하며 아프고 또 외롭고 두렵습니다. 그들이 세웠던 도시는 한줌의 먼지가 돼버리고 공들였던 국가들은 하나씩 폐허가 되어, 이젠 역사가의 입으로만 그 찬란했던 도시의 모습이 전해질 뿐입니다.

겉만 본다면 인간에게는 큰 힘이 있다고 말할 수 있습니다. 하지만 그 어떤 인간도 죽음의 그림자를 피할 수 없고, 그것은 항상 인간의 곁에 있다가 이내 삼켜버립니다. 인간은 어둠과 불확정성의 장막과 항상 함께 합니다.

THE GREAT QUESTION "WHY"
위대한 질문, "왜"

모든 사람들은 공통적으로 이것에 대해 "왜"라는 위대한 질문을 해왔습니다. 그러나 그것에 대답할 수 있는 사람은 아주 소수였습니다. 더구나 사람들은 생존경쟁에 찌들어 그 소수조차도 알아보지 못했고, 소수의 위대한 현자들 역시 그렇게 주목받지 못한 채 조용히 세상을 떠났습니다.

그렇게 인간은 무거운 가슴과 피를 흘리는 다리를 끌고 지친 여정의 길을 따라 투쟁을 하다가 무덤 속으로 들어갑니다. 무언가 채워지지 않은 결핍의 감정은 인간의 발걸음 발걸음마다 따라다닙니다. 그래서 그는 컴컴한 길을 더듬어 걸어가다가 말할 수 없는 고통에 손을 올리며 관심을 기울인 적 없던 신에게 탄원의 목소리를 높입니다.

"왜 우리는 고통과 슬픔을 느끼고, 죄와 병과 근심을 겪다가 이내 냉혹하고 잔인한 무덤 속에 누워야만 하는 겁니까?"

왜? 왜? 왜? 인간은 그 대답을 얻기 위해 지혜로운 자들을 찾아가지만 결국 발견한 것은 그들의 숨겨진 어리석음뿐이고, 학식이 있는 자를 찾아가지만 결국 발견한 것은 그들의 지혜의 부족함뿐입니다. 왜? 왜? 왜? 그의 울부짖음은 마치 저 허공 속으로 사라지는 듯 보입니다. 하지만 다시 출발점으로 돌아가 보십시오! 희미한 응답이 주어진 곳으로부터, 어떤 정교한 내면의 감각이 찾아왔고, 어떤 알려지지 않은 존재는 작은 목소리로 대답합니다. "인간이여, 그대자신을 알라!" 태초인간은 인류에게 자신의 본성 안을 보다 깊게 찾으라고, 생명에 대한 대답을 그 안에서 찾으라고 또 다시 말합니다. 이 목소리는 그것을 이해하고 명령을 따를 수 있게 된 사람에게는 반드시 찾아옵니다.

THE GREATEST DISCOVERY OF ALL TIME-MIND
가장 위대한 발견, 마음

인류가 내면에서 들려오는 이 태초의 음성에 귀를 기울이고 따르는, 위대한 여정의 길이 열립니다. 그건 바로 마음의 발견입니다.

인간의 위대한 첫 번째 발견인, '생각할 수 있는 능력'은 너무나 당연하기 때문에, "그래 난 생각할 수 있어. 근데 그게 뭐?"라는 식으로 큰 관심을 얻지 못했습니다. 물론, 그건 그가 존재한다는 증거이지만 그것뿐이었습니다. 항상 생각할 수 있었고, 그냥 단지 자신이 필요한 것이 무언지를 아는 능력을 줬고, 인간은 그것을 채우려 했을 뿐입니다. 항상 그래왔습니다.

생각할 수 있는 능력은 인간이 태어날 때 지니고 왔다가 죽을 때 사라지는, 자연발생적인 것처럼 보였습니다. 그래서 사람들은 뇌를 생각의 장소처럼 여겼기에 죽음이 찾아왔을 때 뇌는 정지되고 더 이상 작동하지 못하게 될 거라는 이야기를 너무나 자명한 진리처럼 받아들였습니다.

THE BRAIN DOES NOT THINK
생각하는 것은 뇌가 아니다

하지만 지혜로운 자가 나타나 인간이 생각할 수 있는 것은 뇌 때문이 아니라고 말합니다. 왜냐하면 만약 뇌가 스스로 생각할 수 있다면 누군가가 그 뇌를 잘라낸다면 그 잘려진 뇌 스스로도 생각할 수 있어야 할 것이기 때문입니다. 뇌 스스로 생각할 수 있는 것은 아닙니다. 하지만 뇌가 없다면 인간이 생각할 수 없는 것도 사실입니다. 이 말은, 이 땅에서 인간이 생각하기 위해서는 뇌가 필요하지만 뇌 스스로 생각하는 것은 아니란 뜻입니다. 생각의 주체는 뇌가 아니면서 인간은 생각할 수 있고 뇌라는 도구를 통해 외부로 표현할 수 있습니다. 그렇다면 뇌 이면에 생각의 주체가 존재한다는 뜻입니다. 하지만 이 생각하는 자는 과연 어디에 있습니까? 우리 눈은 그를 볼 수 없습니다. 그 누구도 생각하는 자를 보지 못했는데, 과연 우리에게는 생각하는 자가 있다고 말할 수 있을까요? 물론 그렇습니다. 잘 생각해보세요. 우리가 자연의 힘에 대해서도 그것을 직접 보고 그 이름을 붙인 걸까요? 예를 들어 우리는 전기나 그 외의 자연의 힘들을 본 적이 있습니까? 없습니다. 단지 우리가 본 것은 그 존재를 증명하는 전기라는 힘이 활동한 결과였습니다. 우리는 전기를 통해 빛을 얻고 동력을 돌리기 때문에 전기라는 힘이 있다고 짐작했던 것입니다. 다른 힘들도 마찬가지입니다. 우리가 보는 것은 힘 자체가 아니라 그것이 활동한 결과입니다.

WE DO NOT SEE THE THINKER
우리는 생각하는 자를 볼 수 없다

다시 생각하는 자로 돌아가서, 우리는 그를 볼 수 없지만 그것이 작용하는 결과를 통해 그 실체를 알 수 있습니다. 다리가 몸에서 분리된다면 그것 자체로는 한발자국도 걷지 못하는 것을 보면서 다리에게는 스스로 걸을 수 있는 힘이 없단 것을 압니다.

마찬가지로 손이 몸에서 분리됐다면 그게 어디 작은 물체 하나라도 잡을 수 있습니까? 눈을 떼어낸다면 그것이 무언가를 볼 수 있을까요? 몸의 모든 기관들이 다 그렇습니다. 이 모든 기관들 배후에는 그것을 의식적인 목적으로 사용하는, 생각하는 자 혹은 행동하는 자가 있습니다.

THE BODY UNCONSCIOUS WITHOUT THE THINKER
생각하는 자가 없다면 생각할 수 없는 몸

이건 위대한 발견입니다. 왜냐하면 이 발견은, 만약 생각하는 자가 없다면 아픔이나 고통을 느끼지 않는다는 뜻이고, 생각하는 자가 없다면 몸이 조금도 움직일 수 없다는 뜻이기 때문입니다. 그렇다면 인간이 아픈 이유는 무엇인가요? 이 질문은 세상의 모든 병들이 지구상에서 사라지고 모든 병들이 한 때는 상념에 불과했던 것으로 여겨질 때까지는 풀리지 않을 것입니다. 왜냐하면 우리는 몸 그 자체에는 활동을 할 생명이나 권능이 없다는 사실을 발견했으니까요.

인류의 몸에 대한 이런 위대한 발견 후에 인류의 생각은 어떻게 전개되었는지 살펴보겠습니다. 인류는 **태초인간이 진화를 통**

해(펼쳐짐의 과정을 통해) 육신을 창조했다는 것을 우선 깨달았습니다. 태초인간은 완벽한 육신을 창조한 후에 그것을 인간이 그들의 의지대로 간수할 수 있게 했습니다. 처음 인류는 우리의 뜻대로 몸을 통제할 수 있다는 생각을 하지 못하고, 저절로 움직이는 것이라 생각했습니다. 하지만 그렇지 않다는 것을 깨닫고는 자신에 대한 새로운 이론을 세우기 시작했습니다. 우리가 의식적으로 하나의 생각을 하거나 어떤 결정을 내릴 때면 우리의 생각 속에서는 어떤 일이 일어난다는 것을 발견했습니다. 생각을 하게 되면 생각은 어디론가 갔다가, 기억이란 것이 되어 다시 돌아오는 것을 발견했기 때문입니다. 그래서 인간은 깨닫습니다. 우리는 의식적으로 생각할 수 있는데, 그 생각은 다시 기억이란 것이 된다는 것을 말이죠. 말합니다. "기억(잠재의식)은 내가 지금 하는 생각들의 창고이다. 몸은 생명을 인식하지 못 하지만, 생각은 몸을 인식한다. 따라서 나의 의식적인 생각에 의해 몸이 움직인다는 것도 사실이고 기억에 의해서 움직인다는 것 역시 사실이다. 기억은 이런 실질적인 활동을 한다. 하지만 기억은 의식적인 생각의 결과물이란 사실을 본다면 기억 그 자체는 한 때 의식적인 생각이었던 것이 무의식적인 활동으로 된 것이다."

THE CONSCIOUS AND THE UNCONSCIOUS THOUGHT
의식적인 생각, 무의식적인 생각

항상 무언가에 이름을 붙이는 우리의 습관 때문에 인간은 이 기억이란 저장고에 "무의식적인 생각(unconscious thought)"이라는 명칭을, 그리고 그의 의식적인 생각에는 "객관적인 마음(objective mind)"이란 명칭을 붙였습니다. 그래서 두 가지 마음 중 하나는 의식적인 마음으로, 다른 하나는 무의식적인 마음이나 잠재의식적인 마음으로 불리게 됩니다. 의식적인 마음은 인간이 깨어있는 상태에서 항상 사용하는 것이고, 잠재의식적인 마음은 기억의 자리이자 의식적인 마음의 창고입니다. 그래서 의식적인 생각이 활동할 때면 무의식적인 생각도 함께 작동합니다. 이 결론을 따라가 보면 잠재의식적인 마음은 몸의 창조자입니다. 물론 그 실제적인 창조는 태초인간이 하기 때문에 직접적으로는 잠재의식적인 마음이 한다고 말할 수 없고, 몸을 유지하면서 의식적인 마음이 생각하는 것에 영향을 미친다고 말해야 정확하긴 합니다. 인간은 이렇게 마음의 작용을 유심히 잘 관찰한 후에 다음과 같은 결론을 내립니다. "나는 의식적으로 무언가를 자유롭게 생각할 수 있고, 그것을 통해 무의식적인 생각에 영향을 줄 수 있다. 그렇기에 의식적인 생각을 조절하면 결국 무의식적인 생각을, 더 나아가 몸을 원하는 방향으로 조절할 수 있다"고 말이죠. 인간은 이런 관찰을 토대로 작용과 반작용 법칙의 영향 아래에 있는 암시의 법칙(일정한 생각을 통해 잠재의식을 변화시킬 수 있다는 법칙)을 유추해냅니다. 이로써 습관이 어떻게 형성되는지 알게 되면서, 습관은 의식적인 생각이 내면 깊은 곳까지 도달하게 된 것에 불과하다는 것을 발견합니다.

A NEW BASIS OF THOUGHT
생각에 대한 새로운 시각

인간은 다시 생각합니다. "내 안의 **태초인간**은 완벽하지만 난 완벽하지 않은 것처럼 보여. 내가 불완전하게 보이는 이유는 틀림없이 내 불완전한 생각이 만들어낸 결과일 거야. 실제로 난 언제나 완벽하고, 완벽했었던 거야. 이제 나에 대해서 이전과는 다르게 생각을 해봄으로써 내가 어떻게 변하는지 봐야겠다." 그래서 이전과는 다르게 생각을 해봅니다. 그런데 이런 새로운 시각이 자신을 치유하는 것을 보고 놀라게 됩니다. 그래서 새로운 결론을 내립니다. "신은 날 완벽하게 창조했지만 자유의지를 지닌 한 개성으로도 만들었어. 그래서 난 내가 뜻하는 대로 날 만들 수 있어. 난 내 태초의 완벽한 몸을 실제로 부술 수는 없지만 아주 불편한 상태로 만들 수 있지. 하지만 신이 날 만들었고 날 완벽하게 만들었기 때문에 내 몸의 모든 기관들은 완벽한 생각을 나타내고 있다는 것 역시 사실이지."

이것이 사실임을 깨달음으로써 그는 이런 관점에서 생각하기 시작했고 몸의 각 기관들은 이 생각에 반응을 했습니다. 그로써 두려운 생각은 혼란한 상황을 만들어내는 반면 평화로운 생각은 평화로운 상황을 만들고, 두려움은 인간을 나약하게 만드는 반면 믿음과 안정은 인간을 강하게 만든다는 것을 알게 됐습니다. 실제로 인간의 육체적인 반응들은 그 원인을 마음의 일정한 속성에서 찾아볼 수 있었습니다. 그리고 내가 잠에 들어 있든 깨어 있든, 내부의 마음은 항상 활동하고 있다는 사실도 발견했습니다. 더 나아가 자신의 생각을 분석해봄으로써 무엇이 자신을 괴롭히고 있는지를 발견할 수 있다는 것 역시도 깨달았습니다. 이것을 정신분석(psycho-analysis)이라고 불렀습니다.

THE LAW OF MIND
마음의 법칙

이제 또 다른 의문이 듭니다. "혹시 이런 것들 모두가 **법칙의 영향을 받는 것은 아닐까?**" 그 결과 전기의 법칙을 발견했던 것처럼 마음의 법칙도 발견합니다. 마음의 법칙도 법칙이라면 인간은 언제나 그것을 사용할 수 있고 매번 같은 결과를 얻을 수 있을 것입니다. 이것으로부터 그는 올바른 생각을 연습하는 특정한 기교를 차츰 만들어내기 시작합니다.

만약 자신을 완벽한 존재로 계속 인식한다면 더 완벽해질 거라고 생각합니다. 그런데 몸은 통증을 느끼는 상황 속에서 자신을 완벽하다고 생각할 수 있을까요? 그런 아픔과 통증 속에서 어떻게 자신을 완벽하다고 생각하죠? 그렇게 아픈데도 자신은 아프단 것을 부인할 수 있는 건가요? 네, 할 수 있습니다. 왜냐하면 아픔이란 것도 생각이 만들어낸 결과이기 때문입니다. 생각을 바꾸면 결과도 바꿀 수 있습니다. 인간은 몸이 아플 때 의식을 그 통증에서 벗어나게 한 후에 몸이 완벽하다고 생각하는 법을 배우게 됩니다. 인간의 생각은 몸과는 독립적으로 작용하기 때문에 이런 일이 가능합니다. 그래서 질병이란 이미지로부터 건강이란 이미지로 의식을 돌리고는 말합니다. "외부는 어떨지 몰라도 난 완벽하다!"

UNCONSCIOUS MIND AT WORK
언제나 활동하는 무의식

부정적인 생각이 병을 만든다고 하지만 어떤 종류의 병들은 환자가 한 번도 생각해본 적 없는 것입니다. 즉 우리는 우리가 생각해보지도 않은 병에 걸린 경우가 있습니다. 이제 인간은 이 사실을 어떻게 우리가 발견한 이론과 조화시킬 수 있었을까요? 잠시 동안 이것은 참으로 풀기 힘든 문제였습니다. 하지만 내면의 자아에 대해 보다 깊은 연구를 하게 됐을 때 나의 잠재적인 마음이 나의 생각들을 갖고 어떤 일을 한다는 것을 발견합니다. 즉 지금까지 주어진 모든 생각들을 새롭게 조합해 어떤 특정한 질병을 만들어낸다는 것을 발견했습니다. 그래서 그 특정한 병을 생각하지 않았더라도, 일정한 종류의 생각들을 했을 때 그에 합당한 결과물로, 생각지도 않았던 병이 만들어졌습니다. 예를 들어, 항상 흥분상태에 있다면 신경과민이란 결과를 만들고, 항상 분노에 차있다면 몸은 독성을 분비하게 되는 것을 볼 수 있었습니다. 인간의 모든 병이 다 그런 식입니다. 병은 그것들의 원인이 되는 것을 마음 어느 곳에선가 반드시 갖고 있습니다. 어쩌면 그것이 어딘지는 정확히 짚어내지 못할지도 모릅니다. 하지만 원인은 정확히 모를지라도 자신의 몸이 완벽하다는 것을 앎으로써 치유할 수 있다는 것은 확실합니다. 인간은 이제 시간이 더 흘러 더 많은 지식을 쌓게 된다면 자신에 대해 더 많은 것을 발견하게 되고, 그로 인해 자신을 더 잘 치료해낼 수 있다고 깨닫습니다. 그로써 인간은 올바른 길에 들어섰다는 기쁨과, 장차 모든 것을 알게 될 거라는 기대와, 다시는 아프지 않을 거라는 믿음을 가지게 되었습니다.

ANOTHER GREAT DISCOVERY-THOUGHT REACHED OTHERS
또 다른 위대한 발견, 생각은 타인에게도 미친다

또 하나의 위대한 발견이 이루어집니다. 그건 바로, 다른 사람을 생각해서 그를 고칠 수 있다는 것입니다. 상대방이 어디에 있는지는 중요하지 않았습니다. 그를 생각함으로써 고칠 수 있었습니다. 이건 놀라운 발견입니다. 왜냐하면 **모든 이들이 공유하는 마음**이 있다는 걸 뜻하기 때문입니다. 만약 나와 상대방 사이를 이어주는 어떤 매개체가 없다면 상대방의 마음에 영향을 준다는 건 생각할 수 없습니다. 이건 인간이 받아들이기에는 너무나 낯선 개념이었습니다. 마음을 개별적이고 주관적이라 생각했었는데, 이제는 다르게 받아들여야만 했습니다. 지금의 개별적이고 주관적이라 생각했던 마음은 실은 전체를 둘러싸고 있는 어떤 거대한 마음을 한 개인이 이용하고 있는 것에 불과하다고 인식해야 됐기 때문에 굉장히 받아들이기 힘든 개념이었습니다. 하지만 분명 다른 사람을 마음에 떠올려서 일정한 생각을 하면 그 상대방은 일정한 반응을 했기에 저 받아들이기 힘든 마음에 대한 진실이 사실임을 압니다. 인류는 이 매개체를 **우주의 마음**(보편 마음: Universal Mind) 혹은 **신의 법칙**(the Law of God)이라고 불렀습니다. 전기의 법칙이 온 우주를 감싸고 있는 것처럼 이 법칙도 모든 곳에 편재하는 듯 보였습니다.

THE DISCOVERY OF RACE-THOUGHT

인류생각의 발견

이렇게 인류 전체가 함께 일정한 생각을 공통으로 가지는 것이 가능하다는 것과 그 생각들에 수용적인 사람들에게 영향을 미칠 수 있다는 것을 우리는 깨달았습니다. 즉, 만약 누군가가

의기소침해졌다면 그와 유사한 종류의 생각들이 들어가는 입구를 여는 것이기 때문에 그로 인해 더욱 나빠질 수 있다는 말입니다. 이걸 인류암시(race-suggestion)라고 말합니다. 그렇다면 어떻게 이것으로부터 나를 보호할 수 있을까요? 그 생각은 나에게 어떤 영향도 미치지 않음을, 그리고 나는 **완벽한 관념**이라는 것을, 그렇기에 어떤 암시에도 걸리지 않음을 앎으로써 가능합니다. 인류암시란 것도 생각에 지나지 않기 때문에 이런 일이 가능합니다. 이것으로써 나는 내가 선택한 것을 제외하고는 그 어떤 것도 들여보내지 않는 정신적인 벽을 갖게 되었습니다. **신의 방패**입니다.

A UNIVERSAL MEDIUM WHICH ALL MUST COME TO BELIEVE IN
우주적 매개체

인간은 이제 **마음의 보편적 법칙**(Universal Law of Mind)을 통해서 일정한 생각을 한다면 나를 치유하는 것은 물론 타인도 돕고 치유할 수 있다는 것을 발견했습니다. 그것은 다른 자연의 힘들처럼, 이용하고자 할 때 의식적으로 사용가능한, 어떤 것에도 차별하지 않는 위대한 법칙이란 것을 깨닫습니다. 그 사용법은 올바른 생각입니다. 이 사실을 깨달은 사람들은 언젠가는 모든 인류가 자아에 대한 진리를 깨닫게 되는 날이 오게 될 것임을, 그로써 모두가 치유되는 날이 오게 될 것임을 압니다. 그런데 이 법칙은 전적으로 마음에 관련된 법칙이기 때문에 오직 그것을 믿는 사람만이 작동시킬 수 있습니다. 그래서 이 법칙을 깨우친 사람들은 대부분의 사람들이 이 법칙을 믿지 않아 작동시킬 수 없음을 발견하고, 언젠가는 세상 모든 이가 이 사실을 깨달을 날이 올 거라는 기대만을 간직한 채 그저 자신을 치유하거나 치유를 원하는 몇몇 사람만을 치유할 뿐입니다.

ANOTHER QUESTION COMES UP-WHY ARE PEOPLE POOR?
또 다른 질문이 일어난다. 왜 사람들은 가난한가?

이제 또 다른 질문이 떠오릅니다. 만약 **마음의 우주적 매개체**를 사용해서 자신이나 타인을 치유할 수 있다면, 다시 말해 만약 마음이 몸에 대해 물리적인 결과를 만들 수 있다면 우리의 환경이나 우리가 겪는 사건에도 영향을 미칠 수 있지 않을까? 왜 어떤 사람들은 부자이고 어떤 사람들은 가난한가? 이건 운명인가 아니면 부라는 것은 모든 이들이 나누기에 부족하기 때문인가?

만약 **근원의 마음**(One Mind)이 몸을 만들었다면 삶의 환경은 만들지 않았는가? 그리고 만약 **그것**이 삶의 환경도 창조했다면 왜 모든 것을 균등하게 주지 않았을까, 라는 의문이 떠오릅니다.

왜 어떤 이들은 행복과 번영을 누리는 반면, 어떤 이들은 불행과 약함, 그리고 가난을 겪을까? 이것에 대한 해답도 또한 마음에 있을까? 혹시 인간이 자신을 아프다고 생각했을 때 자신이 아팠던 것처럼, 자신이 가난하다고 생각했기에 그걸 경험으로 겪게 되는 것은 아닐까?

이런 의문들과 함께 또 다른 많은 의문들이 계속해서 떠올라 인류는 자연스럽게 만물의 본성을 더 깊게 탐구하게 됩니다. 인류는 주위를 둘러보면서 같은 세상, 같은 상황에서라도 어떤 이는 성공을 하고 어떤 이는 실패하는 것을 봅니다. 그래서 성공과 실패를 결정짓는 원인이 인간의 외부에 있지 않고 인간 안에 있다는 결론을 내립니다. 다시 말해 상황이 스스로 어떤 결과를 만들지 않는다는 것을 깨닫습니다. 한 사람에게서 일어나는 모든 일들은 그 사람에 의해서 결정된다는 것을 말이죠.

MAN BEGINS TO REALIZE THAT HIS CONDITIONS ARE CONTROLLED BY THOUGHT
생각이 주변상황을 조절할 수 있다는 것에 대한 깨달음

우리는 이제 우리가 겪는 일마저, '근원의 마음(One Mind)을 통해 일을 하고 있는 우리의 현재 생각'에 의해 통제된다는 것을 깨달았습니다. 생각을 바꿈으로써 우리에게 일어나는 일을 새롭게 만들 수 있고, 올바른 마음가짐을 통해 우리의 삶속에서 새로운 상황을 창조할 수 있다는 것도 깨달았습니다. 하지만 정말 이 세상 모두가 풍요로울 수 있을 만큼 충분한 풍요가 세상에 존재하는 걸까요? 물론 그렇습니다. 태초생명(Instinctive Life)에게는 한계가 없기 때문입니다.

REALIZES THAT HE MUST THINK CORRECTLY
올바른 생각을 해야 한다는 것에 대한 깨달음

그래서 인간은 생각을 올바른 방식으로 통제한다면 사건들을 원하는 방향으로 만들 수 있다는 것을, 그리고 생각만 제대로 한다면 누리고자 하는 것을 삶으로 가져올 수 있다는 것을 깨달았습니다. 법칙과 조화를 이루기 위해서는 이렇게 생각을 통제하는 것이 전부이기 때문에 인간은 의식적으로 그 일을 할 수 있었습니다. 그리고 이것을 깨달은 이는 이제 곧 모든 사람들이 이처럼 올바르게 생각해서, 가난과 불행과 같은 것들이 사라질 날이 올 것임을 알았습니다.

가난과 같은 부정적인 것들은 신이 의도한 것이 아니라 인간이 자신의 힘을 잘못된 방향으로 사용한 결과였습니다. 이걸 이해했다면 생각하는 모든 방식을 바꿔서 행복과 풍요를 경험하게 될 것입니다. 하지만 사람들은 이것을 믿지 않았습니다. 많은 사람들은 이것을 어리석은 생각이라고 말하고, 또 다른 이들은 진실이기에는 너무 좋은 법칙이라고 말했습니다. 하지만 이 법칙을 사실로 믿고 이 법칙에 맞춰 산다면 금세 진실임을 입증할 수 있었습니다. 그런데 이걸 믿지 않는다고 해도 괜찮습니다. 왜냐하면 이 법칙을 믿는 다수의 사람들이 있고, 그들이 그들의 삶에서 법칙을 증명할 것이고, 이것으로 인해서 다른 사람들을 또 믿게 할 것이기 때문입니다. 이렇게 해서 결국에는 사람들 모두가 지금의 비참한 상황에서 구제될 것입니다. 그렇기에 이 **법칙**을 깨달은 이들이 해야 할 것은 단지 믿는 자들에게 **법칙**을 가르치는 것이었습니다.

앞으로 이어지는 내용들은 모두, 법칙을 믿는 사람들에게 어떻게 하면 그것을 이용할 수 있는지를 가르치는 것이 목표입니다.

인류는 개개인들로 구성되어 있고, 이 가르침이 퍼져나갈 시발점은 인간의 위대한 가능성을 믿는 사람들입니다. 여러분 각자가 <u>스스로</u> 존재의 법칙을 증명해야만 합니다. 나의 상황을 변화시키고 나의 몸을 완벽하게 치유할 힘은 모두 안에 존재합니다. 이것을 할 것인지, 하지 않을 것인지는 전적으로 우리의 믿음과 결정에 달렸습니다. 자연은 항상 우리를 돌보며 우리를 위해 봉사할 준비가 돼있습니다. 하지만 우리는 모두 개별적 자아로 분리되어 자유의지를 갖고 있기에 우리를 강제할 수 있는 것이 없다는 것 역시도 사실입니다. 하지만 여러분은 이 법칙을 따르고, 태초의 본성과 조화를 이루고, 그리고 계속해서 올바른 생각을 하고 올바른 삶을 사는 것을 택하십시오. 그러면 우리가 지금 상상할 수 있는 것들 모두를, 아니 상상조차 못했던 것들 모두를 **생명**이 유지하며 관장하고 있다는 것을 깨닫게 될 것입니다.

2부
The Nature of Being
존재의 본성

Chapter 1
머리말

Chapter 2
우주의 구조

Chapter 3
존재의 본성에 대한 설명

Chapter 4
정리

INTRODUCTION

Chapter 1 머리말

 마음의 과학이란 주제의 이야기를 하면서 제 바람이 있다면, 시간을 할애하여 이것을 공부하는 분들이 여기서 논의되는 진리를 삶에서 나타내는 것입니다. 어쩌면 마음의 과학을 이해할 수 있도록 마음의 전체적인 이야기를 다룬다는 것은 어려운 일일지도 모릅니다. 하지만 이건 단지 마음의 과학 분야에만 적용되는 예외적인 상황이 아니라 과학 전체가 공통적으로 겪는 문제일 것입니다.

SCIENCE
과학

과학이란 어떤 입증된 원리를 중심으로 확립된 사실들을 다루는 학문입니다. 우리가 어떤 분야의 과학을 안다고 했을 때 알 수 있는 것 전부는 특정한 상황에서 특정한 현상이 벌어진다는 사실입니다. 전기를 예로 들어볼까요. 우린 전기란 것이 있다는 것을 확신하면서 알고 있지만, 전혀 그것을 본 적이 없습니다. 비록 볼 수는 없지만 우린 그것을 사용할 수 있기에 그 존재가 있다는 것을 압니다. 그리고 우린 전기가 작동하는 방식도 알고 있습니다. 이런 지식을 토대로 전기에 대해 더 나아간 결과들을 예측할 수 있습니다. 그렇게 세워진 전기의 일반원칙에 전기를 대입함으로써 특정한 결과들을 얻습니다. 다시 한 번 말하겠습니다. 그 누구도 전기라 부르는 힘이나 에너지를 봤던 사람은 없습니다. 그것에 대한 유일한 증거는 우리가 그것으로부터 빛, 열, 동력을 얻는다는 사실뿐입니다.

마찬가지로 그 누구도 지금처럼 **생명**이 외부로 표현된 모습 이면에 존재하는 **위대한 원인자**를 본 사람은 없습니다. 아니 그런 일은 앞으로도 계속 없을 것입니다. 하지만 우린 그 생명을 사용하기 때문에 생명 배후에 존재하는 원리가 있음을 압니다.

HOW LAWS ARE DISCOVERED

법칙이 발견되는 경로

법칙은 대개 우연히 발견되거나, 아니면 면밀한 관찰과 깊은 사색을 통해 발견됩니다. 하나의 **법칙**이 발견되자마자 여러 가지 실험들이 이루어지면서 어떤 사실들은 진실로 판명됩니다. 이런 식으로 한 분야의 과학은 차츰 정립되어 갑니다. 어떤 분야일지라도 그것이 정립되기 위해서는 주어진 이론에 대해 많은 실험들이 행해져 축적되어야만 하기 때문입니다. 이렇듯 많은 결과들이 축적되고 입증되면서 그 과학은 점차 영역을 넓혀 가다가 결국 모든 사람들이 그 이론을 받아들여 사용하게 됩니다. 이런 방식으로 모든 과학 분야는 점차 발전해서 오늘날처럼 과거에는 꿈도 꾸지 못했던 여러 가지 힘과 보이지 않는 에너지를 이용할 수 있게 되었습니다.

PROOF OF MIND
마음에 대한 증거

이건 마음의 과학이란 분야에도 적용됩니다. 그 누구도 마음이나 정신을 본 사람은 없지만 과연 누가 그것들의 존재를 부인하겠습니까? 우리가 살아 있다는 것, 이건 그 누구도 부인할 수 없습니다. 우리가 살아 있기에 우리가 생명을 지니고 있다는 것은 당연합니다. 하지만 생명을 눈으로 직접 본 사람이 있습니까? 우리가 갖고 있는 생명에 대한 유일한 증거는 우리가 살아 있다는 것이고, 마음에 대한 유일한 증거는 우리가 생각할 수 있다는 것뿐입니다. 하지만 살아 있고 생각할 수 있기에 우리는 생명을 지니고 있고, 마음을 지니고 있다는 것을 당연히 받아들일 수밖에 없습니다.

WHERE OUR THOUGHTS GO
우리의 생각이 가는 곳

우리의 생각을 잘 관찰해보면 우리가 의식적으로 어떤 생각을 하면 그것에 일정한 변화가 생긴다는 것을 볼 수 있습니다.

생각이 기억이 된다는 것입니다. 이것이 뜻하는 것은, 마음에는 더 깊은 측면, 다시 말해 잠재의식이란 것이 존재하고 이것은 **현재의식**(의식적인 마음)의 경계 밑에 놓여 있다는 것입니다. 이 잠재적인 마음은 우리의 생각이 가는 장소입니다. 그리고 그건 다시 기억이란 이름으로 우리에게 돌아옵니다. 이 현상은 항상 일어나기 때문에 관찰을 해본다면 사실임을 금세 알 수 있을 것입니다.

잠재의식을 잘 관찰해보면 그것이 기억의 장소이고, 우리가 살아가면서 겪었던 모든 정신적인 장면과 인상들을 간직하고 있다는 사실을 알 수 있습니다. 이런 잠재의식이 지니던 정신적 인상은 **현재의식**의 표면으로 떠오르게 되고, 우린 이것을 기억이라고 말합니다.

더 면밀히 조사해보면 이 잠재적인 마음이 몸을 만드는 장본인인 것을 알 수 있습니다. 잠재의식은 기억의 자리일 뿐 아니라, **태초인간**이 활동하는 자리이기도 합니다. **태초인간**이란, 인간이 태어날 때부터 인간과 함께 존재했던 나의 일부이자, 나의 존재를 만드는 나의 내적인 본체입니다. 예를 들어, 우리는 우리 몸의 활동을 위해서 의식적으로 무언가를 생각할 필요는 없습니다. 몸은 저절로 그 유지와 활동을 계속합니다. 그래서 내부의 의식이, 즉 **태초인간**이 우리를 위해 이 일을 한다고 말합니다. 우리 몸 대부분의 기능이 다 그렇습니다. 그 기능들은 대부분 자동적입니다. 그래서 그 기능은 우리와 항상 함께 있고, 우리를 통해 일하는 자연(본연)의 방법입니다. 따라서 우리는 이렇게 말할 수 있습니다. 무의식 혹은 잠재의식 안에는 어떤 애를 쓰지 않고도 몸의 자동적인 활동을 수행하면서 자신의 일을 언제나 하는 조용한 움직임이 있다고 말이죠.

SUGGESTION BECOMES MEMORY
생각은 기억이 된다

다시 이 과정을 자세히 살펴보면 잠재의식 안에 심어진 생각은 기억이 되고, 그것은 다시 몸으로 표현되려 한다는 사실을 알 수 있습니다. 우리는 이것으로부터 잠재의식이 몸의 창조자이자 인간의 내면에서 활동하는 창조의 원인이라고 유추합니다. 우리는 또 일정한 생각이 일정한 종류의 결과를 만든다는 사실도 알 수 있습니다. 이런 식입니다. 우리가 어떤 생각을 하면 잠재적 마음은 그것을 받아들여서 그것을 기반으로 일정한 활동을 하기 시작합니다.

태초인간, 다시 말해 **자연인간**(Natural Man)은 언제나 완벽한 모습입니다. 하지만 그 태초의 본능적인 활동을 막는 것이 있는데, 다시 말해 본성의 활동을 방해하는 것이 있는데 다름 아닌 **현재의식**의 부정적 생각입니다. **현재의식**은 기억으로부터 소스를 받아 의식적으로 활동하고 있는데, 몸 안에 잘못된 상황을 만들 수도 있습니다. 우린 그것을 질병이라고 부릅니다. 그리고 **현재의식**의 생각을 통해 이 잘못된 기억도 지울 수 있는데, 그것을 치유라고 합니다.

이런 관찰들을 통해 잠재마음의 과학은 조금씩 정립되어갔고, 많은 결과들이 축적되었습니다. 그래서 오늘날에는 정신적 치유와 관련된, **내부생명의** 과학이라 불리는 분야가 형성되기에 이르렀습니다.

MENTAL MEDIUM THROUGH ALL
모두를 연결하고 있는 정신적 매개체

우리의 생각은 우리의 몸을 통해 나타납니다. 건강한 생각은 건강으로, 병약한 생각은 병과 나약함으로 나타납니다. 이것에서 한 걸음 더 나아가, 한 사람에게서 다른 사람에게 정신적 인상을 전달하는 것마저 가능하다는 것이 입증됐습니다. 정말 그것이 가능하다면 이것은 모든 사람을 연결해주는 어떤 **정신적 매개체**가 존재한다는 것을 뜻합니다. 우리가 대화 나누는 것을 생각해보면, 만약 나와 상대방 사이에 소리를 전달해주는 매개체가 없다면 대화를 나눈다는 것은 불가능합니다. 그래서 분명 우리 사이에는 소리를 전달해주는 매개체가 있다고 확신할 수 있고, 그것은 공기입니다. 그런데 우리의 몸이 형체를 갖추기 시작하고 형체가 끝이 나는 장소는 뚜렷이 알 수 있는 반면, 우리의 생각이 시작되고 사라지는 장소는 뚜렷이 드러나지 않습니다. 하지만 분명 있다고 짐작해볼 수 있습니다. 왜냐하면 많은 관찰들과 수집된 많은 현상들을 종합해보면 인간의 마음과 마음 사이를 연결하는 매개체가 있고, 그것은 모든 곳에 편재하다는 결론을 내릴 수밖에 없기 때문입니다. 라디오는 이것을 잘 보여줍니다. 라디오에서 송파된 메시지는 세상에 보편적으로 존재하는 어떤 매개체를 통해 전파되기 때문입니다. 그래서 우리는 그것을 통해 우주를 관통하는 매개체가 분명 존재한다고 말합니다. 이것은 마음에도 적용됩니다. 우리가 그것에 대해 말할 수 있는 것은 마치 그 매개체가 편재하는 것처럼 모든 현상들이 일어나고 있다는 것입니다. 그렇기에 우리는 당연히 그런 매개체가 존재한다고 말할 수 있습니다.

 이것은 더 큰 영역의 이론에 눈뜨게 해줍니다. 우리는 우리의 생각들이 교류할 수 있는 매개체인 **우주적인 마음**(보편마음)에 둘러싸여 있다는 결론으로 말이죠. 어쩌면 이건 **신의 마음**일지도 모릅니다! 누가 알겠습니까? 확신할 수 있는 것은 우주적인 마음의 존재는 의심할 수 없다는 것뿐입니다.

READING THOUGHT
생각을 읽기

연구를 계속 해나가다 보면 더욱 놀라운 가능성을 보여주는 현상들을 관찰할 수 있습니다. 어떤 이들은 타인의 생각을 읽을 수 있다는 사실이 잘 알려져 있습니다. 상대방이 나의 생각을 읽고 있다는 사실을 인식하지 못했을 때에도 상대방은 나의 생각을 읽을 수 있습니다. 이것을 통해 생각은 모든 곳에 항상 존재하는 **우주적인 매개체**를 통해 작동된다는 것을 알 수 있습니다. 그리고 그 매개체가 우리의 생각을 보유했다가 다른 이에게 옮겨주는 것을 본다면 그 매개체란 인간 마음의 잠재의식임이 틀림없습니다. 우리는 잠재의식을 우리의 개별적 소유물로 생각하지만 실제로는 우주의 거대한 것의 일부를 사용하고 있는 것입니다. 아마도, 라디오가 우주에 편재하는 매개체를 통해 메시지를 주고받는 것처럼, 우리의 생각은 **우주마음**(Universal Mind)이란 매개체를 통해 활동하는 건가 봅니다. 실제로 몇몇의 심원한 명상가들은 수천 년 동안 이 사실을 믿었습니다.

MENTAL LAW
마음의 법칙

라디오의 송수신이 가능하기 위해서는 그것을 가능하게 하는 매개체가 편재한다고 가정해야 하는 것처럼 마음에도 그런 보편적, 우주적 매개체가 존재한다고 가정해야 합니다. 그 매개체는 마음이 활동하는 법칙입니다. 우리가 그것을 **신의 마음**(Mind of God)으로 생각할 수도 있겠지만 신의 스피릿이라고는 생각할 수는 없습니다. 왜냐하면 스피릿은 자의식과 분별력을 갖고 있는 반면 마음의 매개체는 자동적인 반응만을 하기 때문입니다. 사고나 분별력을 갖고 활동하는 것이 아니라 자동적으로 반응하고 있기에 우리가 전기를 신이라고 부를 수 없는 것처럼, 마음의 **보편적인** 매개체를 신이라 부를 수는 없습니다. 그것은 신 혹은 **근원생명**이 지닌 다양한 속성 중 하나일 뿐입니다. 그것은 **신**이 **법칙**으로서 활동하는 것입니다.

THE WORD OF GOD AS LAW

법칙으로서 신의 말씀

인간은 **현재의식**(self-conscious mind, 스스로 결정권과 선택권을 행사하는 자의식을 가진 마음)과 **잠재의식**과 몸을 지니고 있기에 본성상 세 가지 국면으로 이루어져 있다고 말할 수 있습니다. 첫째로 **현재의식**을 갖고 있습니다. 이것은 다른 말로 **스피릿**(*spirit : 분별하고 자아를 인식할 수 있는 근원적 속성. 인간의 의지, 결심 등이 이것에서부터 유래하는 속성이다. 흔히 나라고 지칭할 때면 이 스피릿을 말한다)이라고 합니다. 다음으로 **잠재의식적인 마음**을 지니고 있습니다. 이것은 마음의 법칙이라고 말해집니다. 그리고 몸을 갖고 있습니다. 차례대로 **현재의식**은 잠재의식을 조절하고 잠재의식은 몸을 조절합니다.

신이라 부르든, 근원생명이라 부르든, **본성**(Nature)이라 부르든, 그 명칭과는 관계없이 인간이 **그것**으로부터 나왔다는 것은 자명합니다. 그래서 우리는 **그것**이 지니고 있는 속성만을 가질 수 있습니다. 인간이 **신의 본성**으로부터 유래하였다면 인간은 반드시 **신의 본성**과 조화되어야만 합니다. 왜냐하면 전체에 통하는 진실은 그것의 작은 한 부분에도 통하기 때문입니다. 어떤 것도 '무(無)'에서부터 생겨날 수는 없습니다. 모든 것은 존재하는 어떤 것으로부터 생겨나야만 합니다. 왜냐하면 무(無)만이 무(無)로부터 생겨난 결과이기 때문입니다. 하지만 인간은 무(無)가 아닌, 존재하는 어떤 것입니다. 만약 그렇지 않다면 자신을 선언할 수조차 없었을 것입니다. 인간은 분명 존재하기에 존재하는 어떤 것으로부터 생겨났습니다. 우린 그 알 수 없는 것을 신이라 부릅니다.

*법칙 : Law. 법칙이란 일정한 원인을 만족하면 언제나 일정한 결과를 만들어내는 매개체를 지칭한다. 어떤 원인은 받아들이고, 어떤 원인은 거부하는 선택 작용을 하지 못한다. 충족되는 원인만 동일하다면 동일한 결과를 만든다. 선택, 결심, 의지, 자의식이 없다. 잠재의식 역시 법칙이다. 왜냐하면 무엇을 새로 시작하거나, 선택하거나, 식별하지 못하기 때문이다.

THREEFOLD NATURE OF GOD
신의 세 가지 속성

우리가 인간의 속성을 탐구한다면 그것은 인간의 근원인 신의 속성을 탐구하는 것이기도 합니다. 우리는 인간의 본성이 세

가지 국면으로 이루어졌단 것을 알았습니다. 그래서 신 역시 본성상 세 가지 국면으로 이루어졌다고 유추합니다. 다시 말해 신은 자의식을 지니고 분별을 할 수 있습니다. 즉 **스피릿으로서** 존재합니다. 그리고 신은 **법칙**이자 활동입니다. 또한 신은 그 활동의 결과로서 **육체**입니다. 이것은 **삼위일체** 가르침에 대한 내적인 의미입니다. 하지만 여기서 끝내지 말고 조금 더 의미를 명확히 만들어보겠습니다. **자의식을 가진 스피릿으로서** 신은 **신성한 존재**를 뜻하며 우리가 통상 신을 믿는다고 말할 때 지칭하는 것입니다. 그래서 우리가 기도를 올리고 예배를 올릴 때 그 대상은 **스피릿**입니다. 다음으로, **법칙으로서 신**이란 그 스피릿이 활동하는 매개체를 뜻합니다. 이런 의미에서 법칙을 본다면, 스피릿과의 관계에서는 주종관계에서 종의 역할을 합니다. 다음 **육체로서의 신**이란 이 스피릿이 외부적인 결과물로 표현된 것을 뜻합니다. 이 **삼위일체** 부분을 또 다른 식으로 풀이해 보자면 이렇게도 말할 수 있습니다. 어떤 것이 있고, 그것이 활동하는 방식이 있고, 그렇게 활동해서 나타난 결과물이 있다고 설명할 수 있습니다. 또 다른 식으로 말해보자면 **원인**(Cause)이 있고, **매개체**(Medium)가 있고, 원인이 매개체를 통해 활동한 **결과**(Effect)가 있다고 할 수도 있습니다.

TRINITY OF BEING

존재의 삼위일체

존재의 **삼위일체**는 모든 자연과 모든 생명들에 다 적용되는 듯 보입니다. 전기를 예로 들어보면 전기가 있고, 그것이 작동하는 원리가 있고, 빛이나 동력이라는 결과가 있기 때문입니다. 또 씨앗이 있고, 흙이라는 창조의 매개체가 있고, 식물이라는 결과가 있습니다. 시선을 돌려서 다른 곳 어디를 봐도 우리는 존재의 **삼위일체**의 당위성과 마주하게 됩니다. 반드시 무언가가 있으면 그것이 활동한 결과물이 있고, 또 그것이 활동하는 방법이 있습니다. 항상 모든 생명과 만물에는 **삼위일체**가 존재합니다. 하지만 오직 인간과 **신의 삼위일체**에만 특이한 것이 있는데, 그것은 바로 **자의식을 가진 스피릿**입니다. 오직 인간과 신만이 이것을 가지고 있습니다. 그래서 이것은 인간을 짐승이나 기계적인 창조물과 구별하는 구별점이자, 신을 **자의식을 가진 권능**으로 만들 수 있는 유일함입니다.

CONSCIOUS MIND IN GOD AND MAN

신과 인간 안의 의식적인 마음

신과 인간 안에는 **하나의 권능**만이 있습니다. 그것은 **법칙을** 초월하지는 않고, 특정한 목적을 위해 **법칙을** 의식적으로 이용합니다. 신 안에서는 이것에 대한 앎이 완벽히 기억됩니다. 하지만 인간 안에서는 아주 어렴풋이 기억될 뿐입니다. 이 세상에 살았던 가장 지혜로운 자였던 예수는 진정한 본성 안에서 신과 인간이 하나라고 말했습니다. 이것에 대한 앎은 의심할 여지없이 기적 같은 힘을 행사하게 해주었습니다.

UNITY

일체성(一體性)

다음을 기억하는 편이 좋을 것입니다. 이 세상을 살았던 지혜로운 자들은 모든 것 이면에 **하나의 보이지 않는 원인**(One Unseen Cause)이 존재한다고 말했습니다. 위대한 사상가들의 가르침들을 연구해보면 그 모두를 관통하는 공통된 이야기가 있습니다. 그것은 바로 **하나의 근원**에 대한 이야기입니다. 어떤 시대의 어떤 깊은 사상가도 근원의 이중성(*모든 만물의 근원이 하나에서 기인했다는 믿음과는 상반된 둘 이상의 근원을 갖는다는 믿음)에 대해 가르친 기록은 없습니다. 모세의 위대한 가르침 중 하나는 이렇습니다. "들어라, 이스라엘아. 우리의 주 하느님은 한분의 주이더라."[신명기 6:4] 이런 구절도 있습니다. "나는 스스로 존재하는 자이다(I AM that I AM)."[출애굽기 3:14] 우리는 모세 훨씬 이전의 문헌이나 과거의 현자의 말에도 같은 가르침이 있는 것을 볼 수 있습니다. 예수가 "나와 아버지는 하나이다"[요한복음 10:30]라는 표현과 "내 안에 살고 계신 아버지"[요한복음 14:10]라는 표현도 이것을 나타내기 위해서였습니다.

이 **일체성**에 대한 가르침은 서양뿐만 아니라 동양의 경전에서도 가르침의 중심이 됩니다. 크리스천 사이언스, 신성과학, 유니티 티칭, 신사상 운동, 오컬트 가르침, 비의(秘意) 가르침, 내부 가르침, 게다가 심리학이라는 이름 아래 가르쳐지는 오늘날의 현대철학마저도 이 가르침으로부터 생겨났습니다. **일체성**에 대한 기초적인 가르침이 없다면 이들 사상들은 가르칠 것이 없을 것입니다. 과학은 이 가르침과 모순되는 것을 발견하지 못했습니다. 그리고 앞으로도 계속 찾아내지 못할 것입니다. 왜냐하면 그 가르침은 자명한 것이기 때문입니다.

WORSHIP OF GOD

신에 대한 숭배

그 누구도 의심할 수 없는 신 혹은 **첫 번째** 원인이 존재했습니다. 그 존재가 실제로 태초에서부터 영원의 시간 동안 존재한다는 것은 자명합니다. 사람들은 어떤 시대에서도 어떤 모습의 **신성**이든지 꼭 숭배했습니다. 인간이 진화하면서, 신에 대한 관념도 점차 확장됐습니다. 그리고 사람들이 생명과 자연의 법칙을 많이 깨달아갈수록 **신성**에 대한 관념도 더욱 명확해졌습니다. 이것은 인류의 정신이 진화해가면서 얻게 되는 당연한 결과입니다.

MANY GODS

다신사상(多神思想)

과거의 인류는 아주 많은 신들이 태초부터 존재했다고 믿었습니다. 또 많은 신들이 있는 것처럼 많은 악마와 사악한 세력들도 있을 거라고 생각했습니다. 그런데 인간의 이해력이 점차 넓어지자 그렇게 많은 **무한한** 권능이 있을 수 없다는 것을 깨달았습니다. 모든 것들 이면의 원인은 반드시 **전체를 아우르는 하나**이고, 만약 그렇지 않다면 어떤 것도 존재할 수 없기 때문입니다. 만약 이 우주에 **하나의 권능**이 아닌 그 이상의 권능이 있다면 우주 역시도 그 권능의 숫자만큼 분리되어 존재해야만 합니다. 그러면 이렇게 여러 개의 우주는 하나의 우주 전체를 포함할 수 **없습니다.** (*무한이 둘 이상이 된다는 것은 불가능하다. 그래서 만약 두 개의 우주가 있다면 두 우주는 모두 유한한 우주여야만 하기 때문에 무한이라는 우주의 성격과는 모순된다) 결국 이런 **하나의 권능**만이 존재한다는 결론에 도달하기까지는 긴 시간이 걸렸습니다. 그 사이에 사람들은 아주 기괴한 생각들을 만들어서 믿었습니다. 처음에는 많은 신과 많은 악마가 산다고 믿었다가, 생각이 조금씩 발전해나가자 하나의 신과 하나의 악마로 발전했습니다. 어쨌든 아주 오랜 전의 사람들은 이런 이중성(Duality), 즉 우리의 시작에 두 가지의 근원이 있다는 것을 믿었습니다.

BELIEF IN DUALITY–ITS RESULTS
이중성에 대한 믿음과 그 결과

이런 이중성에 대한 믿음은 신학에서 힘을 빼앗고 철학을 비진리(非眞理)로 오염시켰습니다. 그리고 과학을 분열시켰고 수많은 사람들이 슬픈 가슴을 안고 살아가게 만들었습니다.

DUALITY IN THEOLOGY
신학에서 이중성

이런 이중성에 대한 믿음은 신학에서는 신과 악마가 있다는 생각으로 이어졌습니다. 그리고 그 신과 악마가 동등한 힘을 가지면서 신은 축복을, 악마는 저주를 준다고 믿었습니다. 그래서 사람들은 신을 숭배함과 동시에 악마 또한 진실로 숭배했습니다. 심지어 오늘날까지 이런 기괴한 사상은 인간에게서 행복에 대한 본래의 권리와 안정감을 뒤흔들고 있습니다. 오늘날 일부 사람들은 이 우주에는 악마라는 힘이 있어서 만약 우리가 무릎을 꿇고 숭배하지 않는다면 저주가 퍼부어질 거라고 공공연히 말하기도 합니다. 하지만 그런 가르침들이 한 더미 쓰레기가 돼

버려 미친 사람의 헛소리로 분류되는 날이 급속도로 빠르게 다가오고 있습니다. 많은 종교적 지도자들은 죄와 형벌의 신을 만들어 그 왕좌의 공포 속에 사람들을 모아, 그들이 절망의 목소리로 절규하게 만들곤 했습니다. 이것은 실제 사람들을 일정한 형식을 통해 구원이라는 희망을 안고 모이게 만들 수 있는 좋은 방법이었습니다. 하지만 그런 공포의 방법을 공정하게 평가해본다면 우리는 그런 종교의 교사들에게 의심의 눈초리를 주는 편이 낫습니다. 그리고 참으로 주저 없이 해로운 가르침들을 믿었었다고 말하는 편이 낫습니다.

어쨌든 이제 새로운 때가 도래했습니다. 그것은 우리 모두가 믿고 있는, 그리고 우리 모두가 알려고 하고 이해하려고 하는 **신성의 진정한 본성**을 더욱 뚜렷하게 알 수 있는 시간입니다. 온전한 정신을 가진 사람이라면 그 누구도 거부하지 못할 신이 있습니다. 극한의 분노를 가진 증오와 질투의 신이란 있을 수 없습니다. 그렇기에 우리는, 그런 신이 존재하지 않는다는 것을 알아야 합니다.

DUALITY IN PHILOSOPHY
이중성이 철학에 끼친 영향

이중성에 대한 믿음이 신학의 더 위대한 메시지를 사라지게 했던 것처럼 철학분야에서도 더 위대한 진리를 사라지게 했습니다. 왜냐하면 이중성에 대한 믿음은 신학에서 초래된 것만큼의 큰 혼란을 철학 안에서도 만들었기 때문입니다. 사람들은 선과 악이라는 이원성을 믿었고, 그런 믿음은 철학에서도 선과 악을 만들었습니다. 이중성에 대한 믿음이 팽배한 시간 속에서도 시대의 진정한 철학은 항상 모든 사물들 배후의 권능은 **하나의 권능**임을 인식했습니다. 이런 **일체성**에 대한 생각이 명확할수록, 그 철학도 더 위대했습니다. 그런 철학이야말로 진리를 찾는 영혼들에게 길을 비춰주는 등대였습니다. 바로 그들이 인류의 조력자이자 위대한 선구자였기에 우리는 세상의 진보에 대해 그 철학자들에게 빚이 있는 셈입니다. 우리는 존경의 뜻으로 **가장 지고한 존재의 메신저**(Messengers of the Most High)였던 그들 앞에 겸손하게 고개를 숙입니다. 신은 그들의 입을 통해 우리가 먼지들의 조합이 아닌, **신성한 존재**라고 말해줬기 때문입니다. 완벽함의 형상으로 만들어진 **신성한 존재**, 끝없는 운명을 지닌 **신성한 존재**, 바로 그것이 우리 인간입니다.

DUALITY AND SCIENCE

이중성과 과학

이중성에 대한 믿음은 과학에도 영향을 줘서, **스피릿**과 물질이 따로 존재하는 이중적인 우주 관념을 창조했습니다. 하지만 현대과학이 가설로서 에테르란 곳을 발견하면서, 물질주의에 대한 믿음을 고수하려는 사람들이 적어졌고, 이로 인해 우주에 대한 이중적인 생각을 빠르게 포기하는 중입니다. 이제 현대과학에서도, 모든 물질은 변화하는 유동적인 상태에 있고, 그 모든 것들은 **하나의 원천**에서 오고, 다시 그 **원천**으로 돌아간다고 말합니다.

AN AWAKENING

새로운 자각

세상은 이제 객관적인 사물들의 단지 보이는 부분이 전부가 아니란 사실을 자각하고 있습니다. 물질과 형태는 단지 배후에 존재하는 **하나의 본질**이 눈에 나타났다가 사라지는 것뿐입니다. 그래서 형태라는 것은 형태 없는 어떤 것을 단지 표현할 뿐입니다. 그것은 바로 **자의식을 가진 생명**입니다. 과학은 이 생명이 무엇인지를 설명하기 위해 시도하지 않았습니다. 오직 신학에 맡겨졌을 뿐입니다. 이 문제를 해결할 수 있는 적당한 사람에게 맡겨졌는지는 모르겠지만 시간이 답을 내줄 것입니다.

PHILOSOPHY LEADS MAN'S THOUGHT
철학이 인간의 사상을 인도한다.

철학은 과학이 지닌 한계를 항상 넘어서 있었고 앞으로도 그럴 것입니다. 왜냐하면 철학이 다루는 것은 과학처럼 결과가 아니라 원인이기 때문입니다. 과학자는 자연활동의 결과를 관찰하는 반면 철학자는 그것의 원인을 살핍니다. 철학자들이 수천 년 동안 가르쳤던 많은 것들이 최근에는 과학자에 의해서 증명됐습니다. 하나는 원인을 다루고 있고 다른 하나는 결과를 다루기 때문에 이 둘은 정말 함께 발전해야만 합니다. 진정한 철학자와 진정한 과학자는 언젠가는 한 곳에서 만나게 될 것입니다. 그리고 함께 활동하면서 실체에 대한 신학적 이론을 제공할 것입니다. 그 때 "신은 새로운 창조로 나아갈"[에머슨] 것입니다.

A DEEP INQUIRY
깊은 탐구

모든 시대의 철학자들뿐 아니라 고대의 깊은 사상가들도 신성한 존재의 본성에 대해서 깊고 꾸준한 명상을 했습니다. 그들은 만물 배후에 **하나의 궁극적인 실체**(One Ultimate Reality)만이 있을 뿐이란 것을 알면서 실체의 본성에 대해 깊게 사색했습니다. 그런데 그들이 내린 결론이 같은 결론이었단 것을 우린 주의 깊게 봐야만 합니다.

THE GREAT DIFFICULTY
커다란 장애물

진정한 철학자들이 그 실체를 연구하는 중에 만나게 되는 어려움은 단일한 하나의 원인자로부터 수많은 창조물이 생겼다는 것을 설명하는 것입니다. 우리가 계속되는 변화 속에서 살고 있다는 것보다 더 뚜렷한 진실은 없습니다. 사물들과 형체를 이룬 것들은 나타났다가 사라지기를 계속 반복합니다. 형태들은 눈에 보였다가 이내 사라져버립니다. 그리고 현상들은 일어났다가 이내 멈춰버립니다. 그래서 원인을 밝히려고 애써본 적 없던 일반인들이 현상세계의 배후에는 다양한 근원이 존재한다고 믿고 느끼는 것은 하나도 이상해보이지 않습니다.

근원 원인자(One Cause)가 그 본연의 자신을 나누거나 깨지 않고서, 어떻게 수많은 형태들로 나타낼 수 있는지를 설명하는 것이 모든 세기의 철학자들에게 던져진 가장 어려운 문제였습니다. 이것은 쉬운 문제가 아니지만 이해한다면 그 설명은 아주 명확합니다.

THE VOICE OF GOD IN CREATION
피조물을 통해 들리는 신의 음성

논쟁은 이런 식으로 일어났습니다. **근원생명**은 더 이상 쪼개질 수 없어야 하기 때문에 만물 배후의 **궁극의 원인자**(The Ultimate Cause)는 반드시 하나여야만 합니다. 그리고 두 개의 무한이란 있을 수 없기 때문에 **무한**은 반드시 하나여야만 합니다. 그리고 발생하는 어떤 변화도 반드시 **그 하나의 근원** 안에서 일어나야만 합니다. 하지만 **그 하나의 근원**은 변하지 않아야만 합니다. 왜냐하면 그것은 하나이고 유일한 것이기 때문에 다른 존재가 될 수는 없고 언제나 **하나의 근원상태**여야만 하기 때문입니다. 그렇기에 변화처럼 보이는 그 모든 것들은 단지 그 **근원생명**이 스스로에게 펼치는 활동일 뿐입니다. 그래서 모든 일들은 반드시 **하나의 근원**에 의해서, 그리고 그 **근원**을 통해서 일어나는 것입니다. 어떻게 **하나의 근원**을 통해 모든 일들이 일어날 수 있나요? 그건 바로 내부의 활동에 의해서 일어납니다. 이 내부의 움직임의 속성은 무엇일까요? 그건 우리가 물리에서 배우는 물질적인 것이 될 수는 없습니다. 그건 **내부 생명의 말씀**의 힘에 의해서 일어나는 움직임입니다. 다시 말해 그것은 신의 음성입니다. 여기에서 신이란 존재하는 모든 것 중에 **첫 번째의 위대함과 유일한 원인**을 뜻합니다.

THE WORD OF GOD

신의 말씀

권능을 활동하게 하는 것은 **신의 말씀**이라고 생각할 수밖에 없습니다. 그래서 성서에서는 이렇게 말합니다. "태초에 말씀이 있었고, 말씀은 신과 함께였고 말씀은 신이었다. 모든 것들은 그에 의해서 지어졌고, 그가 없었다면 지어진 것 중 어떤 것도 지어지지 않았더라."[요한복음 1:3] 신이 말하면 그것은 이루어집니다.

첫 번째 원인자는 분명 **자존하는 존재**(*自存, 상위의 어떤 원인에 의지하지 않는)입니다. 그래서 그것보다 더 앞선 원인은 존재하지 않습니다. 첫 번째 것 이전에는 아무것도 있지 않았습니다. 이런 말을 이해하기는 어렵지만 우리는 상식적으로 우리가 신이라고 부르는 존재라면 스스로 존재할 거라는 생각은 쉽게 할 수 있습니다.

SPIRIT KNOWS ITSELF
스피릿은 스스로를 자각한다

신이 말하자 그 일이 이루어진다고 했을 때, 신이 말한다고 한다면 그 신의 말씀은 분명 법칙일 것입니다. 그래서 신의 말씀은 신의 법칙입니다. 신은 말씀입니다. 즉 신은 법칙입니다. 동시에 신은 스피릿이기도 합니다. 신이 스피릿이라는 뜻은 **스스로를 자각하는 생명**이라는 말입니다. 그리고 스피릿이 의식을 가졌기에 모든 시공간은 이 의식으로 뒤덮여 있을 것입니다. 신은 분명 자신의 존재를 인식합니다. 태고로부터 주어졌던 "I AM"

에 대한 내적인 가르침이 바로 이것입니다. 즉 **스피릿은 스스로를 인식하는 권능이다**"는 오래된 격언입니다.

LAW, SERVANT OF THE WORD
법칙, 말씀의 종

스피릿은 자의식을 지녔지만 **법칙**은 그렇지 않습니다. **법칙**은 **스피릿**에 종속적이기에 **스피릿의 말씀**(신의 말씀)에 의해서 활동하게 됩니다. 우린 모든 법칙이 우주의 자연력 혹은 에너지의 어떤 형태라는 것을 압니다. **법칙**은 자의식을 갖지 못하고 단지 무엇을 해야 하는지만 압니다. 그래서 우린 그것을 **스피릿의 종**이라고 말합니다. **법칙**은 스피릿이 활동하는 길이자 **스피릿**이 그 목적을 달성하는 매개체입니다.

신이 법칙을 창조했나요? 법칙이 창조되었다면 법칙이 존재하지 않은 시간이 있었다는 뜻이 됩니다. 그런데 그런 가정은 불가능합니다. 우린 법칙이 언젠가 창조됐었다는 것 역시 불가능하다는 것을 압니다. 따라서 **법칙**은 분명 **스피릿**과 항상 함께였고 함께 영원합니다. **법칙**은 스피릿과 불가분의 관계이자 그것의 하나의 속성입니다.

스피릿은 자신의 본성의 한 부분인 **법칙**을 통해 활동합니다. 그래서 **스피릿**의 모든 활동은 **스피릿**이 **법칙**으로서 활동한 것입니다. **스피릿**의 말씀은 **법칙**을 통해서 그 목적을 이룹니다. 그리고 **법칙**은 **스피릿**처럼 무한하기 때문에 우리는 법칙이 없었던 시기를 생각하거나 그것이 앞으로 멈추게 될 시기를 생각할 수 없습니다. 마찬가지로 그 활동에 실패하게 될 법칙 역시 생각할 수 없습니다.

우리는 무한한 **스피릿**과 무한한 **법칙**을 갖고 있습니다. 다시 말해 하나의 근원적 **지성**과 그 **지성**이 활동하는 길을 갖고 있습니다. 그 지성은 바로 신이고, 신은 **법칙**을 통해 일하며 어떤 경우에도 실패하지 않는 확실한 활동을 합니다.

FORMS OF SPIRIT OR CREATION
스피릿이 형태를 입다, 창조

다음으로 스피릿의 형체에 대해 보겠습니다. 우린 이 형체를 물질이라고 부릅니다. 그러면 물질이란 무엇일까요? 과학자들이 말하기를, 물질은 영원하고 불멸하다고 합니다. (*여기서의 물질은 에테르와 비슷한 의미로 쓰인다. 그래서 물질은 영원하고 불멸하다고 이야기한다) 다시 말해 그 물질의 최초 모습은 눈에 보이지 않는 우주 질료라고 합니다. 모든 곳에 편재한 그 우주질료가 점차 **법칙**을 통해서 형태를 얻게 됩니다. 창세기에서는 세상이 **스피릿의 말씀**(신의 말씀)에 의해 형태를 입었다고 말합니다. 지금 이 순간 어떤 세상들은 저 넓은 영역 안에서 형태를 취하고 있고, 또 다른 세상들은 형태를 입기를 그만둬 차츰 소멸되어가고 있습니다. 이런 식으로 창조는 영원히 계속됩니다. 이것은 우리에게 창조가 하나의 뚜렷한 목적의식이 있고, 또 그 목적을 달성하기 위해 활동하는 하나의 뚜렷한 **법칙**이 있고, 또 그 목적의식이 활동한 결과로서 하나의 뚜렷한 형체가 있다는 것을 보여줍니다. 다른 말로 해보겠습니다. 이 우주에는, 자신이 지금 하는 일이 무엇인지를 알고 있고, 무엇을 하는지를 알고 있고, 왜 그것을 하는지를 알고 있는 **하나의 지성**이 살고 있습니다. 그리고 바로 그 뜻을 따르는 **하나의 법칙**이 있습니다. 그리고 그 지성이 활동하게 되는 무언가가 있습니다. 우린 그 무언가를 '아직 형체를 갖지 않은 상태의 물질'이라고 말합니다. 어쩌면 과학자들은 이걸 에테르라고 말할지도 모르겠습니다. 뭐라 부를지는 모르지만 확실히 **스피릿**이 활동하는 무언가가 있습니다.

세기의 위대한 사상가들은 우리가 **스피릿**, **소울**(*Soul : 일반적으로는 영으로 해석되지만 이 책에서는 약간 다른 의미이다. 법칙, 잠재의식과 동의어로 쓰인다. 자의식과 분별력이 없이, 주어진 원인에 따라 결과를 만들어내는 매개체이다. 인간의 잠재의식과 같은 의미이다), **바디**(*형체 혹은 육체)의 세 가지 우주 안에서 살고 있다고 말합니다. 즉 **지성과 근본질료**(Substance)와 **형체**(Form)의 우주 안에서 살고 있습니다.

MEANING OF CREATION
창조란?

지금까지 말한 것을 이해한다면 우리는 이제 창조란 것이 아무것도 없는 상태에서 무언가를 만들어내는 작업이 아니란 것을 알았을 것입니다. 창조란 **스피릿의 말씀**에 의해서 활동하게 되는 **법칙**을 통해서 그 안에 담고 있는 **근본질료**가 형체를 띠게 되는 것을 뜻합니다. 창조는 영원히 계속됩니다. 왜냐하면 우리는 **스피릿**의 활동이 멈추는 때를 상상할 수 없기 때문입니다. 그것은 "어제, 오늘, 영원히 그렇습니다." [히브리서 13:8]

스피릿의 활동 전부는 **법칙**을 기반으로 **우주 질료**, 즉 물질 위에서 일어납니다. 하지만 명심해야 할 것이 있습니다. **스피릿**의 활동 역시, **스피릿** 안에서 일어나는 것이고, **법칙** 역시 스피릿 안의 것이고, 물질 역시 **스피릿** 안의 것이라는 사실입니다. 그래서 이 셋은 실제로 하나이고 이것을 **삼위일체**라고 말합니다.

THE WORD ALONE IS CONSCIOUS
말씀만이 의식을 가진다

기억해야 할 중요한 사실 중 하나는 신의 세 가지 속성 중에서 **스피릿**의 **말씀**만이 홀로 인식능력이 있다는 것입니다. **법칙**은 단지 포스(* force 분별하지 않는 자연의 힘)일 뿐이고 물질은 형체를 입을 준비가 된 질료일 뿐입니다. **법칙**, 즉 자연의 원리는 시작도 끝이 없다는 것을 앞서 말했기 때문에, 그리고 물질 역시도 같은 성질이란 것이 알려져 있기 때문에, 우리는 물질과 **법칙**이 **스피릿**과 함께 존재하고 모두 영원하다고 가정해볼 수 있습니다. 하지만 오직 **스피릿**만이 의식을 지니고 있습니다. **법칙**, 그 자체는 단지 포스(자연력)일 뿐입니다. 그리고 물질 역시도 그것 스스로 어떤 마음도 지닐 수 없습니다. **법칙**은 생각하는 자가 아니라 실행하는 자이고(생각의 주체가 아니라 생각이 실행되는 매개체이고) 물질도 스스로 생각할 수 없는 **법칙**을 통해 활동하는 상념일 뿐입니다.

THE THOUGHT OF GOD
신의 생각

신의 말씀은 무슨 뜻입니까? 이것은 신의 내면 의식 혹은 신의 자아의식을 말합니다. 쉽게 이야기하자면 신의 생각을 말합니다. '생각'이란 단어는 내면의 과정이나 내면의 인식과 같은 내부적인 것을 지칭하기에 다른 단어들보다 많은 뜻을 가집니다.

신의 생각은 분명히 실제 존재하는 모든 것들의 배후일 것입니다. 이렇게 많은 사물들이 있는 것을 보면 분명 무한마음 안에는 무한히 많은 생각들이 있다는 추론을 할 수 있습니다. 무한마음이 무한히 많은 생각들을 할 수 있는 것을 보면 이것은 당연한 이성적 결론입니다. 따라서 다양하게 많은 세상이 존재합니다. 그런데 다수의 세상이 있다는 말이 전체를 포괄하는 단일한 하나의 실체만이 존재하는 말과 모순되는 것이 아니냐는 의문이 있을 수 있습니다. 그렇지 않습니다. 다수의 많은 것들이 하나의 근원 안에서 살고 있습니다.

ETERNAL CREATION

영원한 창조

인간의 마음속에는 혼란함이 있을지 모르지만 **신의 마음** 안에는 그런 것이 존재하지 않습니다. 하나의 우주 안에서 **한계 없는 마음**(Limitless Mind)이 무한한 생각들을 표현하고 있을 때, 그 안에는 어떤 혼돈도 없습니다. 우리에게는 무한하고 끊임없는 창조를 하는 우주세계가 있습니다. 이것이 **끝없는** 세상이라는 신비적인 문구의 내밀한 의미입니다. 창조는 항상 계속되어 왔었고, 앞으로도 영원히 지속될 것입니다. 어떤 것들은 다가오고 어떤 것들은 또 사라지지만 창조는 언제나 영원히 계속됩니다. 창조란 것이 계속 표현되는 **신의 생각**이기 때문입니다. 이것은 정말 경이로운 사상입니다. 왜냐하면 신의 이상은 언제나 계속해서 실현될 거라는 뜻이기 때문입니다. 우리는 창조가 언제 멈추게 될지에 대해 걱정할 필요가 없습니다. 왜냐하면 신이 존재하는 것을 멈출 때에만 창조가 멈추게 될 것인데 신은 영원하기 때문입니다. 신의 이상이 세상에 모습을 나타낸다는 뜻의 창조는 언제나 계속될 것입니다.

THE UNIVERSE IS ALIVE

살아 있는 우주

우주는 움직임과 힘을 가진 채, 그리고 에너지와 생명을 가진 채 살아 있습니다. 우리가 그 거대한 우주를 다 접해보지는 못하고 단지 아주 작은 부분만을 느껴보겠지만 그것을 통해 우주 전체를 힐끗 보게 됩니다. "그분은 증인이 없이 그 자신을 홀로 남겨두지 않았더라."[사도행전 14:17] 세기의 위대한 사상가들이 공언했던 수많은 진리들을 현대의 과학자들은 밝히고 있습니다. 그 발견들 중 하나는 물질은 끊임없이 유동적인 상태에 있다는 것입니다. 마치 들어왔다가 다시 나가는 강물처럼 말이죠. 그것은 보이지 않는 힘과 법칙에 의해서 작동되면서, 과학자들이 **스피릿**의 의지와 목적으로 가정한 어떤 매개체를 통해서 형체를 띱니다. 이것을 우리는 **말씀**이라고 부릅니다. 모든 것들을 창조하는 것이 **말씀**입니다.

CONCLUSION
결론

 요약해보면, 우주에는 마치 지성을 갖추고 있는 것처럼 활동하는 **하나의 권능**이 있고, 우리는 그 존재를 사실로 받아들이고 있습니다. 그리고 우주에는 **법칙**에 의해서 작동되는 활동이 있습니다. 우리는 이것이 진실인 것을 압니다. 그리고 우주에는 형체를 띠었다가 이내 다시 변화되는 과정을 계속 반복하는 **형체 없는 질료**가 있습니다. 이것 또한 자명한 진실입니다. 때문에 우리는 존재의 본성이 **스피릿, 소울, 바디**라는 세 가지로 구성된다는 것을 당연하게 받아들입니다. 또 우리는 **스피릿**을 가장 거대한 행위자로 생각해볼 수 있고, **소울**을 그 활동의 매개체로 볼 수 있고, **바디**를 그 활동의 결과로 볼 수 있습니다. 우리는 **스피릿**을 의식을 지닌 유일한 행위자, 자의식을 지닌 유일한 권능으로 볼 수 있습니다. 또 소울이란 것은 스스로의 분별력을 갖추지 못한, **스피릿**의 의지를 따르는 하나의 힘으로 볼 수 있습니다. 그리고 바디를 **스피릿**의 결과라고 생각해본다면 그것은 법칙을 통해 활동하면서 형체를 만들어낸다는 것을 압니다. 또 **법칙이나, 근본질료**는 어떤 의식이나 지성을 갖추지 못하고 그 본성상 말씀을 따라 형체를 취해야만 한다고 말할 수 있습니다. 이것은 물질 전체를 간단하게 만들어서 우리가 이 우주 전체에는 오직 **하나의 권능**만이 실제로 활동하고 있고, 그것은 **신의 말씀**의 권능이란 사실을 알게 해줍니다.

다음 차트는 우주의 세 가지 본성을 표현한 것으로 **법칙**을 통해 활동하는 **스피릿**이 형체를 띠는 것을 보여줍니다. 이것이 바로 창조의 숨겨진 의미입니다.

Metaphysical Meaning of Words Used in Universal Chart

Chapter 2 우주의 구조

[우주 차트]

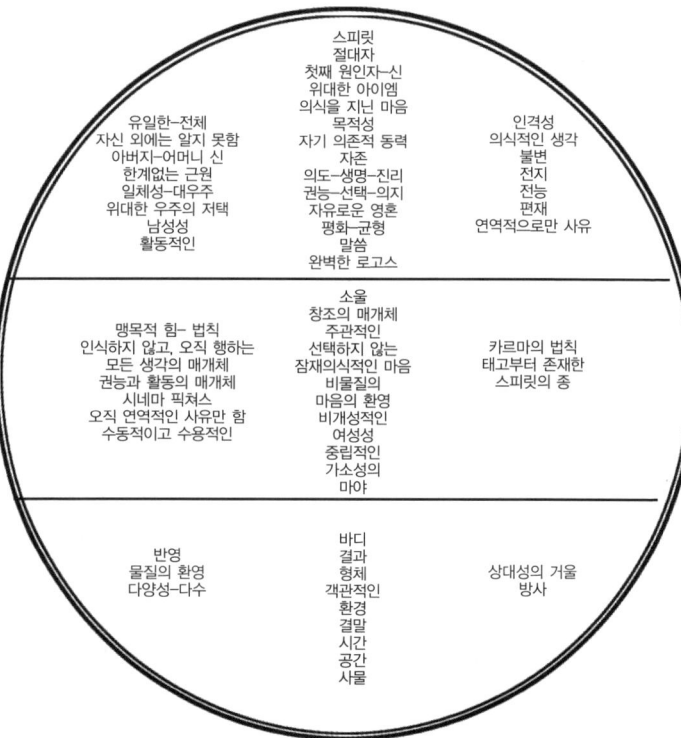

84 2부 존재의 본성

이것은 **우주차트**라고 불리며 존재의 **삼위일체**로서 우주를 나타낸다. 이것은 세 가지 부분으로 나뉘어져 있는데 윗부분은 의식하는 **능력**을 지닌 스피릿의 속성들을 보여주고 중간 부분은 **법칙**의 잠재의식적인 면을 나타내고 가장 밑 부분은 **우주마음**의 **매개체**를 통해 활동하는 스피릿의 결과를 보여준다. 이 차트에 쓰인 단어들의 의미와 설명들을 완전히 이해할 수 있도록 세심하게 읽고 연구해보라.

UPPER SECTION
윗부분

스피릿(Spirit) - 만물 이면과 만물을 통해 흐르는 지성을 갖춘 권능. 삼위일체 중 첫 번째 인격을 지칭함.

절대자(Absoulute) - 그 무엇도 제약할 수 없는, 절대적인 것.

첫째 원인자(First Cause) - 모든 것들이 이것으로부터 생겨난다. 어떤 계를 통해 나타난 것이든, 이것이 원인이다. 가장 첫 번째로 생겨난 것. 모든 창조에서 첫 번째. 모든 것들 이면의 **근원 생명**.

신(God)- 스피릿과 동의어. 모든 것 배후에 존재하는, 자의식을 지닌 마음(Self-Knowing Mind). 만물의 천상의 아버지와 영원의 어머니. 우리가 숭배하는 신앙의 대상. 우주의 근원적이며 유일무이한 의식을 지닌 마음. 그를 믿는 사람들 모두에게는 개성을 지닌 채로 나타난다. 신으로서 그가 나타낸 광대한 개념을 우리가 다 생각한다는 것은 불가능하다. 우리는 오직 우리의 본성을 통해 그 신성한 존재의 개념을 생각할 수 있을 뿐이다. 왜냐하면 그의 스피릿은 나의 스피릿이기 때문이다.

위대한 '아이엠'(The Great 'I AM')- 우주의 유일한 근원이자 유일한 참마음과 권능으로 모세에게 계시되었던 것. 그것 바깥에는 그 어떤 것도 존재할 수 없다. 아이엠은 신을 지칭하는 또 다른 방법. 인간 안에서 아이엠은 인간의 생명이다. 이 아이엠이 없다면 인간은 존재할 수 없다.

의식을 지닌 마음(Conscious Mind)- 자신을 인식하는 의식의 권능. 그 자신의 존재를 인식하는 것. "스피릿은 자기 자신을 인식하는 권능이다." 스스로를 인식하는 신. 우주의 모든 창조물 안에서 스스로를 드러내고 있는 지성. 만약 신에게 자기 자신을 인식하는 힘이 없다면 (그의 한 부분인) 인간 역시도 자기 자신을 자각할 수 없다. 우리가 **우주의식**을 이해한다는 것은 불가능하지만 이 인식하는 마음의 증거는 어느 때, 어느 곳에서도 찾아볼 수 있다. 우주가 영원한 활동을 하고 있는 것 역시 **인식하는 마음**이 실제로 존재한다는 것을 충분히 입증해준다.

목적성(Purposefulness) - 우리가 스피릿의 목적성이라고 말할 때 그 뜻은 **의식을 지닌 마음**은 그것이 나타내고자 하는 것을 인식하는 능력과 그렇게 하고자 하는 것을 나타낼 권능을 지니고 있다는 것을 뜻한다. 딘 잉(* Dean Inge : 국교회 사제이자 미국 작가)은 무한한 목적과 같은 것은 없다고 말한다. 왜냐하면 이것은 무한의 의미와 모순되기 때문이다. 이 말은 옳은 듯 보인다. 하지만 그 말이 목적이 무한하지는 않다는 뜻일지라도 **무한마음**에 목적이 없다는 뜻은 아니다. 실제로 이 존재가 지닌 속성의 증거는 우주에 꽉 차 있기에 우리는 그것을 거부할 수 없다. 진화만 보더라도 이 행성에는 어떤 종류의 목적이 존재한다는 하나의 증거이다.

자기 의존적 동력(Self-Propelling) - 스피릿은 스스로 움직이는 힘, 즉 그만의 원동력을 반드시 지니고 있다. 스피릿이 에너지를 얻기 위해 다른 곳에서 보충해야 한다고 가정한다는 것은 스피릿을 첫 번째 원인으로 보지 않는다는 것이다. 만약 무언가가 가장 근원이라고 말한다면 그것은 분명 그 안에 자신을 표현하는 데에 필요한 모든 것을 지니고 있어야만 할 것이다. 우리가 **최초원인자**를 다룬다는 것은 모든 것들의 첫 번째이자 절대적으로 **어떤 한계도 지워지지 않은** 것을 다루고 있다는 것을 깨달아야만 한다. 에너지를 보충해야만 할 필요는 없다. 그것은 **생명**이 모든 형태로 드러난 것과 모습을 드러낸 것들의 근원 에너지이기 때문이다.

자존(Self-Existent) - 자존한다는 것의 개념을 이해하기란 쉽지 않지만 적어도 어느 정도까지는 이해할 수 있다. 예를 들어 우리가 "왜 물은 젖는가?"라고 묻는다면 거기에는 이유가 없다. 물의 속성상 젖기 때문이다. 그럼 질문을 바꿔, "누가 생명을 만들었는가?"라고 질문해본다면 그것 역시도 대답할 수 없다. 왜냐하면 만약 우리가 어떤 권능이 **생명**을 만들었다고 말한다면 우리는 더 이상 **생명**을 **근원의 원인**으로 가정할 수 없기 때문이다. 우리는 **참존재**(Real Being)를 다루면서도 그것 역시도 결코 창조된 적 없던 것을 다룬다는 것을 이해해야만 한다. 언제부터 둘에 둘을 곱한다면 넷이 되었는가? 물론 그 시작은 없었다. 그냥 그것은 자존하는 진리일 뿐이다. 신은 신을 창조하지 않았다.

신은 단지 **존재한다**. 이것이 바로 "I AM THAT I AM"이라 말하는 것의 참 의미이다. 진리에 대한 탐구의 시작은 **생명은 존재한다**는 이견 없는 진리에서부터 시작되어야만 한다. 진리는 존재하는 것이고 그렇게 **자존**하는 것이다.

"결코 영혼은 태어나지 않았고,
영혼은 결코 멈추질 않을 것이고,
그것이 영혼이지 않았던 적은 결코 없었다.
끝과 시작은 꿈이다."

의도(Volition) - 의식적으로 선택할 수 있는 힘을 뜻한다.

선택(Choice) - 의식적으로 고를 수 있는 능력을 뜻한다.

의지(Will) - 실행할 수 있는 결단을 뜻한다.

의도, 선택, 의지는 **스피릿**의 속성이고 현실적으로 같은 의미이다. 어쨌든 이런 **스피릿**의 속성들을 인간의 관점에서 판단하지 않도록, 즉 제한된 관점에서 판단하지 않도록 주의해야만 한다. 인간에게 선택이라고 한다면 서로 상이한 것 중 하나를 택하는 것을 말한다. 하지만 **스피릿**의 선택은 다르다. 그것은 어떤 특정한 것을 단지 알리는 것이지 갑과 을 사이의 선택은 아니다. **스피릿**은 어떤 일이 일어나게끔 의지할 필요가 없다. 그것들은 단지 일어난다. 왜냐하면 그렇게 되라는 **스피릿**의 의지이기 때문이다. 그렇다면 이 의지란 것은 단지 하나의 목적을 실행하는 것에 불과하다. 그리고 **스피릿**은 **절대자**이기 때문에 그 **의지**를 거부할 수 있는 것은 아무 것도 없다. 선택, 의도, 의지는 **자존하는 권능**의 필수불가결한 본연적 특성이다. 왜냐하면 만약 그것들이 없다면 신의 생각이 표현될 수 있는 통로가 없기 때문이다. 인간 안에서는 이런 정신적 속성들이 제한되었지만 신 안에서는 아무런 제한이 없다.

권능(Power) - 모든 것들이 생명을 영위하는 에너지.

생명(Life) - 모든 것들을 살아 있게 만드는 내부의 그 무엇. **생명**과 **권능**은 **한계 없는 존재**(Limitless Being)의 필수불가결한 속성이고 그 둘은 **완벽한 존재**를 완성하기 위해 서로 협조한다. **생명**은 살아 있게 만드는 것이고 **권능**은 **생명**이 활동하게 하는 **동력**이다. **생명**과 **권능**을 원인의 조합된 속성으로 보면서 우리는 그것들이, 보이는 모든 현현(顯現)들과 보이지 않는 모든 현현들의 밑바탕을 만들기 위해 결합한다는 것을 알 수 있다. **생명**은 객관적인 세상에서 만물을 한데로 묶는 **권능**이고, 존재하는 만물의 **지성의 기초**이다. 예를 들어 물질 세상에서 **생명**은 원자를 한데 묶어서 형체를 만들어내는 **권능**이다. 정신계에서 **그것**은 생각할 수 있게 만드는 **권능**이고 영계에서 **그것**은 우리가 온전히 살아갈 수 있게 만드는 **권능**이다.

생명은 다양한 수준으로 나타나는 듯 보인다. 광물계와 물질 세상에서 그것은 자의식이 없는 무의식 상태로 나타난다. 우리는 모든 창조물 안에는 어느 정도의 지성이 흐르고 있다는 것을 안다. 화학친화력은 **생명**이 그 자신과 그 자신과의 끌림으로 모습을 나타낸 것이다. 식물들 안에서는 조금 더 높은 의식 수준을 갖고 있는 듯하다. 약간의 의식을 지니고 있으나, 한 장소에서만 나타나는 권능으로서 모습을 드러내며 다른 곳으로 이동할 의지는 없다. 이렇게 생명이 어떤 계에서는 특정한 한계를 지니고 나타난다는 것은 **스피릿**을 제한한다고 말하기 보다는 단지 그것이 활동하는 방법이 각각의 계에서 다르게 나타난다는 것을 뜻한다. 우리는 단세포 동물에서 인류에 이르기까지 **근원생명**이 다양한 수준으로 모습을 드러낸 것을 볼 수 있다. 예를 들어 개와 물고기 모두 돌아다닐 수 있는 힘을 지니고 있지만 개는 물고기보다 지능이 더 높다. 물고기는 그냥 본능의 힘만으로 돌아다니는 듯하다. 하지만 물론 논쟁의 여지는 있겠지만, 개는 어느 정도의 의식을 지닌 것처럼 보인다. 대부분 동물들의 삶은 어느 정도는 선택적으로 충동이나 자유를 표현하면서 활동한다는 것을 알 수 있다. 반면에 인간 안에서 **생명**은 의도와 자유의지의 관점에서 표현된다. 그래서 그것은 **자아의식**(Self-Consciousness)의 수준에서 나타나고 있다. 정리해보면 스피릿은 항상 스스로 그 자신을 인식하고 있지만 그것이 각각의 계에서는 다른 수준으로 모습을 나타낸다고 말할 수 있다. 이렇게 **생명**이 여러 가지 차원에서 현현(顯現: 내부의 것이 외부로 나남)하고 있다는 것은 **스피릿**에 한계가 있다는 말은 아니다. 뒤집어보면 그것이 진정으로 한계가 없다는 것을 증명할 뿐이다. 그것이 오직 하나의 수준으로만 나타나기만 한다면, 예를 들어 인간처럼 의식을 지닌 것으로만 나타나기만 한다면 오히려 그것이 제한적이라고 말할 수 있을 것이다. 하지만 그것이 원하는 모든 곳에서 다양한 모습으로 나타내고 있기에 **한계가 없다**고 말한다.

만약 **스피릿**이 오직 기계적으로만 반응하는 광물계에서만 모습을 드러낸다면 우리는 그것을 무의식적인 생명, 즉 자동적으로 반응만 하는 생명이라고 한정해서 정의할 것이다. 또 그것이 동물 세상에서만 모습을 나타낸다면 우리는 그것을 단순의식의 상태라고 한정할 것이다. 마찬가지로 단지 인간 안에서만 현현하고 있다면 우리는 그것을 자의식 상태만 가진 것이라고 한정할 것이다. 하지만 **생명**은 이 모든 곳에서 모두 활동한다. 게다가 이 인간 정신의 자의식 상태를 넘어 보다 큰 자각의 상태에 도달해 **전체와의 일체성**을 이해하게 된다면 우리는 그것을 우주의식의 상태라고 말한다. 이것이 스피릿이 현현하는 서로 다른 네 가지 의식 상태이다. 무의식적인 상태, 단순의식상태, 자아의식상태, 우주의식 상태. 이것들 모두는 단지 하나의 권능이 활동하는 서로 다른 길이다. 그렇기에 **생명**은 모든 것들을 관통해 흐르면서 그 어떤 것이든 그 존재가 되게끔 만드는 존재의 속성이다.

진리(Truth) - 진리는 그 자체로 자존한다. 그것은 모든 것 안에서, 그리고 모든 것을 관통해 존재하는 이성, 원인, 권능이다. 그것은 태어나지도 않고, 죽지도 않고, 변하지도 않고, 완성되어 있고, 완벽하고, 온전하고, 자존하고, 더 앞선 원인이 없고, 전능하고, 신이고, 스피릿이고, 법칙이고, 전지자의 마음이고, 지성이고, 그리고 실체를 의미하는 모든 것이다.

자유로운 영(Free Spirit) - 어떤 것에도 속박되지 않는다는 것을 뜻한다. 선택한 대로 자유롭게 할 수 있지만 그 본연의 본성을 스스로 거부하는 일은 할 수 없다.

평화(Peace) - 내면의 고요함. 그 무엇도 그 평온을 방해할 수 없을 정도의, 흠 잡을 데 없는 고요함. 오직 평화만이 존재한다는 앎을 통해서만 오는 고요함. **헤아릴 수 없는 평화(Fathomless Peace)**는 **스피릿**의 평화를 뜻한다. 예수의 "내가 그대에게 평화를 남기노니, 내가 그대에게 주는 나의 평화더라"[요한복음 14:17]라는 말 속의 평화가 바로 이것이다. 무한은 언제나 평화롭다. 왜냐하면 무한의 속성상 어떤 것도 그것을 구속할 수 없기 때문이다.

균형(Poise) - 애쓰지 않고서 모든 것들을 그것의 올바른 위치로 되돌려 놓는 완벽한 조화의 힘. 이것은 평정의 법칙이다. 만약 평정의 법칙이 없다면 그 무엇도 유지될 수 없다. **무한 마음** 안에는 반드시 존재하고 있는 **조화의 법칙**이다. 왜냐하면 **무한 마음** 안에는 그 어떤 것도 방해할 것이 없기 때문이다. 균형 혹은 조화는 우리가 **보상의 법칙(Law of Compensation)**이라고 말해지는 것 이면에 존재하는 법칙이기도 하다. 그것은 그것 스스로를 완벽하게 균형 잡고 있는 **생명**이다. 자존하는 **생명**은 홀로 완벽한 균형을 만들 수 있다. 우리가 **스피릿** 안에 존재하는 균형을 완전히 이해한다는 것은 불가능하다. 하지만 우리는 이 **스스로 평정에 이르는 균형**이, 모순되는 감정에 의해 깨어지지 않는 고요함이자 언제나 그 자신을 확신하며 서두르지도 않고 확신에 차 있는 영원한 권능이라는 것 정도로는 이해할 수 있다.

말씀(Word)- 말씀은 물론, 그 자신을 현현 속으로, 형태 속으로 선포하는 **스피릿**의 능력을 뜻한다. 신의 말씀은 스피릿의 **자가관조**(Self-Contemplation)을 뜻한다. 불가시(不可視)의 우주뿐 아니라 우리가 눈으로 보고 있는 가시(可視)의 우주는 모두 주가 스스로 자신의 내부에서 심상한 것(자가관조)의 결과이다. "그가 말하니 이루어지더라." "**말씀**은 신과 함께였고 **말씀**은 신이었더라. 모든 것들은 그에 의해서 지어졌고 그가 아니었다면 지어진 것 중 어떤 것도 지어지지 아니하였더라."[요한복음 1:3] 모든 창조의 시작점은 **스피릿**의 **말씀** 안에 있다. 그 **말씀**은 신의 관념, 신의 심상, 신의 이미지, 혹은 신의 생각이다. 그것은 그 자신을 나타나게 하는 **자아인식 마음**(Self-Knowing Mind)이다. 만물은 그것 이면에 그것의 **태초의 원인**인 **말씀**을 지니고 있다.

완벽한 로고스(The Perfect Logos) - 신의 창조의 말씀. 완벽한 신의 말씀.

유일한-전체(ONLY-ALL) - 이것 바깥에는 어떤 것도 존재하지 않는다. 실제로 존재하는 모든 것을 자신 내부에 지니고 있는 '것.' 모든 것의 **근원생명** 그리고 모든 것을 통해 존재하는 **사랑**. 근원의 존재 그리고 우리가 신 혹은 **스피릿**이라 부르는 근원의 무한한 인격. 이 근원 안에 모든 것들이 생명을 갖는다.

자신 외에는 알지 못함(KNOWING NO OTHER) - 스피릿은 자신 외에는 어떤 것도 알지 못한다. 그것은 존재하는 모든 것의 **중심**이자 **경계선**이다. 그것은 적도 없고 다름도 없고 타인도 없고 떨어짐도 없고 자신과의 분리도 없다. 즉 **분리되지 않은 하나**이다. 그것 안에 모든 것이 있고 완벽하다. 반대하는 것도 없고 저항도 없다. 그것은 오직 행하는 그 자신의 능력만 알 뿐이다. 그리고 그것은 모든 것이기 때문에 어떤 식으로든, 어떤 형태로든, 어떤 방법으로든 방해받을 수 없다. 우리가 그 **생명**과 **권능**의 모든 것을 다 이해한다는 것은 불가능하고, 단지 **신이 모든 것**이라는 것을 어느 정도 깨닫게 되었을 때 얻어지는 진정한 영감의 순간에, 흘끗 볼 수 있을 뿐이다.

아버지-어머니 신(Father-Mother God) - 스피릿은 그 안에 남성과 여성의 **생명** 원리를 모두 지니고 있다. 그 둘은 하나로 조합돼 있다.

일체성(Unity) - '이성의 공리'에서는 '무한'이 나뉠 수 없다고 말한다. 무한은 나눌 수 없기에 결론적으로 완벽한 단일체이다. "들어라, 오 이스라엘아, 주 하느님은 오직 하나의 주이고"[신명기 6:4] 또한 "중심이 모든 곳에 산재해 있고 어디에도 경계선이 없다."[*알라누스의 말] 그것 모두는 그것 안의 어떤 곳에서든, 아니 모든 곳에서 나타난다. 그것은 어떤 한 점에 다가가지도 않으며 어떤 한 점으로부터 물러나지도 않는다. 오직 항상 그것 위에 있을 뿐이다. (모든 곳이 그 중심이다) 신의 모든 부분은 신 안의 어떤 부분에서도 모두 나타난다. 그래서 예수가 기도를 올렸던 대상 역시 내재하는 스피릿이었다. 왜냐하면 신은 모든 창조물을 관통해 있을 뿐 아니라, 인간 안에도 있기 때문이다.

그것은 "모든 것을 관통해 있고 모두를 하나로 묶고 있는, 모든 것을 지탱해주는 아름다움의 실"이다. "그의 실은 온 땅을 찔러 뻗어나갔다."[시편 19장 4절] "신이 있지 않는 곳이란 없다." 이런 관념으로 인해 욥은 "나의 육신 안에서 신을 보리라."[욥기 19장 26절]고 말했다. 모든 생명은 사랑이라는 하나의 **공통**

된 법칙에 의해서 묶이고, 사랑은 눈에 보이는 것뿐 아니라 보이지 않는 모든 것 안에서 그리고 그것들을 관통해 나타나는, 스피릿이 자기 자신을 주는 행위이다. 그것은 과거의 성자들과 현자들에게 광명을 비췄던 **근원의 존재**에 대한 자각이었다. "나와 아버지는 하나이다." [요한복음 10:30] "내 안에 살고 있는 아버지가 일을 하신다." [요한복음 14:10] 우리는 반드시 이 경이로운 존재를 느껴야 한다. 왜냐하면 그것이 바로 형이상학 훈련의 핵심이기 때문이다. 모든 것 안의 그리고 그것을 관통하고 있는 신.

대우주(Macrocosm) - 우주 세계를 뜻한다. 전체를 지칭하는 또 다른 단어.

위대한 우주의 저택(The Great House) - 전체를 일컫는 또 다른 방식이다.

남성성(Masculine) - 존재의 선언적인(외부로 나타내는) 원리(The Assertive Principle of Being). 자아의식을 지니고 자신 안에 자가동력을 지닌 **스피릿**의 권능. 우주소울에게 그것의 생각과 관념을 주입시키는 투사하는 생명 원리.

활동적인(ACTIVE)- 스피릿이 그 자아를 스스로 실현하고 있기에 스피릿을 활동적이라고 말할 수 있다. 스피릿은 그 자신 내부에서 활동한다. 우리가 무의식의 의식이란 것을 상상할 수 없는 것처럼 비활동적인 의식이란 것도 상상할 수 없다. 스피릿은 무언가를 인식하는 활동을 한다. 그 대상은 자신의 자아이다. 그리고 이 활동은 무한하게 이루어진다. 우리는 이것을 창조라고 부른다. 그래서 창조는 영원히 지속된다. 물론 그 창조활동이 어떤 한 곳에서는 끝난 것처럼 보일 수 있다. 하지만 다른 곳에서는 창조가 진행된다. 창조는 이렇게 영원히 지속된다. 우리는 신이 언제나 신일 것이란 것을 알기에 창조 역시도 영원히 그치지 않고 계속될 것임을 안다. '끝이 없는 세상'이라는 말은 바로 이것을 가리키는 신비적 단어이다. 결코 가볍게 읽고 넘어 가서는 안 된다. 왜냐하면 어떤 이들은 이런 말에도 불구하고 언젠가 창조가 끝날 거라고 믿기 때문이다. 스피릿의 활동이 언젠가는 멈출 거라는 가정보다 더 비이성적인 것은 없다. 그리고 스피릿이 창조를 하지 않는 시간이 올 거라는 철학적인 망상이 있다. 이것은 불가능하다. 왜냐하면 스피릿이 그 자신을 인식하는 것을 멈추게 될 시간이란 것을 상상할 수 없기 때문이다. 스피릿의 **자아인식능력**은 스피릿의 활동이다. 우리는 어쩌면 스피릿이 우리가 살고 있는 것과 같은 세상들을 더 이상 창조하지 않을 것이라고 상상하고 있는지도 모른다. 하지만 그것이 창조를 멈출 수 있을 것이라고 가정하는 것은 그것이 더 이상 존재할 수 없다는 것을 가정하는 것과 같기 때문에 비이성적이다.

인격성(PERSONALNESS)- 우리는 신을 하나의 거대한 사람으로 생각하지는 않고 모든 생명과 그것을 통해 존재하는 **무한의 인격**으로 생각한다. **스피릿**은 무한하기 때문에 언제나 인식을 지니고 있다는 것을 우린 기억해야만 한다. 그리고 이런 무한한 인식은 개개인이 지닌 인격의 무한한 본질, 즉 모든 인격성들의 추상적인 본질이다. 신을 무한한 원리라고만 생각하는 것은 **신성한 존재**를 따뜻함도 없고 색깔도 없는, 그리고 아무런 응답도 없는 차갑고 무한한 **비개성적 법칙**(Impersonal Law)으로만 만들어버릴 것이다. 그런 신에 대한 관념은 인간에게서 인간이 지닌 **신으로서의 권리를 뺏어** 아무런 동기와 방향도 없는 법칙과 활동의 심연에 던져놓는다. 인간이 자아의식을 지닌 채 태어났다는 것만 두고 보더라도 모든 현현들 이면에는 자아인식이 있는 권능이 있다는 것을 알 수 있다. 그리고 그 자아인식이란 분명 개성적인 것이다. 물론 그것은 인간처럼 제한되지는 않고 무한하다. 신은 그에게 다가가는 모두에게 응답한다. 그리고 신은 모든 개개인들의 개성 이면에 존재하는 **개성의 근원**이다.

의식적인 생각(CONSCIOUS IDEA)- 어떤 생각도 같은 것은 없다. 우주의 창조마음은 무한하기에 끝없이 많은 것들을 생각한다. 그리고 그 각각은 그 **위대한 전체** 안에 서로 구분되어져 있다. 과학에서 원자들이 에테르에 의해 하나로 묶였다고 말하는 것처럼 **신성한** 마음의 생각 모두도 **하나의 스피릿**에 의해 묶여 있다. 어떤 것도 같은 것은 없다. 똑같은 장미란 없다. 똑같은 사람도 없다. 모든 것은 **하나의 생명**으로부터 나온다. 그리고 모든 것들은 **하나의 생명** 안에 있고 모든 것은 그것에 의해서 생명이 유지된다. 하지만 그 각각은 언제나 **완벽한 전체** 안에서 그 각각의 개성을 잃지 않는다.

불변(Changeless)- 근원자(The One)는 전체 모든 것이기 때문에 오직 그 자신만이 될 수 있을 뿐 어떤 다른 것으로 변화될 수 없다. 따라서 큰 관점에서 보면 그것은 불변이다. 모든 것 이면의 근원의 원인자는 결코 변화되지 않을 것이고 다만 계속해서 활동하고 있을 뿐이다. 그래서 우리는 **불변하는** 것(근원의 원인자) 안에서 변화되는 형태를 인지한다. 어쨌든 그 무엇도 변화되지 않고 단지 형체만 변할 뿐이다. 우리는 물질(*과학에서 말하는 에테르*)과 에너지가 결코 파괴될 수 없고 영원하단 것을 안다. 하지만 우리는 그것들 안에서 변화가 영원히 이루어지고 있다는 것 역시 안다. 이제 우리가 그 무엇도 변화되지 않고 오직 형태만이 변화될 뿐이란 것을 깨달았다면 불변이라는 관념에 대해 더 이상 혼란을 겪지 않게 될 것이다. 물은 얼음이 되었다가 다시 물로 녹는다. 물이 얼음이었을 때 그 물은 어디에 있었던 것일까? 그것이 물이었을 때 얼음은 어디에 있었던 것일까? 그 어떤 일도 일어나지 않았다. 다만 형태를 입었다가 다시 벗은 것뿐이다. 그것 이면의 실재(Principle)는 변화되지 않았다.

전지(全知, Omniscience) - 모든 것을 알고 모든 것을 이해하고 있는 신성의 마음.

전능(全能, Omnipotence) - 가장 거대한 권능을 지닌 근원.

편재(遍在, Omnipresence) - 온전한 전체가 그것의 구석구석 모든 곳에 존재함. 단일성(Unity)에 대한 설명을 다시 읽어보라.

연역적 사고만을 하다(REASON DEDUCTIVE ONLY) - 스피릿은 인간이 사고하는 것처럼 사고하지 않는다. 즉, 스피릿은 진리에 대해 탐구하지 않고 단지 그 자체가 진리이다. 스피릿은 직관적으로 알 뿐이다. 그렇기에 그것은 단순히 자신의 존재만을 선언할 뿐이다. 그래서 그것이 하는 생각의 방식은 연역적일 뿐이다. 즉 전체에서 부분으로 사고한다.

MIDDLE SECTION
중간부분

소울(Soul) - 우주소울(World-Soul)의 의미로 사용됨. 즉 스피릿이 활동하는 매개체의 의미로 사용됨. 그것은 **삼위일체** 중 세 번째 인격을 뜻한다. 즉 **성령**이다.

창조의 매개체(Creative Medium) - 씨앗이 심어졌을 때 그것을 자라나게 할 수 있는 창조력을 지닌 토양처럼, **우주의 소울**은 스피릿의 말씀이 내려와 창조가 일어나게 하는 **창조의 매개체**이다. 우리는 소울과 스피릿을 분리된 것으로 여겨서는 안 된다. 왜냐하면 그 각각은 **자존**하면서도 서로에게 **공존**하는, 하나의 두 가지 측면, 하나의 두 가지 부분이기 때문이다. **우주소울**의 개념을 잡기 가장 쉬운 방법은 씨를 뿌리는 토양에 비교하는 것이다.

주관적인(종속적인 : SUBJECTIVE)- 사전에서는 '주관적인(종속적인)'을 '객체가 마음에 만들어낸 인상'이라고 정의한다. 외부의 사물은 지각(知覺)의 대상(percept)인 반면 그 인상은 관념(마음에 심어진 대상)이다. 관념, 즉 생각은 마음이 받아들이는 인상이기 때문에 주관적이라 할 것이다.

위의 차트에서 우리는 **주관의식**이라는 단어를 스피릿의 상념을 받아들여 저장하는 곳의 의미로 해석하고 있다. 소울은 스피릿에 대해 주관적(혹은 종속적)이다. 즉 소울은 스피릿으로부터 인상(impressions)을 받는다. 주관적(종속적)이라는 말은 항상 받아들이고 있는 것을 의미한다.

*subjective- 무언가에 독립된 채로 존재하는 객체(object)와는 반대로 어떤 대상에 종속되어 내적인 느낌, 인상, 믿음 등을 받아들이는 내적인 부분을 뜻한다. 종속적이라는 의미와 함께 주관적이라는 의미도 갖는다.

잠재의식적인 마음(SUBCONSCIOUS MIND)- 주관의식과 같다. 스피릿은 **의식적인 마음**(*Conscious Mind: 무언가를 주체적으로 결정해 인식할 수 있는 마음. 현재의식과 같은 의미)이다. 소울은 **잠재의식적인 마음**(*Subconscious Mind: 즉 무언가를 수동적으로 받아들여서 형성되는 마음)이다. 그것은 토양 혹은 땅이다. 그래서 무언가를 받아들여 활동한다. 그것은 **스피릿**처럼 인식하는 주체는 아니고 단지 **스피릿**의 의지를 행하고 실행한다.

선택하지 않는(UNCHOOSING)- **스피릿**과는 달리 **소울**에게는 선택권이 없다. 종속적인 위치에 있기에 무언가를 받아들일 뿐 선택을 할 수는 없다. **소울**은 단지 **스피릿**이 던져 놓은 이미지를 반영할 뿐임을 기억하라.

비물질의(IMMATERIAL)- 우리가 물질에 대해 생각하는 것처럼 **소울**도 비물질이다. 그런데 **소울**은 **스피릿**의 재료이기 때문에 **스피릿**의 질료라고 생각할 수도 있다. 물질세상에서 모든 물질들이 결국에는 그것의 근원이 되었던 에테르로 다시 환원된다고 가정하는 것처럼 우리는 **소울**의 **근본질료**(Substance of Soul)도 형체를 지닌 모든 것들은 결국 또다시 **소울원료**(Soul-Stuff)가 된다고 생각할 수 있다. 어쩌면 **소울원료**의 개념을 잡는 가장 간단한 방법은 물질을 분해하고 분해한 마지막 모습이라 생각하는 것이다. 우리는 물질이 어딘가에서 생겨난다는 것을 안다. 그곳이 **소울원료**이다.

어쨌든 우리는 **소울원료**와 **소울**을 구분해야만 한다. **소울**은 종속적인(주관적인) 지성이다. 왜냐하면 그것은 선택할 능력이 없지만 여전히 **스피릿**의 명령을 지성적으로 수행해나가는 능력을 확실히 가졌기 때문이다. 하지만 우리는 **주관의식과 동의어**로 쓰이는 **잠재의식**이라는 말을 의식이 없다(unconscious)는 것으로 여겨서는 안 된다. **우주의 소울**은 원칙상 **스피릿** 다음이면서 **스피릿**보다는 약간 밑이다. 잠재의식(Subconscious)은 잠재적인 의식을 뜻하지 의식이 없는 것을 뜻하지는 않는다. 소울은 스스로 인식하는 능력이 없기 때문에 선택을 하지 못할지라도 고유의 지성을 지니고 있다. 그리고 그 지성은 우리 인간이 행사하는 지성의 힘에 비한다면 무한하다고 표현될 정도이다. 예를 들어 인류 모두의 지성을 합친다 하더라도 제비꽃이나 팬지꽃을 창조할 수는 없지만 창조의 토양 안의 지성은 우리가 바라는 만큼, 즉 우리가 그 씨앗을 심는 만큼 그것들을 만들어낼 수 있다. 우리가 우주의 소울이라고 부르는, **스피릿**의 더 거대한 **창조적인 매개체**에도 이것과 같은 생각을 적용해볼 수 있다. 그것 역시도 무엇을 만들어내느냐에 대한 선택권은 없지만, **스피릿**이 선택한 것을 창조할 지성과 권능을 지니고 있다.

소울(Soul)과 **소울원료**(Soul-Stuff)는 서로 다르다. 하지만 그것들은 **창조적 매개체**라는 범주 안에 묶을 수 있다. 소울은 **무형의 원료**라는 것을 토대로 작업을 하면서 그것으로부터 우리가 보는 많은 형태들을 창조하는 **잠재의식적인 마음**

(Subconscious Mind)이다. 이것을 토양 안에서 활동하는 씨앗과 씨앗을 통해 활동하는 토양에 비교해서 살펴보면 비교적 이해가 될 것이다.

마음의 환영(ILLUSION OF MIND)- 이것은 주관적 마음 자체가 환영이라는 뜻은 아니고, 형태가 **주관적 마음** 위에 투영될 수 있는데, 그 형태가 진실한 실체는 아니란 뜻이다. 이것에 대한 보다 더 구체적인 설명은 사이킥 현상(Psychic Phenomena) 강의에 나오는 차트를 참고하면 된다.

비개성적(IMPERSONAL)- 창조의 매개체는 스피릿처럼 고유의 개성이란 것이 없는, 비개성적(Impersonal)인 것이다. 그것은 자신을 사용하는 것이 누군지 알지도 못하고 관심도 두지 않으면서 차별하지 않고 일을 한다. 이 점을 확실히 기억하라.

여성성(FEMININE)- 우주의 토양인 소울은 스피릿을 받아들여 **신성한 생각을** 잉태하기 때문에 **자연의 자궁** 혹은 **성모**라고도 불린다. 스피릿의 생각을 태어나게 하기에 자연의 여성원리이다.

중립적인(NEUTRAL)- 토양이 식물을 가려가면서 자라게 하는 것이 아닌 것처럼 **소울** 역시도 중립적이다. 그것 고유의 의식적인 **마음**이 없기에 모든 생각을 받아들여서 형태를 만드는 일을 한다. **창조의 매개체**가 중립적이란 것을 항상 명심해야만 한다. 만약 **그것이** 선택을 할 수 있다면 무언가를 거부할 수 있다는 이야기가 되는데 그것은 말이 되지 않는다. 양배추를 심었을 때 토양이 어떤 망설임도 없이 생산작업에 착수하기 시작하는 것처럼 **소울** 역시도 선택하지 않고 단지 받아들여 활동하려 한다. 감자를 심어도 마찬가지이다. 우리는 양배추와 감자를 장미와 팬지꽃과 함께 심을지도 모른다. 그러면 우리는, '선과 악을 구별하지 못하고, 단지 행하는 능력만을 인식하는' 하나의 중립적인 **창조의 매개체**를 통해 네 가지 식물들을 다 얻게 된다.

가소성의(PLASTIC)- 이것은 형체를 취하고 있거나 형체를 취하지 않은, **소울원료**를 의미한다. 그것은 전적으로 어떤 것도 정해지지 않은 원료이다. 즉 그것 고유의 마음을 지니고 있지 않다. 물질은 지성이 없지만 **말씀**의 힘에 의해서 형체가 된다.

마야(Maya)- 마음의 환영을 참고하라.

맹목적 힘(BLIND FORCE)- 과거의 몇몇 철학자들은 소울 혹은 창조적 매개체를 두고 인식하지 못하면서, 오직 행하기만 하는 분별없는 힘이라고 정의했다. 법칙이라 불리는 것은 모두 이렇다. 법칙은 오직 해야 할 것만 알지, 그것 고유의 의도를 지니고 있지 않다.

법칙(Law)- 스피릿의 창조 매개체(the Creative Medium of Spirit)가 거대한 우주의 마음 법칙이란 것을 확실히 이해했을 것이다. 그것은 스피릿의 의지를 따르는 법칙이다. 그것은 마음의 보편적 법칙이다. 모든 법칙은 활동하는 마음이다.

모든 생각과 힘과 활동의 매개체(MEDIUM OF ALL THOUGHT, POWER AND ACTION)- 그것은 모든 법칙과 모든 힘이 활동하는 하나의 매개체이다. 그것은 하위의 법칙들이 활동하는 근원의 법칙이다.

시네마 픽쳐스(CINEMA PICTURES)- 그것은 모든 상념체들의 매개체를 뜻한다. 사이킥 현상(Psychic Phenomena) 강의에 나오는 차트를 참고하라.

수동적이고 수용적인(PASSIVE AND RECEPTIVE)- 중립적이고 여성적인 것을 뜻한다.

오직 연역적인 사고만을 한다(REASON DEDUCTIVE ONLY)- 창조의 매개체는 종속적(subjective)인 본연의 성질 때문에 무언가를 검토하거나, 분석하거나, 거부할 수 없고 그저 받아들이기만 할 뿐이다. 이것은 연역적인 사고이다.

카르마 법칙(KARMIC LAW)- 원인과 결과의 법칙을 뜻한다. 그것은 월드소울의 매개체를 통해서 활동한다.

태초부터 존재한 스피릿의 종(THE SERVANT OF THE SPIRIT THROUGHOUT THE AGES)- 자연의 창조적 원리이자 스피릿의 법칙인 우주소울은 성령이라고 불림과 동시에 태초부터 존재한 스피릿의 종(The Servant of the Eternal Spirit throughout the Ages)이라고도 불렸다.

우주의 소울과 스피릿 둘 모두 창조된 적이 없다는 것을 깨달아라. 그렇기에 그 둘은 영원하다.

LOWEST SECTION
아랫부분

바디(BODY)- 스피릿의 현현(*내부에서 외부로 나타남*) 전부는 그것이 눈에 보이는 것이든 눈에 보이지 않는 것이든 **신의 바디**(Body)이다. 이런 **신의 근원 바디** 안에 그것보다 낮은 바디들 모두가 포함되어 있다. 그것을 통해 흐르는 지성과 연결된 **하나의 근원 바디**는 아들이라 불리거나 **삼위일체** 중 두 번째 인격으로 불린다. 물론 이것은 눈에 보이는 인간뿐만 아니라 눈에 보이지 않는 인간마저도 포함한다. 이것은 또한 단순의식(simple consciousness)에서 복잡한 의식까지 포함하며, 단세포에서 대천사까지의 모든 계층의 의식을 포함한다.

"모든 것은 단지 **거대한 하나**의 부분들이고,
그 전체는 자연이라는 몸을 지닌, **신의 영혼**이네."
[알렉산더 포프, "인간에 대한 에세이" 중에서]

요약해보자면 만물은 모든 계(界)에서 **스피릿**이 외부로 나타나는(현현하는) 것일 뿐이다. "나의 아버지의 집에는 많은 **저택**이 있더라." [요한복음 14:2] 우리는 물론 이 저택들 모두를 볼

2장 우주의 구조 111

수는 없다. 하지만 과학은 우리가 보지 못하는 많은 것들이 존재한다는 것을 밝히고 있고 우주는 무한하다는 것을 보여주고 있다. "그렇기에 우리는 일부만 알더라." [고린도전기 13:9]

결과(EFFECT) - 원인에 의해 일어나는 것. 결과(Effect)는 스스로 생겨나지 못한다. 그것 이면에는 반드시 그것을 일으키는 힘이 존재한다. 모든 현현(顯現, manifestation)은 결과이고 모든 결과는 그것의 원인에 종속한다. **창조자**는 그의 창조물보다 더 큰 존재이다. 우리가 물질적인 감각기관으로 보고, 만지고, 맛보고, 느끼고, 듣고, 인지하는 모든 것은 결과이다. "눈에 보이는 것은 보이는 것으로부터 만들어지지 않는다." [히브리서 11:3] 이 뜻은 우리가 보는 것은 우리가 보지 못하는 것에 의해 생겨났음을 말한다.

형체(Form) - 형체(Form)는 경계가 명확하다. 즉 명확한 생각의 결과이다. 형체를 환영으로 말할 수는 없고, 그 자체로서는 진실이다. 하지만 인식하는 능력이 없기에 그것을 창조한 권능에 종속한다는 점에서 환영이라 말해진다. 형체는 나타났다가 사라지지만 그것 이면의 **권능**은 영원히 변하지 않는다. 형체는 일시적이지만 **근원마음**은 영원하다. 스피릿이 **자아실현**(Self-

Realization)을 통해 **자가현현(Self-Expression)**하기 위해서는 어떤 일정한 형체로 모습을 나타내야만 한다. 이것이 바로 **영원한 창조**에 대한 의미이다.

객관적인(Objective) - 그것은 객관적 대상(object), 외적인 것(external), 결과(effect)를 뜻한다.

환경(Conditions) - 원인에 대한 귀결, 즉 결과에 대한 다른 단어이다.

결말(Results) - 원인과 결과의 법칙(the law of cause and effect)의 필수적인 귀결로서 일어나는 것. 결말은 원인에 따라 매우 정확하게 일어난다.

시간(Time) - 딘 잉(Dean Inge)은 '시간(Time)이란 하나의 전체 안에서 사건들의 전후 흐름'이라고 말한다. 이것은 뛰어난 정의이다. 왜냐하면 시간은 그것만으로 존재하는 것이 아니기 때문이다. 시간은 단지 영원한 경험들의 척도가 되어줄 뿐이다. 시간은 영원(Eternity)과 모순되는 것이 아니라 그것을 특정한 경험의 측면에서 표현해준다. 시간은 **근원자(One)** 안에서 경험이 일어나도록 만들기 때문에 반드시 필요한 것이다. 하지만 그렇다 해도 그것 스스로 존재하는 것은 아니다. 시간을 가리킨다는 것은 정말 불가능하다. 왜냐하면 어제는 이미 사라져버렸고 내일은 아직 다가오지 않았고 오늘은 빠른 속도로 과거 속으로 들어가고 있기 때문이다. 그래서 우리가 일정한 시간을 가리키려 할 때면 그것은 우리가 가리키기도 전에 과거가 되어버린다. 하지만 시간이 그렇게 환영과 같더라도 경험을 위해서 반드시 필요하다.

공간(Space)- 공간은 시간과 마찬가지로 그것 스스로 존재하지 못한다. 단지 형체의 경계선 역할을 해줄 뿐이다. **절대(Absolute)** 안의 상대적인 거리이다. 공간은 또한 **스피릿**이 표현하는 데에 필요하다. 왜냐하면 공간이 없다면 형체가 생겨날 수 없기 때문이다. 우리는 시간과 공간에 대한 개념에 대해 혼동해서는 안 된다. 그것들은 그것들만으로 존재하는 것이 아니기 때문이다. 그것들은 전적으로 상대적이며 둘 모두 중요한 역할을 한다.

사물(Things)- 시간과 공간 안에 존재하는 형체를 뜻한다. 사물(Things)은 언제나 결과이고 결코 스스로 생겨나지 않는다.

그것들은 단지 **스피릿**이 객관적인 형태를 띤 것에 불과하다. 사물은 스피릿의 현현에 필요하다. 그것들은 **신의 말씀**이 자아인식한 결과이다. 사물은 크기와 형태가 작은 땅콩에서부터 행성에 이르기까지 다양하고, 시간과 수명이 찰나에서부터 영원에 이르기까지 다양하다.

반영(Reflection) - 물질세상은 신의 생각(Thoughts of God)이 투영된 것이다.

물질의 환영(Illusion of Matter) - 거짓된 형체(false forms)를 참고하라.

다양성, 나수(Multiplicity, Many) - 근원의 하나로부터 많은 것들(Many)이 생겨난다. 단일성(Unity)로부터 다양성(multiplicity)이 생겨난다. 하지만 다양성은 단일한 전체와 모순되는 것은 아니다. 다양한 식물들이 생겨나는 토양에 비유해 볼 수 있다. 우리는 하나의 토양에서 다양한 식물을 재배하지만 그것 때문에 토양의 **단일성**을 부정하지는 않는다. 그것처럼 **우주의 창조매개체**를 통해 활동하는 하나의 **근원마음** 역시 많은 것들을 생산하지만, 그렇다고 단일성을 부정해야 하는 것은 아니다.

상대성의 거울(Relative Mirror) - 절대(Absolute)와 상대(relative)는 모두 물질의 거울 안에서 비춰진다.

방사(Emanation) - 스피릿이 형체 안으로 투사된 것.

The Nature of Being
Chapter 3 존재의 본성에 대한 설명

 2장의 우주차트에 쓰인 원은 **우주의 생명**을 뜻합니다. 원은 시작이 어디인지 끝이 어디인지 구분할 수 없기에 우주 생명의 **시작도 끝도 없는** 속성을 잘 나타내줍니다. 우리는 그것을 세 부분으로 나눠서, 하나는 **스피릿**(Spirit), 하나는 **소울**(Soul), 또 하나는 **바디**(Body)라고 불렀습니다. 그렇다고 존재의 본성이 세 가지로 분리되었다는 뜻은 아닙니다. **스피릿, 소울, 바디**라는 세 가지 속성을 지닌 하나의 단일체입니다.

SPIRIT

스피릿

우리는 스피릿이 우주에서 유일하게 **스스로를 자각하면서** 활동하는 실재임을 알고 있습니다. 그래서 우리는 스피릿을 첫 번째 원인(First Cause) 혹은 신이라고 정의합니다. 즉 존재하는 모든 것의 **궁극적 본질**이라고 말할 수 있습니다. 그래서 우리는 그것을 가장 거대한 존재, 즉 **우주의 아이엠**(Universal I AM)이라고도 부릅니다. 모세가 신에게, "이스라엘의 자손들이 누가 그대를 보냈냐고 묻는다면 어떻게 대답해야 하나요?"라고 물었을 때 신이 들려준 대답은 "**아이엠**(I AM)이 너희에게 나를 보냈다고, 그대는 말해야만 하더라."[출애굽기 3:14]였습니다. 여기에서 왜 아이엠이라고 말해졌냐면 그것은 절대적인 선언(absolute statement)이기 때문입니다. **스피릿은 의식을 지닌 마음이자 자기 자신을 인식하는 권능**입니다. 그래서 그것은 그 자신의 존재를 인식할 수 있습니다. 그리고 스피릿은 활동하는 데에 필요한 원동력을 자신 안에 지니고 있습니다. 그래서 스피릿은 **절대**(Absolute)이자 **전부**(All)입니다. 그것은 스스로 존재하며 그것 안에 모든 생명을 지니고 있습니다. 그것은 **말씀**이고, **말씀**은 **의도**(volition)입니다. 그리고 **의도**라는 것은 선택권을 지니고 있다는 것이고 선택권이 있다는 것은 의지(will)가 있다는 것입니다. 스피릿은 자기 자신 이외의 어떤 것도 알지 못하기 때문에 그 무엇에도 걸리지 않는, 자유로운 스피릿입니다.

스피릿은 세상에 나타난 모든 것들 이면에 존재하는 단일체의 원리이기 때문에 **부모신**(父母神, Father-Mother God)입니다. 양성과 음성의 원리들 모두 **근원의 하나**에서 발생합니다. **스피릿**은 생명, 진리, 사랑, 존재, 원인, 그리고 결과 전체입니다. 그리고 스스로를 인식하는, 우주 안의 유일한 권능입니다.

SOUL
소울

우주의 소울은, 스피릿과 반대되는 것이 아닌 **스피릿**의 바로 밑 원리로서 **스피릿**의 상념의 형체를 받아들이는 수용적인 매개체(receptive medium)입니다. **소울**은 **스피릿**에 종속적입니다. 무언가가 종속적이라고 말하기 위해서는 그것이 항상 감정에 치우지지 않고, 중립적이고, 유연하고, 수동적이고, 수용적이어야 하는 것은 당연합니다. 그래서 우리가 만약 **종속적인 법칙**을 발견했다고 말한다면 그것은 항상 주어진 무언가를 받아들여서 그 원인에 따라 작동하는 법칙을 발견했다는 것입니다. 따라서 우리는 **우주의 소울**을 '결정하지 않으며 오로지 작동하기만 하는 맹목적인 힘(blind force)'이라고 부르거나, 태고부터 존재한 불멸의 스피릿(Eternal Spirit)을 따르는 종이라고 불렀습니다. 소울은 스피릿의 생각과 힘이 활동하는 매개체입니다.

TWO WAYS OF REASONING
두가지의 사유법

사유과정에는 오직 두 가지만이 있습니다. 귀납적인 방법과 연역적인 방법입니다. 귀납적 추론은 진리에 대한 탐구이자 분석의 과정입니다. 연역적 추론은 이미 확립된 전제에 따라 펼쳐가는 사유의 과정입니다. 그것은 전체에서 시작해 부분으로 갑니다. 귀납적 추론의 예는 이렇습니다. "존 스미스는 좋은 사람이다. 그리고 매리 존스는 좋은 사람이다. 그리고 내 이웃들은 좋은 사람이다. 따라서 신 역시 좋을 것이다." 이것은 모든 것들 이면의 원인이 된 것은 틀림없이 **좋을**(Good) 것이라는 결론으로 이끄는 분석입니다. 반면 연역적 추론은 이런 식으로 진행됩니다. "신은 좋다. 따라서 매리 존스, 존 스미스 그리고 내 이웃은 분명 좋을 것이다." 왜냐하면 신이 선하다면 신이 현현한 인격들 역시 그것과 다른 속성이 아닐 것이기 때문입니다.

귀납적 추론은 언제나 진리를 찾아내는 분석과정입니다. 그렇다면 신은 귀납적으로 추론하지 않을 것입니다. 오직 연역적으로만 사유한다고 결론내릴 수밖에 없습니다. 무한한 것은 진리에 대해 탐구를 할 필요가 없기 때문입니다. 따라서 **스피릿**이나 **우주의 소울** 안에서는 귀납적인 사유의 과정이 존재할 수 없습니다. 스피릿 안에서는 어떤 귀납적인 추론도 있을 수 없습니다. 왜냐하면 그것은 이미 모든 것을 알고 있기 때문입니다. 우주의 소울 안에서도 귀납적인 추론은 있을 수 없습니다. 왜냐하면 그것은 **창조의 매개체**이기에 만약 귀납적으로 사유할 수 있다면 분석할 수 있다는 이야기가 되고, 그렇다면 어떤 특정한 상념을 거부할 수 있는 가능성이 존재하기 때문입니다. 소울은 종속성이 그 본연의 속성이기에 결코 어떤 것도 거부할 수 없고 오직 받아들이기만 합니다. 어떤 개성적인 감정도 지니지 않고 누가 그것을 이용하든 알지도 신경 쓰지도 않습니다. 그것은 고유의 마음을 지니지 않은 무형의 것이고, 무형의 것이기 때문에 유연한 구조를 지니고 있습니다. 그것은 **우주의 여성**(Universal Feminine) 혹은 **성스러운 자연의 자궁**(Holy Womb of Nature)이라고 불리기도 하는데 그 이유는 주어지는 것을 받아들여 창조하는 그것 고유의 성질 때문입니다. 그것은 **인과의 법칙**(Karmic Law)이기도 합니다. 왜냐하면 인식력을 지니고 있는 스피릿에 종속하기 때문입니다. 모든 인과법칙과 인류암시(race suggestion)의 매개체 역할을 합니다.

BODY
바디

우주는 **대삼위일체**(大三位一體, the Great Trinity) 혹은 스피릿, 소울, 바디의 **삼위일체적 합일체**(Triune Unity of Spirit)라고 불립니다. 바디는 스피릿의 결과 혹은 스피릿이 객관화된 것입니다. 소울은 무형의, 유연하고 수용적인 매개체입니다. 그것은 **우주 원료**로서, 현현되지 않은 형체라고 말할 수 있습니다. 바디는 스피릿이 소울을 통해 활동한 결과, 즉 스피릿이 법칙을 통해 활동한 결과입니다. 오직 하나의 우주적 바디가 있습니다. 그것은 눈에 보이는 모든 것뿐 아니라 눈에 보이지 않는 모든 것을 포함하는 바디입니다. 그리고 이 하나의 바디 안에 인간의 바디뿐만 아니라 그보다 낮은 수준의 바디(body 체(體))들, 즉 **현현된 우주**(manifest Universe) 모두가 있습니다. "구성원들은

많아도 이들 모두는 한 몸이라." [고린도전서 12:20]

스피릿은 **절대자**로서 우주에서 자아인식, 의도, 선택, 의지를 유일하게 지닌 권능입니다. 하지만 **소울**에게는 의지가 없습니다. 그것은 그저 주어진 것을 받아들여 그것을 토대로 활동할 수 있을 뿐, 그것 자체의 목적이나 의도는 가지지 못합니다. 소울은 **스피릿**의 종이고, **바디는 스피릿**과 **소울**이 결합한 결과입니다. 이것을 다시 말해본다면 권능이 존재하고, 그것이 활동하는 방식이 있고 그것이 활동한 결과가 있다고 할 수 있습니다. **말씀**(Word), **법칙**(law) 그리고 결과(effect)입니다. 달리 표현하면 지성(Intelligence), 본질(substance) 그리고 형체(form)라고도 할 수도 있습니다. 또 달리 표현하면 능동적인 원리(Active Principle), 수동적인 수용성(the passive receptivity) 그리고 상대적인 환경(relative condition)이라고도 말할 수 있습니다. 우주의 **스피릿**은 변하지 않습니다. 그리고 **우주의 소울**은 변할 수 없습니다. 하지만 **우주의 바디**는 변할 수밖에 없습니다.

THE CHANGELESS
불변

스피릿은 변하지 않습니다. 왜냐하면 존재하는 것 모두인 스피릿이 다른 무언가가 된다는 것은 앞뒤가 맞지 않기 때문입니다. 이것은 논란의 여지가 없습니다. 우주의 소울은 변할 수 없습니다. 왜냐하면 그것은 단지 **우주의 보편질료와 법칙**인데 우리는 에너지와 질료는 불멸이고 영원하다는 것을 이미 알고 있기 때문입니다. 우주의 소울은 변할 수 없습니다. 하지만 위에서 말한 것처럼 **우주의 바디**는 항상 변화하고 있습니다. 이 우주 바디의 영원한 변화는 **스피릿**이 그 자신 안에서 영원한 활동을 하고 있다는 것을 보여줍니다.

창조는 무에서 유를 창조하는 것이 아닙니다. 우리가 만약 창조를 아무것도 없는 것에서부터 무언가를 만들어내는 것을 뜻하는 말로 사용한다면 그런 일은 결코 일어나지 않습니다. 하지만 만일 창조가 **스피릿**이 형체를 입게 되는 것을 뜻한다면 창조는 영원히 지속된다고 말할 것입니다.

유일한 능동적 원리(only Active Principle)는 **스피릿**, 즉 자아인식을 지니고 있으면서 스스로 인식하고 있는 생명이라는 것을 이해해야만 합니다. 그리고 그 외의 다른 것들은 **스피릿**의 의지에 종속된다는 것을 이해해야만 합니다. 스피릿은 그것 자신의 생각(Thought), 그것 자신의 욕망(Desire) 그리고 그 욕망이 현현된 것을 인식함으로써, 자신의 욕망을 충족시킵니다. 결과적으로 스피릿은 스피릿이 외부에 현현할 모습을 인식합니다. 하지만 그 현현의 과정을 인식하거나, 현현하기 위해 노력하는 것을 인식하지는 않습니다.

소울과 바디는 반드시 존재해야만 합니다. 왜냐하면 스피릿이 현현되지 않는다면 실현되지 않은 단순한 꿈의 세상만을 건설하는 것뿐이기 때문입니다. 스피릿이 스피릿이기 위해서는 반드시 현현되어야만 하기에 반드시 그것이 현현하는 방편이 있고 그 결과물이 존재합니다. 그것이 소울과 바디입니다.

CAUSE AND EFFECT
원인과 결과

모든 원인은 스피릿 안에 존재합니다. 그리고 스피릿의 의지를 실행하는 법칙(Law)은 전적으로 스피릿의 의지(Will)에 종속됩니다. 그리고 바디는 그것들의 결과입니다. 이것이 사실이라면 원인과 결과 모두 스피릿에 의한 것이라고 말할 수 있습니다. 씨앗이 형태를 펼쳐내는 데에 필요한 모든 것은 **스피릿**이 창조의 매개체 안에 뿌려놓은 상념 안에 담겨져 있습니다. 이것이 바로 왜 **스피릿**이 방법이나 과정을 결코 생각하지 않는지에 대한 이유입니다. **스피릿** 안에는 외부로 펼쳐낼 모든 것이 담겨 있기 때문입니다.

UNITY AND MULTIPLICITY
단일성과 다양성

단일한 것으로부터 다양한 것이 현현됩니다. 하지만 그렇다고 해도 단일성과 모순되지 않습니다. 우리가 관계하고 있는 것이 **한계 없는 지성**이고 이 지성 안에 **한계 없는** 법칙이 있다는 것을 깨닫는다면 **창조**에는 어떤 한계도 없다는 것을 알게 됩니다. 우리는 우리가 보는 것에 맞춰서 세상을 판단하는데 우리가 보고 있는 것은 단지 하나의 계(*界, plane: 의식상태와 동의어이다) 에서만 바라보고 있는 것입니다. 그래서 우리는 일반적으로 이 세상을 단지 80, 90여개 남짓한 원소로 분리되어 있는 물질세상으로만 봅니다. 하지만 우리는 이런 원소들 모두가 **하나의 근원적 실체**에서 생겨났다는 것을 깨닫습니다. 이제 우리가 그것을 열 가지 다른 계를 통해 바라본다고 가정해보겠습니다. 과연 어떤 일이 일어날까요? 우리는 사물의 본성을 지금보다는 열 배 더 깊게 볼 수 있게 됩니다. 현대과학은 에테르가 물질보다 더 견고하다고 말합니다. 이것은 공간을 차지하고 있는 한 사람의 육체 안에 더 견고한 육체가 있을 수 있다는 뜻이기도 합니다. 이 둘 모두 실체입니다. 우리가 보고 있는 우주는 실제 존재하는 우주의 아주 작은 부분도 되지 않습니다. "눈으로는 보지 못했더라." [고린도전서 2:9] 왜냐하면 우리의 눈은 오직 하나의 계(plane)에서 그 사물의 아주 작은 일부만을 보기 때문입니다.

IMMORTALITY
불멸

우리는 불멸의 관점에서 하나의 육신 안에 무한하게 많은 또 다른 육신들을 갖고 있다고 말할지도 모릅니다. 그래서 이 육신이 쓸모가 없어지고 더 이상 활동하기에 적합한 도구가 되지 못할 때 다른 육신은 이미 이곳에서 활동할 준비를 하고 있을 것이라고 가정해봅니다.

예수의 부활 후에 그의 육신은 다른 사람들의 눈에 보이지 않게 되었다고 합니다. 이것은 예수의 의식이 영적으로 변화되었기 때문입니다. 이 영적인 변화는 육신이 분해될 정도로 그의 정신력을 자극시켰습니다. 그래서 예수는 다른 계로 옮겨갔기에 그를 따르던 사람들 눈에는 그가 사라진 것처럼 보였습니다. 계(Plane)는 장소(Place)와는 다릅니다. 계는 의식의 상태를 말합니다.

스피릿은 자신 외의 것은 어떤 것도 인식할 수 없습니다. 스피릿이 자아 안에서 무언가를 인식할 때면 그 대상의 이미지를, 혹은 관념이나 생각을 그것의 의식 안에 지니게 됩니다. 그러면 **법칙**은 이것을 토대로 일정한 활동을 시작합니다. 법칙은 "난 하지 않겠어!"라는 말을 결코 하지 못하고 그저 그 일을 실행할 뿐입니다. 그러면 **스피릿**이 **소울**, 즉 **우주의 주관성** 안에 넣은 이미지들은 사물로 현현됩니다.

FORMS
형체

이제 형체에 대해 살펴보겠습니다. 세상에는 수많은 형체들이 존재합니다. 우리는 다양한 모습과 색깔을 지닌 수많은 형체들을 보면서 그것이 **근원의 하나의 원료**에서 왔다는 것을 이해한다면 자연스럽게 모든 생각과 사물 이면에는 **신의 정신적 영상**(Divine Mental Picture)이라는 특별한 원인, 즉 구체적인 정신적 이미지가 있다는 것을 받아들일 수밖에 없을 것입니다. 주관적인 세상(subjective world) 안에는 객관적인 세상(objective world)의 모든 것들과 대응되는 것이 반드시 있습니다. 그런데 주관적인 세상은 단지 수용적인 성질만 있기 때문에 그것이 최초 원인일 수는 없습니다. 그것보다 상위에 존재하는 유일한 진짜 지성 안에 최초 원인이 존재합니다.

ALLNESS OF TRUTH
진리의 전체성

우리는 합리적인 추론과정을 통해 스피릿이 자신 외부의 것은 인식하지 못한다는 결론에 이르렀습니다. 진리는 존재하는 그 자체입니다. 진리는 그렇게 존재하는 그 자체이기 때문에 무한하고 **모든 것을 포괄한** 전체입니다. 무한하고 전체이기 때문에 진리를 나누게 할 진리 외부의 어떤 것도 존재하지 않습니다. 결과적으로 스피릿은 **나눌 수 없고, 변화할 수 없고,** 그 자체로 완성되어 있습니다. 그것은 원인과 결과이며, 알파와 오메가이며 존재하는 모든 것입니다.

VOLITION
의도

우주에는 의도를 지닌 오직 하나의 원인자가 존재하는데 다름 아닌 **스피릿**입니다. 즉 **인식을 지닌 마음**입니다. 신은 신을 창조하지 않았습니다. 이것은 자명합니다. 그렇다면 신은 **스스로 존재**합니다. 신은 **법칙**을 만들지 않았습니다. 법칙은 신과 함께 시작도 끝도 없는 영원한 시간 속에서 공존합니다. 신은 **근본질료**를 만들지 않았습니다. 이것 역시 신과 함께 영원히 공존합니다. 하지만 신은 형체를 만들었다는 사실은 진실이며, 정말 지금도 만들고 있고, 앞으로도 영원히 만들게 될 것입니다. 우리는 **근본질료**와 수많은 형체가 존재하는 우주 안에서 살고 있는데, 이것들은 **근원지성**이 활동하게 하지 않는다면 조금도 움직이지 못합니다.

마음은 두 가지 양상을 띱니다. 그것은 인식을 갖춘, **지성의 능동적인 원리**(active principle of conscious intelligence)로서

의식하는 마음이고, 감정에 이끌리지 않는, 수용성의 수동적 원리로서 잠재의식적인 마음입니다. 바디는 소울을 통해 활동하는 스피릿의 인식결과입니다. 물질은 그 본질상 지성이나 의도나 권능을 지니고 있지 않습니다. 법칙은 단지 무언가가 일어날 수 있는 우주의 잠재적인 가능성일 뿐입니다. 말씀이 비로소 발해져야 법칙은 활동을 시작하기 때문에 말씀이 법칙을 구체화하면서 그 안의 원리를 작동시킨다고 말할 수 있습니다.

스피릿이 생각하는 모든 것은 반드시 형체를 취한다는 결론에 이르렀습니다. 스스로를 의식하는 생명인 스피릿은 인식작용을 하는데 그 무엇도 그 활동을 멈출 수는 없습니다. 스피릿이 인식하는 것을 멈출 수 있다고 가정하는 것은 그것이 존재하는 것을 멈출 수 있다는 가정과 같습니다. 스피릿은 인식하는 것을 멈출 수 없기 때문에 그 존재의 법칙을 영원히 활동시킬 것이고, 그 법칙으로 인해 상념의 형체를 영원히 투사하게 될 것이고, 그것으로 인해 사물을 만들어내게 될 것입니다. 창조는 언제나 일어나고 있고 결코 끝나지 않습니다. 근원지성이 아주 작은 생각을 했을 때조차 권능은 그것과 대응하는 사물을 만들기 시작합니다.

지금 창조의 매개체 안에 뿌려진 생각들에 대해 말하고 있습니다. 그런데 우리는 신의 생각과 인간의 생각을 같은 것으로 여기면서 듣고 있지는 않은가요? 우리는 그 모두를 생각이라고 여깁니다. 하지만 인간은 연역적, 귀납적으로 생각할 수 있는 반면에 신은 오직 연역적인 방법으로만 생각을 합니다. "그가 진실로 생각한 대로 그는 그 모습이 된다." [잠언 23:7]

  신은 우리가 인식하는 것처럼 물질을 인식하지 않습니다. 신은 그 자신을 형체로 인식하지만 크기의 대소(大小)로 인식하지는 않습니다. 신은 그 자신을 명확한 목적성(definite purposefulness)으로 인식하지만 공간으로 인식하지는 않습니다. 신은 자신을 명확한 경계가 있는 것으로 인식하지만 한계로 인식하지는 않습니다. 신은 자신을 다수의 것으로 인식하지만 분리되어 있는 것으로 인식하지는 않습니다.

  이렇게 한계를 인식하지 않는 마음과, 현현이 될 것이라고 인식하지 못하는 마음 사이에는 어떤 차이가 존재할까요? 커다란 차이가 존재합니다. 훈련된 생각은 훈련되지 않은 생각보다 훨씬 강력합니다. 만약 이것이 진실이 아니라면 형이상학 치유를 하는 사람은 환자들의 병의 원인을 제거할 수 없을 것입니다. 하지만 약간의 올바른 생각이 잘못된 것을 사라지게 하는 것을 우리는 알고 있습니다. 당신이 스스로 "내 생각은 강력한 힘을 지니고 있다"고 자신할 수 있게 된 날, 당신은 더 조심하는 편이 좋을 것입니다. 그때부터 생각은 그 강렬함 때문에 보다 잘 현현될 것이기 때문입니다.

앞서 우주의 세 가지 속성을 나타낸 차트의 뜻을 숙고해보십시오. 이 위대한 **우주차트**가 당신에 대한 것임을 깨달을 때까지 **자존하는 생명**(Self-Existent Life)이 무엇인지 생각해보십시오. 그리고 그것의 종인 **법칙**이 무엇인지 의미를 밝혀내보십시오. 그리고 물질이란 무엇인지 생각해보십시오.

ONLY ONE MIND
단 하나의 마음

당신의 마음, 나의 마음, 그의 마음, 그녀의 마음, 그리고 신의 마음과 같은 것은 없습니다. 단지 우리 모두가 살고 있고, 움직이고 있고, 존재를 두고 있는 **하나의 마음**만이 존재합니다. 거대한 하나의 마음이 존재하고 그 외에는 없습니다. 우리는 의식을 지닌 마음과 스피릿을 동일한 것으로 생각합니다.

사물은 생각입니다. 그것이 아니라면 무엇이겠습니까? 생각을 제외하고 사물을 만들게 할 것은 없습니다. 태초에는 우리가 눈에 볼 수 있는 것이란 없었습니다. 오직 하나의 무한한 가능성(an infinite possibility), 하나의 한계 없는 상상력(a Limitless

Imagination), 하나의 의식(a Consciousness)만이 존재했습니다. 그리고 이 의식의 활동인 생각만이 존재했습니다.

우리가 나의 **주관적 마음**(잠재의식 : subjective mind)이라고 부르는 것은 실제로 **무한한 마음** 안에 위치한 나라는 부분입니다. 다른 말로 하면 그것은 내 마음태도의 결과입니다. 그것은 **우주의 주관적 마음** 안에 내가 갖고 있는 마음의 환경 혹은 마음의 초점입니다. 우리가 받아들인 모든 이미지들, 인상들, 유전된 성향들 그리고 인류암시들이 그곳에 저장됩니다.

그렇다면 우리는 이것이 바로 우리에게 일어나는 모든 것들의 매개체란 것을 이해할 수 있습니다.

스피릿, 소울, 바디라는 세 가지 국면을 지니고 있는, **근원의 첫 번째 원인**이 있습니다. 그 셋을 다른 말로 해보면 **원인자, 매개체, 결과**로 혹은 **아버지, 아들, 성령**, 혹은 **남성적 활동, 여성적 활동, 결과**라고 말할 수 있습니다.

그렇다고 세 가지 신을 생각해서는 안 되고, 오직 하나의 신, **유일한 원인의 삼위일체적인 본성**(Triune Nature of the One God, the One Cause)이라고 생각해야만 합니다. 우리는 절대자이자, <u>스스로 자각하는 지성</u>을 스피릿이라고 생각합니다. 그리고 **지성을 수용하는 것**으로서 소울을 생각하며 **지성**은 그것 위에서 항상 활동하고 있다고 생각합니다. 스피릿과 소울은 서로

3장 존재의 본성에 대한 설명 135

공존합니다. 다시 말해서 둘은 세상 만물에 편재하고 있습니다. **우주의 스피릿은 우주의 소울에게** 영원히 생각을 주입시키면서 **우주의 소울에** 스며들어 있습니다. 그래서 우리는 **우주의 소울**을 물질 우주 안에 모습을 드러내며 형체를 만들어내는 **자연의 신성한 자궁**이라고 말합니다.

우주의 바디는 소울이라는 매개체를 통해 활동하는 스피릿이 만들어낸 생각의 결과입니다. 이 **삼위일체는 아버지, 아들, 성령**이라고 불리기도 합니다. 아버지는 절대자, 능동적인 지성이고 아들은 아버지의 자손이고 성령은 **태고로부터 계속되는 불멸의 스피릿의 종**입니다. 스피릿은 신성한 생각을 수용적인 지성의 소울에 불어넣으며 그것을 통해 활동하는, 궁극적인 지성입니다.

우주의 스피릿이나 소울은 둘 다 변화하지 않습니다. 오직 변하는 것은 우주의 바디뿐입니다. 한 사람이 나타났다가 사라지고 하나의 사물이 나타났다가 사라지고 하나의 행성이 나타났다가 사라집니다. 하지만 사물이 형성되는 **근본질료는** 결코 변화되지 않습니다.

INDIVIDUALITY
개개인

개개인은(Individuality)은 **통일된 전체**로부터 출현합니다. 심리학은 개개인들의 개성에 대해 가르칩니다. 어느 정도는 진실에 부합합니다. 하지만 형이상학에서는 개성을 지닌 한 개인을 전체와 하나로 통합시킴으로써 개별적 존재를 전체화 시킵니다.

인간 내부에는 본래부터 갖고 있는 **인간의 우주적(보편적) 본성**이 있는데, 이것이 인간의 개성을 만들었습니다. 그 우주적(보편적) **본성은 바로 신의 스피릿**입니다.

다음에는 인간에 대한 차트가 그려진 것을 보게 될 것입니다. 그걸 이해한다면 아마도 지금 처해있는 곤경에서 벗어나는 길을 발견하게 될 것입니다.

RECAPITULATION
Chapter 4 정리

  인간은 개별적으로 개성을 지닌 존재가 될 때까지 **근원생명**에서 서서히 진화를 해나갔습니다. 개별적 개성이 생겨난 후부터 인간은 자신의 생각을 통해 **근원생명**과 협력할 수 있게 되었고, 이로써 보다 더 깊게 진화할 수 있었습니다. 인간의 개성 아래에는 **인간의 진정한 본성**이 숨겨져 있으며 **근원생명**은 우리가 자발적으로 그것을 인식할 날만을 기다리고 있습니다. 인간이 그 본성을 인식한 날, 인간의 의지에 따라 본성은 작동합니다. 하지만 인간은 반드시 본성의 법칙과 조화를 이루어 인간 본연의 힘을 사용해야만 합니다.

  법칙에 기초해서 일어나는 일정한 사실들의 지식체계를 과학이라고 합니다. 인간은 결코 무언가를 새롭게 만들어내는 것이 아닙니다. 과학에서 볼 수 있듯, 다만 감춰져 있던 것을 발견해 사용할 뿐입니다. 과학 역시도 이런 방식을 통해 서서히 발전해 나가고 있습니다. 우리는 **자의식을 지닌 지성**을 활동하게 할 수 있는 **법칙의 우주** 안에 살고 있습니다. 그래서 "모든 것은 사랑이자 법칙"이라고 말해집니다.

법칙은 인간을 위해 할 수 있는 일이라면 무엇이든 자동적으로 다 해냈습니다. 그래서 인간을 하나의 개별적 개성의 위치까지 이끌어왔던 **법칙**은 이제 인간 스스로 자신의 자아를 찾게끔 하고 있습니다. 인간 안에 **완벽함**이 잠재되어 있는 것은 사실이지만 자유의지와 자유선택권이란 것 역시 주어져 있기에 인간은 불완전한 존재로 남아 있을 수도 있습니다. 하지만 이 자유의지와 자유선택이란 것이 **인간의 잠재된 완벽함**을 파괴할 수는 없고, 오직 파괴할 수 있는 것은 인간이 만들어낸 모습일 뿐입니다. 왜냐하면 **신성한 불꽃**(Divine Spark)은 항상 **태초인간** 안에 원형 그대로를 유지하고 있기 때문입니다.

인간은 자신이 이미 정신과 몸과 환경을 갖추고 있다는 것을 발견하면서, 자아에 대한 의식이 깨어났습니다. 인간은 자연의 법칙을 하나씩 이해하기 시작하면서 주변 환경을 하나씩 정복해나가기 시작합니다. 자연의 법칙을 이해한 후 그 자연법칙의 본성에 맞춰 사용한다면 자연을 뜻대로 조절할 수 있다는 것을 발견합니다. 즉, 자신이 먼저 자연의 법칙에 맞춰 활동하기 시작한다면 자연 역시 자신을 따른다는 것을 발견합니다.

인간은 자신에게 생각하는 능력이 있음을 발견합니다. 그리고 그 생각에 맞춰 내면에서 일정한 반응이 생긴다는 사실도 발견합니다. 그래서 인간은 자신 안에 세 가지 본성이 있음을 자각했습니다. 즉, 의식적으로 생각하는 본성적 능력, 그 생각에 맞춰 반응하는 내면의 정신력, 마지막으로 그 생각의 결과로서 생기는 육신, 이렇게 세 가지 성질이 있음을 발견합니다.

여기서 그치지 않고 타인에 대해 일정한 생각을 한다면 타인의 몸 안에서 일정한 반응이 나타난다는 것을 발견합니다. 내가 타인을 생각했을 때 그 영향이 그에게 미친다는 사실은 생각이 활동하는 **정신적 매개체**가 있음을 뜻합니다. 그래서 인간은 자신이 **우주마음**(Universal Mind) 안에서 생각을 만들어내는 하나의 초점임을 발견합니다.

더 나아가 인간은 생각을 통해 주변의 사건들마저 조절할 수 있다는 것을 발견합니다. 이것과 같은 방식으로 타인이 겪는 사건들마저 통제해, 그들을 도울 수 있다는 사실도 발견합니다.

이런 사실들을 기초로 하나의 결론을 냅니다. 눈에 보이는 세상은 하나의 결과이고 모든 결과의 이면에는 근원적 원인인 생각이 있다고 말입니다. **신의 생각**은 완벽하지만, 인간은 그런 완벽한 생각을 불완전하게 표현해 세상에 나타낼 수 있습니다. 또 이때 나타난 불완전한 모습 역시도 올바른 생각을 통해 제거할 수 있습니다.

인간의 생각이 발전하는 것처럼 인간의 신에 대한 관념도 진화를 합니다. 처음에는 다신(多神)적인 믿음을 거쳐 결국에는 현현된 모든 것 이면에는 오직 하나의 근원 마음(One Mind)과 오직 하나의 근원 스피릿(One Spirit)이 있다는 것을 깨닫게 됩니다.

수많은 현현들 이면에는 그것을 만들고 있는 하나의 근원 스피릿이 있습니다. 즉 자아의식을 지닌 생명이 있습니다. 그것은 근원마음의 매개체, 즉 주관적인 법칙을 통해 활동합니다. 다양성은 전체의 일체성을 조금도 훼손하지 않고 단일한 하나로부터 생깁니다.

스피릿은 자아의식을 지니고 있지만 법칙은 스피릿의 의지를 따르며 기계적으로 활동할 뿐입니다.

법칙은 본성상 그 무엇도 차별하지 않습니다. 마음의 법칙 역시도 법칙이기에 그와 같이 비개성적인 성질을 지니고 있습니다.

소울과 우주의 주관마음은 같은 의미로서 모든 생각과 활동의 창조적 매개체입니다. 소울은 또한 스피릿의 근본질료이기도 합니다. 즉 모든 형체들이 펼쳐져 나오는, 무형의 질료입니다.

스피릿은 소울 위에서 활동하면서 창조를 합니다. 스피릿, 그리고 소울과 근본질료는 서로 공존합니다. 이 모두는 편재합니다. 창조는 **스피릿** 안에서 일어나는 **스피릿**의 생각이 나타난 결과입니다.

창조는 영원히 지속되고 있습니다. 그래서 변화되지 않는 것 안에서 영원의 시간 동안 변화가 진행되고 있기에 형체는 나타났다가 사라지기를 반복합니다.

신은 자신 내부에서 생각하고 인식합니다. 이런 내부 활동의 결과로서 창조가 일어납니다. 그래서 창조란 **신성**의 상상력을 통해 생명 안에서 일어나는 생명의 활동이라고 말할 수 있습니다. 창조는 **스피릿**이 자신을 표현하기 위한 방식입니다.

스피릿, **근원생명**, **소울**, **근본질료**, **법칙** 그리고 **일체성**은 서로 공존하면서 영원의 시간 동안 함께 합니다. 유일하게 변하는 것이 있다면, 그것은 형체뿐입니다.

근원생명이 창조하는 방식은, 창조하고자 하는 것이 직접 되는 것입니다. 즉 **근원생명**은 창조하고자 하는 것이 됨으로써 그 자신으로부터 사물을 창조합니다. 그 과정에서 어떤 노력도 존재하지 않습니다.

의식을 지닌 **마음**과 **스피릿**은 같은 의미입니다. 그리고 그것은 자아의식을 지닌 **삼위일체**의 한 부분, 즉 **신**을 나타냅니다.

잠재의식적인 마음, 주관적인 마음, **소울** 그리고 **정신적 매개체**, 우주의 주관성 그리고 **법칙**, 이 모두는 같은 의미로 쓰입니다. 이것들은 **삼위일체**에서 **법칙**으로 활동하는 부분을 나타냅니다.

바다, 창조물, 혹은 현현된 우주는 단순히 법칙으로서 활동하는 **삼위일체**의 결과입니다.

창조물, 즉 현현된 우주인 바다는, **스피릿**이 인식한 것이 **법칙**을 통해 결과로서 나타난 것입니다.

딱 한가지만이 자아의식을 지니고 있는데 **스피릿**입니다. 법칙과 현현물 모두 **스피릿**이 하는 것에 기계적으로 반응할 뿐입니다.

소울, 주관적 마음, 근본질료 혹은 형체가 생기기 전의 근원물질, 그리고 **의식을 지닌 스피릿**은 모든 사람과 사물 안에 스며들어 있습니다. 즉, 만물을 통해 활동하는 지성이 있고, 만물은 그 지성에 반응하고 있습니다.

스피릿을 나타내는 말 중에는 '우주 유일의 스스로 선언할 수 있는 원리'라는 표현이 있습니다. 이 말만큼 잘 설명하는 것은 없을 것입니다. 스피릿은 자기 자신을 인식하는 권능이고 자의식을 지닌 유일한 권능입니다. 그 외의 모든 것은 **스피릿**에 종속됩니다. 스피릿은 오직 **스피릿의 말씀**을 통해서 활동합니다. 그러면 **말씀**은 **근본질료**를 통해 **법칙**으로 활동하면서 창조를 합니다.

3부
The Nature of Man
인간의 본성

Chapter 1
머리말

Chapter 2
인간의 구조

Chapter 3
인간의 본성에 대한 설명

Chapter 4
정리

INTRODUCTION
Chapter 1 머리말

　마음과 스피릿의 과학인, **멘탈 사이언스**(Mental Science : 마음의 과학)는 병과 가난과 불행의 속박으로부터 개개인들을 자유롭게 할 수 있다는 놀라운 주장을 합니다. 조금의 망설임과 변명도 없이 단호하게 주장합니다. 멘탈 사이언스가 주장하는 것은 사람들에게 마음이 작동하는 조건과 생명을 관장하는 **법칙**을 따르라는 것입니다. 만약 그렇지 않는다면 마음의 과학을 통해 충분한 이득을 얻지 못할 거라 말함과 동시에 세세한 마음의 조건과 법칙을 설명합니다.

THE WORLD HAS LEARNED ALL IT CAN THROUGH SUFFERING
세상은 고통을 통해 그것이 할 수 있는 모든 것을 배웠다

우리는 고통과 아픔을 통해 모든 것을 배웠다는 것을 깨닫기 시작하고 있습니다. 고통과 고난은 본래적으로 선한 역할을 담당합니다. 우주의 어떤 절대자도 인간이 아프길 바라며, 고통 받길 바라며, 불행하길 바라며, 그러다가 무덤에서 끝나길 바라지는 않을 것입니다. 신이 인간에게 정해놓은 유일한 운명이 있다면 생명을 완벽하게 표현하는 것입니다.

하지만 신조차도 개개인의 선택을 좌지우지 할 수 없다는 것을 알아야만 합니다. 그때서야 왜 인간은 자아발견의 여정에서 고통을 겪고 있는지를 알 수 있습니다. 고통이 숙명이기 때문에 겪는 것이 아닙니다. 인간이 개별적 존재로 서기 위해서는 자율적인 경험을 가져야하기 때문에 그렇습니다.

WHAT INDIVIDUALITY REALLY MEANS
인간에게 부여된 개성과 개별성

아마도 이것에 대해 상세히 말하면서 개개인이란 것이 무언지 설명하는 것이 좋을 것 같습니다. 개개인이란 선택권, 의도, 인식하는 마음, 개별적으로 개성을 부여받은 **스피릿**, 완벽한 자유 그리고 그 자유를 받혀주는 **하나의 권능**을 뜻합니다.

우리가 개성을 말하면서 기계적이거나 자발적이지 않은 개성은 생각할 수조차 없습니다. 개성적 존재가 참되고 자유롭기 위해서는 완벽함의 형상 안에서 창조되어야만 하고 그런 자아를 발견하는 위대한 여정을 스스로 하게끔 해야만 합니다.

"왜 신은 우리를 자유롭게 만들고, 그 자유를 강제하지 않았는가?"라는 의문은, 신조차 이 일을 할 수 없다는 것을 이해할 때 명확해집니다. 강제된 자유는 결국 최악의 속박입니다. 강제적인 자유란 없습니다. 심지어 신조차도 이것을 미리 운명 지울 수는 없습니다. 왜냐하면 그렇게 한다면 신이 신 본연의 본성을 어긴 것이기 때문입니다. 인간은 무제한적인 자유의 씨앗을 지니고 창조되었기에 그런 사실조차 홀로 길을 떠나 스스로 발견해야만 합니다. 우리는 그 여정 속에서 **생명법칙**의 영향을 받습니다. 그래서 우리의 무지로 인해 그 법칙과 조화를 이루지 못한다면 고통을 받을 수밖에 없습니다. 신이 인간에게 고통주기를 원하기 때문이 아닙니다. 우리가 **생명법칙**의 조화를 어겼다는 것을 보여주기 위해 고통이 필요할 뿐입니다.

THE MEANING OF FREEDOM
자유란

자유의지란 자신이 원하는 대로 행동하고 말하고 생각할 수 있는, 그리고 한 개성이 바라는 대로 생명을 표현할 수 있는 능력을 뜻합니다. 단순히 생각하고 자유를 꿈꾸는 것만으로는 진정한 자유가 아닙니다. 상상을 실현할 힘이 없는 단순한 상상은 완벽한 자아실현(self-realization)을 결코 이루지 못할, 꿈의 세계에만 머물게 할 것이기 때문입니다. 우리가 살고 있는 세상은 우리가 생각한 것이 외부로 표현되는 세상이기 때문에 (때론 그것이 우리를 파괴하는 것처럼 보일지라도) 그저 꿈의 세계에만 머무는 세상이라면 온전한 세상이라 말할 수는 없을 것입니다.

SIN AND PUNISHMENT, RIGHTEOUSNESS AND REWARD
죄와 벌, 올바름과 보상

이 주제를 통해 저는 신학적인 논의에 빠지지 않기를 바랍니다. 그리고 이것에 관심을 기울여 연구하는 분들에게 여기서 보여주는 사상을 명확하게 이해시킬 수 있기를 바랍니다. 세상에는 원죄라는 것이 있는 것이 아니라 단지 실수라는 것이 있을 뿐이고, 원죄에 대한 피할 수 없는 천벌이 있는 것이 아니라 실수에 대한 피할 수 없는 결과가 있을 뿐입니다. 세상에는 **원인과 결과의 법칙**이 언제나 작동하고 있기에 잘못된 행동은 반드시 그에 대한 반작용을 맞게 됩니다. 또한 같은 이유에서 올바른 행동은 그에 응당한 보상을 얻게 됩니다.

우리가 말하고자 하는 것은, 인간이 죄를 지을 수 없다고 말하는 것은 아닙니다. 인간은 죄를 지을 수 있습니다. 보다 정확히 말하면 인간은 실수를 할 수 있습니다. 그런데 '계속해서 실수를 저지르는 한' 그것으로 인해 자동적으로 벌을 받게 됩니다. 그렇지만 우주에 어떤 악의 힘이 존재해서 벌을 내리는 것은 아닙니다. 단지 만물을 통해 작용하는 **원인과 결과의 불변의 법칙**이 존재해서 실수에 대한 결과를 받게 된다는 것을 뜻합니다. 그래서 죄는 법칙 고유의 벌이고 올바름은 그것에 대한 보상입니다.

세상에서는 악에 대한 문제를 두고 오랫동안 논의가 있어 왔습니다. 그런데 그 문제는 우리가 그것이 자연 본연에 존재하는 것이 아니라 단지 **자유의 법칙을 오용한 결과**임을 깨닫기 전까지는 결코 풀리지 않을 것입니다. 우리가 악에 더 이상 빠지지 않게 된다면 저절로 사라질 것이기 때문에 악에 대한 문제는 우리가 악을 행하는 것을 그만 두고 선을 행할 때에만 해결할 수 있습니다. 세상 전체가 올바름을 보고 그것을 행할 때까지 인류는 결코 악에 대한 문제를 풀지 못합니다.

THE INCARNATION OF SPIRIT
스피릿이 인간으로 나타남

개성에 대해 다시 살펴보겠습니다. 개성은 짐승과 인간을 구별해줍니다. 그리고 그것은 신이 인간 안에서 구현화 된 것이기도 합니다. 즉 그것은 **내재하는 가장 존귀한 자의 스피릿**(Indwelling Spirit of the Most High)입니다.

인간은 스스로의 힘으로 자아를 발견하도록 남겨졌습니다. 그리고 그 여정 안에서 자신의 상상력이 만들어낸 창조물들을 경험하게 되는데 이것들은 언젠가 우리에게 진리를 보여줘 참된 자유를 맛보게 해줄 것입니다.

인간의 창조와 관련된 이야기를 잘 보여주는 흥미로운 신화가 있습니다. 그 신화는 이렇습니다. 신들은 신성을 지닌 존재로서 인간을 창조하기로 결정했습니다. 하지만 그 신성을 어느 곳에 숨길 것인가를 두고 오랫동안 논의를 했습니다. 어떤 신은 그것을 땅 밑에 숨기자고 했지만 언젠가 인간이 땅을 파게 된다면 자신의 본성을 쉽게 찾게 된다는 이유로 그 주장은 받아들여지지 않았습니다. 그러자 이번에는 바다 깊은 곳에 숨기자고 제안했습니다. 하지만 다른 신들은 인류가 언젠가는 바다 밑에 들어가게 될 것이기 때문에 안 된다고 반대했습니다. 이번에는 하늘에 숨기자고 제안했지만 이것 역시도 인간은 언젠가 하늘 위를 여행할 것이라는 이유로 무산됐습니다. 그렇게 길고 긴 논의 끝에 결국 인간의 **신성**을 가장 **내밀한 인간 내부의 본성** 안에 두자고 합의하게 됐습니다. 그래서 인간이 자신의 **신성**을 발견할 수 있는 곳은 인간 내부의 본성입니다!

인간 내부의 **신성**의 발견은 인간이 균형 잡힌 삶을 완성시키는 데에 필요한 모든 경험을 겪을 때까지는 이루어지지 않을 것입니다. "오직 그 말씀이 네게 심히 가까이 와서 네 입에 있으며 네 마음에 있은즉 네가 이를 행할 수 있느니라." [신명기 30:14]

물론 이 신화는 꾸며낸 이야기지만 이것만큼 인간의 내면에 **신성**이 존재한다는 사실을 잘 설명할 수 있는 것도 없습니다! 그래서 신명기에서 말하는 것처럼 그 **말씀**은 정말 우리의 입 안에 있기에 우리가 "나는(I AM)"이라고 말할 때마다 그 **말씀**을 반복하고 있는 것입니다. 왜냐하면 "나(I AM)"는 본성의 비밀이자 영원의 상징이기 때문입니다.

성경 속 **돌아온 탕아**는 우리 인간이 아버지 집에 다시 돌아오는 이야기입니다. 한 시인의 "우리는 우리의 집인 하늘나라로부터 길게 뻗은 영광의 구름들로 왔노라"는 표현만큼 그 의미를 잘 나타낸 것이 어디 있겠습니까! 이것은 **사울**이란 제목의 로버트 브라우닝의 시 안의 한 구절입니다. 사울은 진실한 생명의 감각을 잃고 무감각의 상태로 자신의 천막에 눕습니다. 그때 다윗이 사울에게 다가와 진정한 본성을 자각하라고 노래를 들려줍니다. 다윗은 창조의 경이로움과 생명의 즐거움을 노래하며 인간으로서 가진 사울의 권능과 영광에 대해 말해줍니다. "잘못된 생각이 그대의 명료한 생각을 뒤틀어 영적교감에서 분리되기 전에, 그대가 영광 속에서 기억하던 이가 바로 그대 사울이다." 그러면서 다윗은 사울에게 **그리스도**에 대해 뚜렷하게 밝혀줍니다. 이 계시를 통해 사울은 '과거의 왕으로서의 행동과 태도를' 온전히 다시 자각할 수 있었습니다. 사울에게 치유가 일어나 진리에 대한 자각이 일어나면서 거짓된 '믿음의 지옥'에서 빠져나오게 됐습니다.

DIFFERENT VIEWPOINTS
또 다른 시각

인간이 자아를 발견하기 위해 쫓겨났다는 견해를 취하는 사람들이 있는 반면, 한편으로는 인간 스스로가 이 결정을 했다고 주장하는 사람들도 있습니다. 언뜻 보기에는 달라 보이지만 결론적으로는 차이가 없습니다. 어떤 쪽의 견해를 취하더라도 인간은 혼자 힘으로 자아를 발견해야 한다는 사실에는 변함이 없습니다. 우리는 자연의 힘을 살펴보면서 그 힘들이 언제나 그곳에 있었지만 우리가 그것을 발견해 사용방법을 이해했을 때에만 우리의 뜻대로 할 수 있다는 것을 압니다. 자유 역시도 이것과 마찬가지로 우리가 사용법을 깨닫게 되었을 때에야 충분히 만끽할 수 있습니다. 만약 필그림 파더스들이 그 당시에 증기의 성질을 이해했었다면 그때에도 증기차를 가졌을 것입니다. 어떤 거대한 권능을 지닌 존재가 독단적으로 그것을 인간 세상에 내놓는 것이 아니라 우리가 그것을 사용하는 방법을 깨닫게 되었을 때에야 인간 세상에 모습을 나타냅니다. 우리가 지금 이 책을 통해 배우고 사용하려는 법칙 모두도 이와 같은 방식을 통해 우리에게 나타날 수 있습니다.

THE LESSON OF NATURE'S LAWS
자연의 법칙들이 주는 교훈

물질세상의 법칙이 이런 식으로 발견되어 우리가 사용하게 되었다는 것을 안다면 정신적, 영적 세상의 법칙도 다를 바 없을 거라고 유추할 수 있습니다. 우리가 그 법칙들을 이해한 순간에야 비로소 그것들을 사용할 수 있을 것이라고 생각하는 것은 당연합니다. 그렇게 보다 더 깊은 세계의 법칙들을 발견한다면 분명히 지금으로서는 상상하지도 못한 잠재적인 힘과 능력을 발견하게 될 것입니다. 그 힘과 능력은 언제나, 그리고 지금 이 순간도 우리가 이해해 사용하기만을 기다리고 있습니다. "보라! 나는 문 앞에 서서 문을 두드린다." 하지만 우리의 본성에 대한 많은 연구의 시간과 사색의 시간을 필요로 할 것입니다. 왜냐하면 그때서야 우리는 "일어나서 빛을 발하게" [이사야 60:1] 할 자신에 대한 것들을 발견하게 될 것이기 때문입니다. 오늘날 인류는 과거 어떤 때보다 이 진리에 빠르게 눈을 뜨고 있습니다. 그래서 인간의 진화는 점점 더 빨라지고 있습니다. 어떤 불가능한 것도 없습니다. **위대한 전체**(Great Whole)에게 모든 일이 가능하기에 그 **전체**의 한 부분인 우리 인간 역시도 모든 일을 할 수 있습니다.

THE RELATION OF MAN TO THE UNIVERSE OF SPIRIT

인간과 스피릿 우주의 관계

우주 안에 계획이 있다면 설계자(Designer)가 존재한다는 것을 입증합니다. 마찬가지로 우리에게 선택권이 있다는 것은 자아를 인식하는 권능이 있다는 것을 입증합니다. **스피릿**입니다. **스피릿**은 스스로를 인식하고 있기에, 신은 자신의 존재를 인식한다고 말할 수 있습니다. 그렇다면 **우주적 자의식**이 있다는 뜻이 되고, **우주적 개성**도 존재한다는 뜻이 됩니다. 우리는 이런 이해를 바탕으로 우리가 **스피릿**을 믿고 있을 때면 어떻게 그 존재가 우리에게 개성적인 존재로서 모습을 드러낼 수 있는지도 이해할 수 있습니다. 우리 인간은 모두 **하나의 근원** 안에서 살기 때문에 우리는, 아니 적어도 저는 **하나의 근원적인 무한의 개성**(One Infinite Person)이 있고 그 안에서 우리가 "살고 움직이고 우리의 존재를 지니고 있다"[사도행전 17:28]고 믿습니다.

MAN'S EXPERIENCE

인간의 경험

 지금 인류가 무언가를 스스로 발견하는 여정에 있다고 가정해보겠습니다. 인류가 발견하게 될 것은 무엇일까요? 그것은 자신이 자유롭다는 사실입니다. 하지만 진정한 자유를 발견하기 전에 인간은 많은 경험을 통하여 자유를 올바르게 사용하는 방법을 배워야만 할 것입니다. 인간은 삶이 전해주는 교훈을 얻은 후에야 진정한 자유를 찾을 수 있습니다. 모든 것을 통해 볼 때 이 사실은 진실인 듯합니다. 우리는 인간의 진화과정을 '진흙에서' 인간의 첫 모습이 생긴 이후부터 현재의 시점까지 살펴봤습니다. 이것을 통해 우리는 새롭게 깨달은 것이 있습니다. 그것은 자연의 모든 것은 인간이 직접 발견해 사용하기만을 기다리고 있었다는 사실입니다. 현 시대는 과거 선조들이 상상조차 하지 못했던 법칙과 힘을 사용하고 있습니다. 어쩌면 과거 선조들은 그 법칙과 힘을 신처럼 대했을지 모릅니다. 하지만 현 인류는 그저 자연력(自然力)의 일부라 부르면서 인류를 위해 의도적으로 사용하고 있습니다. 이렇게 인류는 조금씩 자연과 자연의 법칙을 통제해나가 이제는 물질세상에서 우뚝 솟은 존재가 되었습니다. 우리 인류는 자연을 정복했고, 그로써 마치 자연이 인류를 위해 돌아가는 것처럼 보이기까지 했습니다.

NATURE WAITS ON MAN
자연은 인간을 기다리고 있다

이런 인류의 발전과정 속에서 인류에 대항하는 자연은 그 어디에도 없었습니다. 자연은 순종적으로 항상 고요히 자신의 존재를 인간이 알아채주기만을 기다리고 있었고 인간이 자연의 새로운 법칙을 알아갈 때마다 그 이해력의 범위만큼 자연을 통제할 수 있었습니다. 자연은 결코 그 고유의 본성이나 내재된 법칙과 모순된 방향으로 활동하지 못합니다. 그래서 누구라도 자연의 법칙을 이해하고 그것에 맞춰 사용한다면 자연을 이용할 수 있습니다. 인간이 이 법칙들을 창조한 것이 아니라 본래 있었던 법칙을 단지 사용하는 것뿐입니다. 그렇기에 인간은 자연의 법칙을 따라야만 법칙을 이용할 수 있습니다. 우리가 먼저 자연을 따른다면 그것 역시 우리를 따른다는 오래된 격언은 불멸의 진리입니다. 우리가 어떤 법칙의 원리를 배우고 그 작동방식을 따른다면 원하는 방향으로 이용할 수 있습니다. 그래서 자연이 인간을 벌한다는 말은 분명 잘못됐습니다. 왜냐하면 인간이 자연의 법칙을 올바르게 사용하지 못한 것일 뿐, 자연 스스로가 우리에게 내린 벌은 아니기 때문입니다. 우리가 자연과 조화롭게 활동할 때까지 자연은 우리를 향해 조화롭게 활동하지 못합니다. 물론 이것은 어떤 법칙에도 적용되는 사실입니다. 우리가 법칙을 먼저 잘 따라준다면 우리에게 유익한 방향으로 잘 활용할 수 있습니다. 하지만 그렇지 못하다면 마치 자연이 우리에게 벌을 주는 것처럼 보입니다.

MENTAL AND SPIRITUAL LAWS
정신적인 법칙과 영적인 법칙

자연의 법칙에 대한 지금까지의 이야기는 물질세계에만 적용되는 사실이 아니라 마음의 법칙과 영적 법칙에도 적용됩니다. 그래서 우리는 마음과 **스피릿**의 내면의 힘도 발견해서 사용해야만 합니다. 그것이야말로 가장 상위의 힘이기 때문에 우리는 반드시 발견해서 사용해야만 합니다.

나의 자아를 발견한 만큼, 나와 **전체**와의 관계를 발견한 만큼 우리는 죄와 아픔과 곤경으로부터 구제될 수 있습니다.

우리가 물질세상에서 법칙을 발견하든, 정신세상에서 법칙을 발견하든, 영적세상에서 법칙을 발견하든 그것들은 다 똑같은 성질의 법칙입니다. 물질세상에서 자연의 힘들을 잘 이용하기 위해서는 물질세상의 법칙을 발견해야 하는 것처럼, 마음과 **스피릿**을 특정한 목적으로 잘 사용하기 위해서는 마음과 **스피릿**의 법칙을 우선 알아야만 합니다. 스피릿이 의식적인 결정을 하면 법칙은 그것에 따라 결과를 만듭니다.

우리 본성 깊은 곳 안에 인류의 **생명법칙**이 숨겨져 있습니다. 언젠가 우리는 이것을 발견해 의식적으로 사용하게 될 날이 올 것입니다. 그래서 행복하고 풍요롭게 될 것입니다. 이로써 생명은 외부가 아닌 내면에 존재한다는 것을 깨닫게 됨으로써 지금까지와는 전혀 다른 세상에서 살게 될 것입니다.

GOD AND MAN
신과 인간

인간은 **근원생명**에서 생겨났습니다. 마치 결과가 원인과 함께 해야 하는 것처럼 인간 역시도 그 원인인 **신의 본성**(Divine Nature)과 함께 존재합니다.

MAN REENACTS THE NATURE OF GOD
인간이 신의 본성을 다시 나타내다

우리는 신이 **삼위일체적** 본성을 지니고 있다는 것을 압니다. 그리고 우리는 인간이 **신의 형상과 모습**을 쫓아 만들어졌다는 것 역시 압니다. 우리는 **생명의 전체적인 계획과 신성의 전체적인 본성**이 인간을 통해 다시 나타나야만 한다는 것도 압니다. 하지만 인간이 신이라는 뜻으로 하는 말은 아닙니다. 단지 개성으로서 표현된 인간의 본성은 **신의 본성**과 같다는 것을 뜻할 뿐입니다. 예수의 "아버지가 그 안에 생명을 지니고 있는 것처럼 아들에게도 그 안에 생명을 주셨다"[요한복음 5:26]는 구절의 의미이기도 합니다.

물 한 방울은 대양(大洋) 전체는 아니지만 대양이 지닌 속성과 특성을 그대로 지니고 있습니다. 그래서 인간은 신 안에 있고 신은 인간을 통해 활동한다고 말할 수 있습니다. "나와 아버지는 하나이다."[요한복음 10:30] "신의 왕국은 그대 안에 있다."[누가복음 17:21] 그리고 우리는 이렇게 덧붙여 말할 수 있습니다. "신이 그의 하늘나라에 있기에 그것과 함께 있는 모든 것들은 온전하다."

THE TWO WAYS TO REASON
사유의 두 가지 방법

우리는 두 가지 방식으로 생각할 수 있습니다. 하나는 귀납적인 방법이고, 다른 하나는 연역적인 방법입니다. 우리가 생명에 대해 지닌 현재의 지식은 이런 두 가지 사유방식을 통해 모두 생겨났습니다. 귀납적인 방법은 부분에서 전체로 가는 추론방식입니다. 연역적인 추론은 어떤 결론을 진리로 받아들인 후에 그것으로부터 다양한 결론들을 이끌어내는 방식입니다. 그렇기 때문에 전체에서 부분으로 가는 추론과정이라고 말합니다. 귀납적 추론의 예를 들어보겠습니다. 우리는 일상을 살면서 전자라는 것이 모든 곳에 존재하는 것과 같은 일들을 겪습니다. 그래서 그것들을 토대로 세상 모든 곳에는 전자가 존재한다고 말합니다. 이것이 귀납적 추론입니다. 연역적인 추론과정은, 전자가 세상 모든 곳에 존재한다는 전제에서 시작해, 그렇기 때문에 우리가 지금 있는 곳도 전자가 있다고 생각하는 방식입니다.

우리는 신의 본성을 알아내기 위해서도 이 두 가지의 추론방식을 이용합니다. 그래서 '신은 존재한다'는 가정을 시작점으로 삼아 이 전제로부터 그 외의 모든 결론들을 끌어내든가, 아니면 인간과 우주의 본성을 세밀히 관찰함으로써 신은 분명 존재한다는 결론을 내립니다. 전자의 방식으로 결론을 이끌어내든, 후자의 방식으로 결론을 이끌어내든 결과는 매 한가지입니다. 즉 신성(Divine Being)이 존재하고 인간은 '그의 형상을 쫓아' 만들어졌으며 자신의 근원이 되었던 그 생명과 같은 속성을 다시 나타내고 표현해야만 한다는 결론에 도달합니다.

NOTHING HAPPENS BY CHANCE
우연이란 없다

우주의 그 무엇도 우연히 일어나는 것은 없습니다. 신의 스피릿이 세상 모든 곳에 편재하는 것처럼 **법칙**도 세상 모든 곳에 편재합니다. 세상의 모든 일은 **법칙**에 의해 일어납니다. 여기서 **법칙**이란 마음의 법칙을 말합니다. 그리고 **법칙** 뒤에는 **말씀**(의식적인 생각)이 존재합니다. "모든 것이 그에 의해 지어졌으니 그가 없이는 지어진 것 중 어떤 것도 지어지지 아니하였더라." [요한복음 1:3]

우리의 생명을 지탱해주는 것은 우리 **존재**의 **법칙**입니다. 그리고 그 **법칙**을 통해 우리가 말하는 **말씀**이 흐릅니다. 그래서 "아들이 아버지가 하는 것을 본 것은 그 무엇이더라도 아들 또한 이와 같이 행하리니"[요한복음 5:19]라고 말해집니다.

MANY ARE WAKING UP TO THE FACTS
깨어나는 인류

오늘날 수많은 사람들이 이 진리를 깨달아 직접 사용하기 시작했습니다. 그 결과 우리가 평생 읽을 수 있는 책보다 더 많은 양의 책이 집필되었습니다. 그 주제는 마음이 지닌 고요한 힘을 사용해 몸을 치유하고 삶을 풍요롭게 하는 것입니다. **법칙은 항상 그것을 사용하고자 하는 사람들의 믿음에 맞춰 작동됩니다. 무한의 마음에 의해 우주가 돌아가고 있는 것처럼 인간의 삶은 인간의 마음에 의해 움직여지고 있습니다.** 우리가 이 진리를 모른다면 속박 속에 던져질 것입니다. 하지만 이 진리를 안다면 자유를 얻게 될 것입니다.

한 사람 한 사람 모두 진리를 탐구하여 삶에 적용하게 될 날이 올 것입니다. 그때 이 세상에서 한 번도 의도되지 않았던 가난과 질병이란 허상의 그림자는 자취를 감추게 될 것입니다. 그것들은 단지 무지가 만들어낸 허상의 그림자이기에 광명이 찾아왔을 때 제거됩니다.

THE TIME HAS COME TO KNOW THE TRUTH
진리를 알게 될 시간이 찾아왔다

자유의 시간이 다가왔습니다. 종이 울리면서 "목마른 자여 내게 오라"[계시록 22:17]는 목소리가 울려 퍼지고 있습니다. 이제 우리는 우리의 본성과 우주의 본성을 보다 깊게 탐구하여 꿈도 꾸지 못했던 보물이 정말 있는지, 상상해본 적도 없던 가능성이 정말 있는지, (자유를 향해 외치는) 사랑스러운 생각이 보다 위대한 근원생명의 시야 안에서 우리에게 주었던 기회가 정말 있는지 직접 보시기 바랍니다.

"만군의 주가 말하되, 내가 하늘나라의 창을 열어 받아둘 곳조차 모자를 정도의 많은 축복을 그대에게 내리는지 이 기회에 나를 시험해보라."[말라기 3:10]

A WONDERFUL EXPERIMENT
놀라운 실험

위의 가설을 받아들여서 다음의 실험을 직접 해보고 결과를 직접 체험해보시기 바랍니다. 당신 삶의 여정에서 당신을 돕고 있는 **무한한 권능**이 존재하는 것처럼, 그래서 그것이 당신을 평화, 건강, 행복, 조화를 표현하도록 인도하고 있는 것처럼 대화하고 생각하고 행동해보십시오. 이것은 정말 경이로운 실험이 될 것입니다. 그것은 확실히 해볼 만한 가치가 있습니다. 지혜는 우리가 그것의 법칙을 알게 할 정도로 우리 앞에 선명한 길을 제시해줄 것입니다. 그러면 정말 우리는 평화, 건강, 행복, 조화를 표현하며 살게 됩니다. 우리의 삶과 재산과 행복은 우리가 만일 먼저 법칙을 이해하고 그것을 사용하는 법을 배우게 된다면 우리의 뜻에 따라 우리 손바닥 위에 있게 됩니다. "그대의 것을 다해 지혜를 얻으라."[잠언 4:7] 이것은 오래된 이야기지만 지금 현재에도, 그리고 영원히 적용되는 진리입니다.

먼 옛날부터 '인류가 **신의 본성**을 다시 표현하게 될 거'라는 가르침이 있었습니다. 만일 누군가가 그 일을 해낸다면 **근원생명의 본성**(Nature of Life) 안에 존재한다고 가정했던 속성을 자신 안에서도 발견하게 될 것입니다.

WHAT PSYCHOLOGY TEACHES ABOUT MAN'S NATURE

심리학이 말하는 인간의 본성

 마음의 본성을 연구해보면 모든 생명을 통해 흐르는 **삼위일체**에 대한 믿음이 사실이란 것을 확인할 수 있습니다. 인간은 자의식을 지니고 있는데, 이것은 우리가 "나는(I AM)"이라는 말을 하는 것만 봐도 확인할 수 있습니다. 심리학은 우리에게 인간의 본성은 삼중성을 지닌다고 말합니다. 다시 말해 인간은 현재의식의 마음(self-conscious mind), 잠재의식의 마음(subconscious mind), 육체(body)를 지닌다고 합니다. 형이상학에서는 이 세 가지를 하나의 생명이 지닌 세 가지 다른 속성이라고 표현합니다. 인간의 현재의식의 마음은 인식하는 능력입니다. 그것은 **신의 스피릿**이 있기에 존재합니다. **신의 스피릿**, 그것은 우리에게 의식을 지니게 해준 유일한 것입니다.

THE SELF-KNOWING MIND
자아인식마음

인간이 **전체**(Whole)와 자신의 관계를 인식할 수 있는 것은 **자아인식마음**(Self-knowing Mind)이 있기 때문입니다. 만약 인간에게 자아를 인식하는 마음이란 것이 없다면 인간은 더 이상 인간으로서 존재할 수 없습니다. 그러면 확실히 **신성**도 아닐 것입니다. 하지만 인간에게는 자아를 인식할 수 있는 마음이 존재하고, 그렇기 때문에 **신성**이기도 합니다.

실체, 개성, 개개인성을 만드는 것은 **자아인식마음**뿐입니다. 그것은 신의 형상이자 자식신분의 본질, 그리고 무한이 인격을 띠고 나타난 것입니다.

MAN'S UNITY WITH THE WHOLE
전체와 인간의 하나 됨

우리는 **자아인식마음**을 통해 **전체**와 인간이 하나인 것을 또한 인식할 수 있습니다. 물론 물 한 방울이 전체 대양은 아니지만 그래도 그것 안에는 그 끝없는 대양의 속성들을 모두 담고 있습니다.

  인간의 **자아인식마음**은 실체를 인지하는 도구이자 진리를 인식하거나 깨닫는 도구입니다. 인간이 광휘를 얻거나, 영감을 얻거나, 깨달음을 얻기 위해서는 이 **자아인식마음**을 거쳐야만 합니다. 마찬가지로 비전이나 직관이나 계시와 같은 것도 인간의 **자아인식마음**을 통해 나타납니다. 성자와 현자, 구세주와 그리스도, 예언자와 예견하는 자, 지혜로운 자와 학식이 있는 자, 이들은 모두 의식적으로 이 사실을 깨달아 그것들을 표현했습니다. 모든 자애와 자비의 행동들과 같은 인류의 모든 경험들은 인간의 **자아인식마음**을 통해 스스로를 표현했습니다. 우리가 말하거나 생각하고, 느끼거나 믿고, 바라거나 열망하고, 두려워하거나 의심하는 우리가 아는 모든 것은 **자아인식마음**의 활동입니다. 우리가 지닌 주관적 기억들, 그리고 우리가 느낀 내면의 표현되지 않은 감정들도 오직 **자아인식마음**을 통해서만 현실로 나타날 수 있습니다. 이렇게 의식적으로 인식하는 능력이 없다면 인간은 외부 세상에 표현되어 존재할 수 없을 것입니다. 그리고 우리는 결코 존재할 수 없을 것입니다. 인간의 **자아인식마음**은 모든 생각과 행동과 활동을 통해 스스로를 나타내며 그리고 그것은 진실로 인간이 개성적인 존재임을 유일하게 보증해 줍니다.

MAN A CENTER OF GOD-CONSCIOUSNESS
신의식의 하나의 초점, 인간

우리의 뜻대로 펼쳐낸 이런 광범위한 것들에도 불구하고, 인간의 **자아인식마음**이 그의 실체(신, 진리, 전체)에 대한 자각이 아닌 그 무엇이라고 가정한다는 것은 어리석은 일일 것입니다. 그것은 의식적인 측면에서 전체, 즉 신과의 하나됨이고, 인간이 광활한 전체 안에서 신의식의 하나의 초점임을 보증해주는 것입니다.

UNITY WITH LAW
법칙과의 하나됨

이제 우리는 **스피릿** 안에서 '인간은 신과 하나(One)이다'라고 말할 수 있습니다. 그런데 우주의 거대한 법칙 안에서는 어떻습니까? 우리가 정말 전체와 하나라면 당연히 **스피릿**과 하나인 것은 물론, **전체의 법칙**(the Law of the Whole)과도 하나일 것입니다.

THE SUBJECTIVE OBEYS THE OBJECTIVE
주관마음은 객관마음의 결정을 따른다

우리는 인간의 **주관적인 마음**(잠재의식) 안에서 법칙을 발견합니다. 그것은 **스피릿의 말씀**(의식적인 생각)을 따르고 있기에, 스피릿을 따르는 종이라고 합니다. 최면상태를 통해 우리는 우리의 잠재의식이 주어진 암시에 어떤 의문도 제기하지 않은 채 우리의 생각을 쫓아 활동한다는 것을 알 수 있습니다. 주관적인 마음은 우리 '존재'의 마음의 법칙(mental law)이고 우리 내부의 창조적 요인입니다. 현 시점에서 **주관적인 마음**의 세세한 부분들 모두와 그것의 활동을 살펴보는 것은 불필요합니다. 단지 우리 안에는 우리의 의지와 의식적인 생각들을 실행하는 마음의 법칙이 있다는 것을 아는 것만으로도 충분합니다. 우리의 **주관적 마음**은 하나의 거대한 **주관적 마음**을 개개인이 사용하는 것에 불과합니다. 그래서 우리의 주관적 마음은 모든 법칙과 활동의 자리이자 태초부터 영원의 시간까지 존재하는 불멸의 스피릿을 따르는 충실한 종입니다.

이 개념이 너무 놀라워 받아들이기 힘들겠지만, 인간의 **주관적 마음** 안에 우리의 의지대로 사용할 수 있는 **무한한 권능**이 있다는 것은 진실입니다. 왜냐하면 '생명의 주관적 측면'에서 인간은 전체와 하나이기 때문입니다.

인간의 주관적인 마음으로 내려간 생각은 모든 생명의 근원인 하나의 위대한 법칙을 통해 우주의 주관적인 마음(Universal Subjective Mind)과 병합되어 개개인의 생명의 법칙이 됩니다.

두 개의 주관적 마음이란 없습니다. 오직 하나의 주관적 마음이 존재할 뿐이고 우리가 우리의 주관적 마음이라 부르는 것은 유일한 하나의 주관적 마음(법칙)을 개개인이 사용하는 것일 뿐입니다.

개개인 각각은 법칙을 개별적으로 사용함으로 인해 법칙 안에서 자신의 개성을 지니게 됩니다. 그래서 각각은 자신이 근원생명 안에서 생각한 것을 근원생명으로부터 끌어오게 됩니다.

생각하는 법을 배운다는 것은 인생을 사는 법을 배우는 것입니다. 왜냐하면 우리의 생각들은 무엇이든 할 수 있고 무엇이든 될 수 있는 무한한 능력을 갖춘 매개체 안으로 들어가기 때문입니다.

우리가 올바르게 생각하는 법을 알게 되어 우리의 생각이 생생하게 구현시킬 수 있다면 바라는 것 모두를 현실로 만들 수 있습니다.

THE BODY

육체

그럼 인간의 육체에 대해 살펴보겠습니다. 그것 역시도 우주의 몸과 하나일까요? 물질에 대한 간단한 분석을 통해 인간의 육체에 대해서도 살펴보도록 하겠습니다. 물질은 부동의 고체가 아니라 흘러 들어왔다가 다시 나가는 것을 계속해서 반복하는 형체 없는 질료라는 것은 이미 말했습니다. 물질은 신처럼 불멸이고, 시간을 초월한 존재처럼 영원합니다. 그리고 그 무엇도 더하거나 감할 수 없습니다. 우리가 현재 갖고 있는 육신들은 잠깐 전에 우리와 함께 있던 육신과는 다릅니다. 올리버 로지 경(Sir Oliver Lodge)은, "우리의 육체를 이루고 있는 물질은 계속 유동적인 상태이기에 한 생애를 살면서도 육신은 여러 번에 걸쳐 새로워진다"고 말합니다. 우리가 이 사실을 자각했을 때 마음치유에 대한 새로운 시야가 열리게 될 것입니다. 차후에 치유의 목적과 명확한 기법에 대해 자세하게 논하고 살펴보겠습니다.

물질은 지금 우리가 생각하는 것과는 다릅니다. 그것은 단순히 마음이 제공하는, '형체를 이루게 하는 유동적인 질료'일 뿐입니다. 그렇다면 육체가 아닌 다른 사물들을 구성하는 물질은 어떤가요? 그것 모두 같습니다. 우주에는 **하나의 근본질료**가 있어, 이것이 다른 형태와 모양을 취해 또 다른 모습이 됩니다.

LAST STAGES OF MATTER
물질의 궁극적 모습

물질(matter)의 궁극적 모습은 우주 에테르(universal ether)이며 그것 위에서 활동하는 질료만이 남습니다.

물질은 궁극적으로 분해해 나가다보면 단지 그것이 존재할 것이라고 추측만 될 정도로 매우 작은 미립자들로만 존재합니다. 다른 말로 하면 물질을 궁극적으로 분석해보면 완전히 사라져 그것을 한 때 볼 수 있었던 곳이 다시 "형체도 없고 공해집니다."[창세기 1:2] 물질은 우리가 알다시피, 일정한 입자들이 특정한 모습을 나타내도록 특정한 순서로 배열된 집합입니다. 그런데 그 배열을 결정하는 것이 비물질적인 것입니다.

어떤 한 형체를 구성하고 있는 입자와 그것과는 다른 모습을 한 것의 입자 사이에는 아무런 차이가 없습니다. 차이가 있다면 그 미립자 자체가 아닌, 미립자의 배열뿐입니다.

THE UNITY OF ALL BODY
모든 바디의 일체성

우리의 몸은 우주의 **전체 몸**(Whole Body)과 하나입니다. 씨앗, 식물, 양배추, 뿐만 아니라 심지어는 왕까지도 같은 질료로 이루어져 있습니다. 광물, 고체, 액체는 형체로 흘러들어갔다가 다시 공한 상태가 되기를 영원히 반복하는 **원시 근본질료**(primordial substance)로 이루어져 있습니다.

THE FORMLESS AND THE FORMED
무형과 유형

고유의 마음을 갖고 있지 않은 무형의 질료를 형체로 만들 수 있는 것은, 지성밖에 없습니다. 형체를 통해 활동하는 **지성**만이 그 일을 합니다. 또다시 우리는 모든 창조의 시작점인 **말씀**이란 주제로 돌아가게 됩니다. 그것은 **우주적인** 세상에서는 **신의 말씀**(신의 생각), 작은 인간의 세상에서는 인간의 말씀(인간의 생각)입니다.

하나의 스피릿, 하나의 마음, 하나의 근본질료가 있습니다.

그런데 하나의 법칙에 수많은 생각들이 존재하고, 하나의 권능에 그것을 사용하는 수많은 방법이 존재합니다. 우리 모두가 살고 있는 하나의 신이 존재하고 모두가 활동하는 하나의 법칙이 있습니다. 하나, 하나, 하나, 모두가 하나입니다. 이미 인류에게 주어진 이 하나보다 더 커다란 하나는 주어질 수 없습니다.

하지만 인류는 왜 그토록 제한된 상황 속에 있는 걸까요? 왜 인류는 여전히 가난하고 아프고 두려워하며 불행한가요? 진리를 모르기 때문입니다. 그것이 유일한 이유입니다. 하지만 다시 묻습니다. 왜 인간은 진리를 알게끔 강제되지 않았을까요? 그 대답은 신조차 신의 인격화된 표현인 우리를 강제할 수는 없고, 인간의 자유로운 선택 속에서 '자신을 발견하도록' 남겨두어야만 했기 때문입니다. 이것이 바로 **돌아온 탕아**의 이야기입니다.

INDIVIDUALITY MEANS SELF-CHOICE
자유의지는 개성의 본질

개성이란 개별화된 존재라는 뜻과 동시에 자율적인 선택권을 지닌 존재를 뜻합니다. 우리는 자율적인 선택권이 없는 개성을 상상할 수 없습니다. 그리고 선택권이란 것은 그 선택을 외부로 표현하는 능력도 포함합니다. 만약 선택권이 있지만 그 선택한 것을 외부로 나타내지 못한다면 그것은 무익한 꿈으로만 존재할 것입니다. 인간이 자유를 표현하도록 창조되었다면 자아를 발견하는 여정도 혼자 힘으로 해결해야 됩니다. 이 작은 생각을 통해 지금 하는 이야기를 좀 더 깊게 이해할 수 있을 것입니다. 물론 인간의 자아를 찾는 여정 중에 많은 일들을 겪게 될 것이지만, 종국적으로 인간은 참자아를 표현하게 될 날이 올 것입니다.

한 인간이 자신의 자아를 발견한 날은 지구 역사의 첫 날로 기록되었습니다. 그리고 그가 이 발견을 처음 했던 날부터 인류는 계속해서 깨어났고 지속적으로 진화의 길을 걸어갔습니다. 자연의 모든 힘은 인간을 돌보고 있습니다. 하지만 인간은 그것을 제대로 사용하기 위해서 먼저 그 힘들을 발견해야만 했습니다.

THE GREATEST DISCOVERY EVER MADE
최고의 발견

인류가 이제껏 했던 발견 중 단연 최고는 **생각이 창조의 힘을 갖고 있다는 것**에 대한 자각입니다. 다시 말해 우리가 생각(생각, 그 자체는 창조의 매개체를 통해 활동하지 않는다면 힘을 갖지 못한다)을 통해 창조의 힘을 사용할 수 있다는 자각입니다. 우리는 법칙이 우리를 위해 움직이게 하기 위해 억지로 그것을 강제할 필요가 없고 단지 그것을 이용하기만 하면 됩니다. 마음의 법칙 역시 존재하는 다른 법칙들과 다르지 않습니다. 그것은 단지 존재할 뿐이기에, 단지 그것을 이용하면 됩니다.

A COMPLETE UNITY
완벽한 하나 됨

우리는 이제 우리 생명의 세 가지 측면 모두가 혹은 현현의 세 가지 상태 모두가 전체와 하나임을 발견했습니다. 우리는 물질계(物質界 physical world)의 모든 물질과 하나이고, 정신계(精神界 Mental World)에서 **우주의 창조의 법칙**과 하나이고, 의식계(Conscious World)에서 **신의 스피릿**과 하나입니다.

우리가 더 거대한 것을 요구하지 않고 바라지 않는다면 더 많은 것이 주어지는 것은 불가능할 것입니다. 우리가 더 거대한 자유를 요구하지 않고 바라지 않는다면 더 거대한 자유 역시 주어지지 않을 것입니다. 이제부터 우리는 의식적으로 전체와 더 조화롭게 활동하려고 해야 합니다. 그때 우리는 더 확장하게 될 것이고, 더 성장할 것이고, 더 많은 내면의 조화를 표현해낼 것입니다.

Metaphysical Meaning of Words Used in Individual Chart

Chapter 2 인간의 구조

[인간 차트]

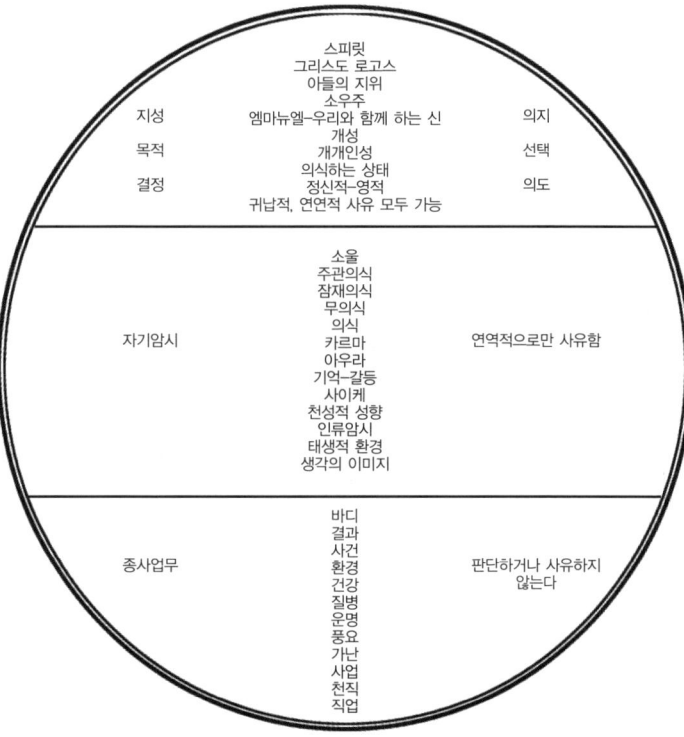

이 차트는 인간이 어떻게 **전체우주**를 다시 표현해내는지, 그리고 우리가 어떻게 우리 **존재의 법칙**의 영향 아래 있는지를 보여준다. 이 차트의 의미를 주의 깊게 연구해본다면 인간이 의식적으로 생각할 때 그 의식적인 생각은 자신의 **생명의 법칙**이 된다는 것을 명확하게 알 수 있다. 윗부분은 인간의 의식적인 부분을 나타내고, 중간 부분은 인간의 잠재의식적인 부분을 나타내고, 밑 부분은 인간이 육신과 삶의 환경 속으로 모습을 드러낸 부분을 표현한다.

UPPER SECTION
윗부분

스피릿(Spirit) - 인간을 자의식을 가진 존재로 만들게 하는 부분. 인간 존재의 진실한 부분. 우리가 **신의 스피릿**을 보지 못하는 것처럼 인간의 스피릿 역시 볼 수 없다. 우리는 다만 우리가 활동하는 것을 볼 뿐 그 행위의 주체를 보지는 못한다.

그리스도, 로고스(Christ, Logos) - 신의 말씀은 인간 안에서 그리고 인간을 통해 현현한다. 문자에 얽매이지 않고 본다면 그리스도는 신의 완전한 현현(Entire Manifestation of God)을 뜻하기에 삼위일체의 두 번째 인격이다. 그리스도는 우주적 이상향이고 인간 개개인들은 자신의 생명에 대한 제한된 감각을 신성한 자각(Divine Realization)에 포기한 만큼 '그리스도를 입게 된다.' [갈라디아서 3:27]

아들의 지위(Sonship) - 우리는 모두 신의 아들이기에 신의 **본성**(Divine Nature)을 물려받았다.

소우주(Microcosm) - 대우주와는 구분해서, 개개인들의 세계를 표현한 것.

임마누엘 - 우리와 함께 하는 신 (Emmanuel-God-With-Us) - 이것은 모든 이 안에 그리스도가 있다는 것을 뜻한다.

개성(personality) - 개별화된 존재가 외부로 표현된 것.

개개인(Individuality) - 개개인(Individuality)은 하나의 마음 안에서 개별적인 정체성을 지니며 그 어떤 것도 같지 않다. 인류 각각은 모두 **신의식의 개별화된 중추**(Individualized Center of God-Consciousness)이다. 우리의 개성이란 우리의 신성한 개성적 성질을 개개인이 사용하는 것이다.

의식하는 상태(Conscious-State) - 의식하는 상태는 인간의 **자아인식마음**이다. 이것이 인간과 그 외의 창조물들을 구별해준다. 마음의 의식하는 상태가 없다면 인간은 지금과는 완전 다른 모습일 것이다. 적어도 자신을 인식하지 못하게 될 것이다. 인식하는 마음은 인간의 참된 부분이기에 주의 깊게 다뤄야만 한다.

정신적인(mental) - 인간이 인식행위를 하는 것은 정신적인 활동이다.

스피릿추얼(Spiritual) - 인간은 스피릿적인 존재(Spiritual Being)라는 뜻이다.

이성 : 귀납적 그리고 연역적(REASON: INDUCTIVE AND DEDUCTIVE) - 인간의 인식하는 마음은 귀납적인 방법과 연연적인 방법으로 사유할 수 있다. 그래서 전체로부터 부분으로 혹은 부분에서 전체로 사유할 수 있다.

의지(Will) - 의식적으로 결심할 수 있는 능력을 뜻한다.

선택(Choice) - 식별해서 택할 수 있는 능력.

의도(Volithon) - 독립적으로 활동할 수 있는 힘.

지성(Intellect) - 분석하는 정신적 특성.

목적(Purpose) - 동기를 지닌 결심.

결정(Decision) - 택할 수 있는 능력.

MIDDLE SECTION
중간부분

소울(Soul) - 생명의 주관적인(Subjective) 부분. 우주의 근원적 주관마음 안에서의 개개인이 차지한 부분. 즉, 근원마음 안에서 개개인이 정체성을 둔 곳. 인간의 **소울 생명**(soul life)은 그것과 하나인 우주의 소울 생명을 재현한다.

주관의식(Subjective) - 소울은 주관의식(종속의식,

subjective)이다. 우주차트에 나온 **주관성**(종속성, subjectivity)의 의미를 다시 한 번 읽어보라.

잠재의식(Subconscious) - 소울은 의식적인 생각에 종속적이다.

무의식(Unconscious) - 정신분석학에서 소울을 지칭할 때 사용하는 단어. 소울-생명을 표현하는 조금 잘못된 방식이다. 왜냐하면 그것은 실제로 의식이 없는 것이 아니기 때문이다. 잠재된 의식상태일 뿐이지 의식이 없는 상태는 결코 아니다.

의식(Consciousness) - 소울을 말하는 또 다른 방식. 성서에서는 소울이라 부르고, 정신분석학에서는 무의식이라 부르고, 심리학자들은 **주관의식**(종속의식) 혹은 **잠재의식**이라고 부른다. 그리고 형이상학자들은 **의식**이라 말한다. 모두가 같은 것을 지칭한다.

카르마(Karma) - 개개인에 의해 작동되는 습관의 주관적(종속적) 법칙. 작동시킨 사람을 통해 활동하게 되는 마음의 법칙이다. 카르마의 법칙은 한 개인이 자신의 정신력을 사용하는 것을 뜻하지, 숙명론(Kismet)이 아니다. 왜냐하면 '바뀌지 않는 운명'을 뜻하는 숙명론과는 다르기 때문이다. 카르마는 단지 '정신적 성향'을 뜻한다. 카르마는 개개인에 대한 것임과 동시에 우주적인 것이다.

아우라(Aura) – 정신의 대기 혹은 정신의 진동. 그것은 한 사람에게서 몇 인치에서 몇 피트까지 뻗어나간다. 많은 사람들이 이것을 볼 수 있다.

이 차트의 가장 윗부분은 **우주의 스피릿**(Universal Spirit)을 보여준다. 그 밑은 **우주의 소울**(Universal Soul) 혹은 **주관성**

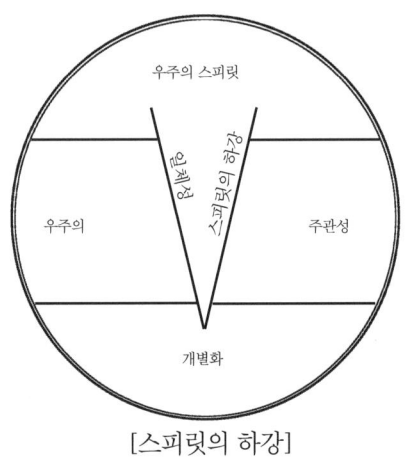

[스피릿의 하강]

(Subjectivity)을 나타낸다. 그것은 모든 생각, 힘, 활동의 매개체이다. 그 밑은 **스피릿**이 개별화된 것 혹은 현현된 것을 나타낸다.

가운데 밑으로 내려온 선은 **스피릿**이 물질이나 형체로 내려온다는 것을 상징한다. 스피릿이 자신을 표현하기 위해서는 현현되어야만 한다. 밑으로 그어진 선 위의 **일체성**이라는 단어는 모든 것이 **근원의 하나**로부터 왔음을 보여준다. 인간은 완전한 **우주적 생명**을 다시 표현해내고 그때 인간의 본성은 **스피릿**과 하나가 된다. 전체에 적용되는 진실은 그것에 속한 모든 부분에도 똑같이 적용된다. 그래서 인간은 **전체** 안에서 개별적 개성이 되었기에 **전체**에 적용되는 **법칙**에도 영향 받는다.

기억(Memory) - 소울, 즉 주관석인 마음은 기억의 자리이고, 그것 안에 개개인이 이제껏 말했고, 생각했고, 보았고, 들었고, 느꼈고, 읽었고, 이야기 들었던 모든 것이 담겨 있다. 실제로 자신에게 일어났던 모든 일들이 다 담겨 있다. 이런 인류기억뿐만 아니라, 어쩌면 우리가 **우주계획**(Cosmic Purposes)이라고 부르는 많은 것들 역시 들어 있을지도 모른다. **우주계획**은 **신의 생각**(Ideas)을 뜻한다. 우주의 소울과 태초부터 영원의 시간 동안 맞닿아 있는 인간의 소울은 만일 우리가 시선을 **근원자**(the

One)에게 돌린다면 막대한 힘들을 경험하게 해줄 것이다.

갈등(Conflict) - 정신분석학이란 소울을 분석하는 것을 말하는데, 그곳에서 말하길 기억의 자리인 생각의 주관적인 부분은 종종 어느 정도 상처 받거나 구속되었던 억눌린 감정들과 생각들을 지니고 있다고 한다. 이것이 바로 내면의 갈등이다.

사이케(Psyche) - 소울을 뜻한다.

천성적 성향(Inherited Tendencies) - 기억의 자리인 잠재의식은 선대의 특성과 성향을 지니고 있다. 우리는 질병을 유전적으로 물려받은 것이 아니라 그 질병에 잘 걸리는 성향을 물려받은 것이다. 이것이 바로 가족과 인종의 특성이 계속 전해져 내려오는 이유이다.

인류암시(Race-Suggestion) - 인류가 생각하고 경험했던 것이 후대에 다시 나타나는 성향.

생각의 이미지(Images of Thought) - 소울, 즉 주관적인 마음은 정신적 이미지와 그림의 형식으로 우리의 생각 모두를 간직하고 있다.

자기암시(Auto-Suggestion) - 소울은 개개인의 암시를 받는다.

연역적 추론만(Reason Deductive Only) - 주관마음은 연역적으로만 사고할 수 있을 뿐이다.

LOWEST SECTION
아랫부분

바디(Body) - 뚜렷한 경계선을 지닌 물질적인 구현체.

결과(Effect) - 원인에 의해 생기는 것. 바디는 항상 결과이다.

사건(Affairs) - 개개인에게 외부적으로 일어나는 일.

환경(Condition) - 외부로 드러난 것, 생각의 결과.

결과들(Results) - 환경들

건강(Health) - 올바른 생각의 결과

질병(Disease) - 잘못된 생각의 결과

운명(Destiny, 미래) - 우리가 생각한 것의 결과

부(Riches) - 풍요를 인식한 것에 대한 결과

가난(Poverty) - 한계에 얽매인 생각의 결과

사업(Business) - 이것 또한 생각의 결과이다

천직(Vocation) - 우리의 생각이 그 일을 하게 만든 것.

직업(Profession) - 천직(vocation)과 같다.

종사업무(occupation) - 천직(vocation)과 같다.

판단하거나 사유하지 않는다 - 인간에게 일어나는 일 뿐 아니라 육신의 모든 것은 생각의 결과이다. 외부의 어떤 것도 원인은 아니다. 그래서 그 어떤 외부의 것도 스스로 그 일이 일어나게 만들 수는 없다. 사물은 어떤 판단을 내릴 수 있는 힘이 없고 단지 내부에 존재하는 원인이 결과로 나타난 것이다.

The Nature of Man

Chapter 3 : 인간의 본성에 대한 설명

첫 번째 강의에서 우리는 **우주차트**에 대해 공부했습니다. 이제는 **인간의 차트**에 대해 살펴보도록 하겠습니다. 전체인 우주에 통하는 진실은 또한 그 전체의 일부인 인간 모두에게도 통합니다. 인간은 우주에서부터 펼쳐져 나왔습니다. 그래서 인간은 **스피릿**의 생각의 중추로서 자의식을 지니면서 자신의 존재와 본성 안에서 **우주**를 다시 표현해내야만 합니다. 예수는 "아버지께서 그 안에 (본래의) 생명을 지니고 있는 것처럼 아들에게도 생명을 주시어 아들 안에도 (본래의) 생명을 갖게끔 해주셨더라"[요한복음 5:26]고 말했습니다. 여기서 본래의 생명이란 **참생명**을 뜻합니다. 만일 우리가 **우주** 안에서 개별적으로 개성을 지닌 존재라면 **전체 우주의 계획**은 우리의 세계에서도 다시 재현되어야만 합니다.

우리는 인간 존재의 근원인 **우주**라는 곳에서 보게 되는 속성들을 우리 안에서도 찾을 수 있을 것이라고 생각합니다.

앞서 [스피릿의 하강] 차트의 맨 윗부분은 **우주의 스피릿**을 상징합니다. 중간 부분은 **우주의 주관성, 즉 우주의 소울**이라 불리는 것을 상징합니다. 맨 밑 부분은 우주의 스피릿이 개별화된 것 혹은 현현해서 나타난 것을 상징합니다. 위에서부터 아래로 선을 긋고는 **일체성**이라고 표시를 해두었는데 우리가 인간이라고 부르는 우리의 개성은 **스피릿**에 근원을 두고 있기 때문입니다. 우리가 생명의 일체성을 깨닫는 일은 정말 중요합니다. 다시 말해 삼계(三界 three planes) 모두에 걸쳐 신과 인간이 하나라는 것을 깨닫는 것은 정말 중요합니다.

우선 객관적인 계(objective plane)부터 시작해보도록 하겠습니다. 물질이나 바디는 마음이나 지성이 결여되어 있기에 당연히 그것 고유의 의지가 없습니다. 하지만 물질이나 바디에 지성이 스며들이 있지 않다는 이야기는 아닙니다. 단지 바디는 그것 고유의 지성을 지니고 있지 않다는 뜻일 뿐입니다. 우리의 바디는 우주의 바디와 하나입니다.

그 다음 소울을 살펴보겠습니다. **우주의 소울**에서 논의했던 속성을 다시 기억해보십시오. 그 때 묘사되었던 모든 것을 인간의 주관적인 본성인 **잠재의식** 안에서도 찾아볼 수 있을 것입니다. 이유는 간단합니다. 우리의 **주관적인 마음**, 즉 잠재의식적인 **마음은 우주의 마음**에 속하는 모든 속성을 재현하고 있기 때문입니다. 인간의 스피릿에 대해 살펴보면 그것이 신의 스피릿과 동일하다는 것을 알 수 있습니다. 그래서 우리는 인간을 위대한 전체 안의 신의식의 한 초점이라고 말합니다. 즉 자의식을 지니고 있고, 생각할 수 있고, 선택할 수 있는 개별화된 지성의 한 초점이라고 말합니다.

인간은 물질계에서 모든 물질과 하나이고, 주관계에서 우주의 소울과 하나이고, 의식계(conscious world)에서 신의 스피릿과 하나입니다. 우리가 우리의 객관적 마음이라 부르는 것은, 즉 우리의 의식적인 마음이라 부르는 것은 우리가 신과 생명을 아는 만큼 많습니다. 객관적인 마음(objective mind)은 물론 우리가 아직까지는 충분히 계발하지 못했지만 우리가 찾아 헤매던 스피릿입니다. 만약에 우리의 객관마음이 스피릿이 아니라면 우리는 사물을 보고 판단할 마음이 없는 것입니다. 스피릿만이 고유의 생명을 지닌 채 자아를 인식하는 유일한 것이라면 우리의 객관마음이 분명 그것일 것입니다.

스피릿 전체는 한 사람 한 사람에게, 즉 한 사람 한 사람의 객관적인 의식에 초점이 모여 있습니다. 하지만 우리는 스피릿을 아주 약간만 인식할 뿐, 완전히 자각하지는 못하고 있습니다.

그리고 객관적인 마음 뒤에는 소울이라는 주관적인 마음이 존재하는데, 이것은 지성이 활동하는 매개체입니다. 오직 하나의 주관적 우주마음, 오직 하나의 우주 소울이 존재합니다. 그래서 나의 주관마음이라 부르는 것은 단지 **우주의 주관성**(Universal Subjectivity)을 내가 사용하는 것에 불과합니다. 왜냐하면 우리의 **주관마음**은 따로 분리되어 있는 것이 아니라 우주의 주관적 마음 안에 존재하기 때문입니다. 우주의 주관마음 안에서의 나의 위치가 바로, 내가 그것을 사용하는 나의 주관마음입니다.

SPIRIT
스피릿

[인간차트]를 보면 인간의 **스피릿**이란 인간의 정신적, 영적 부분의 **인식하는 상태임**을 알 수 있습니다. 이 정신적 상태가 결심할 수 있고, 의지를 낼 수 있고, 선택을 할 수 있고, 의도를 가질 수 있고, 지적인 능력을 지닐 수 있고, 목적의식을 지닐 수 있다는 것은 이미 알고 있습니다. 이런 인간의 **스피릿**은 개별적 성질로서의 개개인성을 지니고 있고, 그 개개인성은 획일적이지 않은 다양한 개성으로 나타납니다. 우리는 그것을 **임마누엘**, 즉 **우리와 함께 하는 신**이라고 일컫기도 합니다. 다시 말해 큰 세

상 안의 작은 세상이라는 뜻의 대우주(Macrocosm) 안의 소우주(microcosm)라고 일컫습니다. 신의 형상이라고도 일컫습니다. 아들의 지위(Sonship)라고도 합니다. 말씀을 뜻하는, 그리스도 혹은 로고스라고도 합니다.

인간의 스피릿이 신의 스피릿과 달리 독특한 점은 연역적인 사고와 귀납적인 사고를 모두 할 수 있다는 것입니다. 오직 인간의 스피릿만이 이렇게 할 수 있습니다.

SOUL
소울

주관적인 측면, 즉 소울적인 측면에서의 인간은 인간의 **잠재의식 상태**를 말합니다. 잠재의식을 무의식과 혼동해서는 안 됩니다. 잠재의식적(sub-conscious)이라는 말은 의식적(conscious)인 생각에 종속된다는(subjective to) 것을 뜻합니다. 그래서 잠재의식은 의식적인 생각이 제시한 것은 무엇이든 받아들이며 종속적으로 활동합니다. 정신분석학에서는 무의식이라고 말합니다. 또 어떤 사람들은 이것을 의식이라고 말하기도 합니다. 또 나의 주관적인 측면이란, 우주의 주관성을 내가 사용하는 것이기 때문에 어떤 이들은 원인과 결과를 뜻하는 **카르마의 법칙**이라고 말하기도 합니다. 소울은 우리 생각의 씨앗을 받아들이기 때문에 기억을 포함합니다. 그것은 사이케(psyche), **소울**, 사이킥(psychic)이라고 합니다. 소울의 분석을 뜻하는, 정신분석이라는 단어도 이것들에 기인합니다. 그것은 기억의 자리이기 때문에 천성적인 성향과 인류암시도 간직하고 있습니다. 왜냐하면 우리의 **주관적인 마음**은 어떤 분리되고 고립되어 있는 것이 아닌 **전제를 아우르는 하나의 주관적인 마음**이기 때문입니다. 서너 개의 마음이 있다고 말하는 것과 모든 사람이 이용하는 오직 하나만이 있다고 말하는 것은 아주 큰 차이가 있습니다.

소울은 오직 연역적 사고만 가능합니다. 사고라는 표현을 쓰긴 했지만 우리 인간이 생각하는 지성과는 비교할 수 없을 정도로 거대한 지적능력을 지니고 있습니다.

BODY
바디

다음으로 인간의 바디에 관해 보겠습니다. 간단히 말해본다면 한 때 마음 안에 존재했던 자신의 생각이 결과로 나타난 것입니다. 바디(Body), 결과(effect), 사건(affairs), 환경(conditions), 건강(health), 질병(disease), 운명(destiny), 풍요(riches), 가난(poverty), 사업(business), 천직(vocation), 직업(profession), 결과(results), 종사업무(occupation)처럼 인간의 생각과 노력이 외부로 나타난 것을 표현하는 단어들은 모두 바디로 분류됩니다.

어떤 한 사람의 존재뿐만 아니라 그 사람이 가진 것 모두는, 그의 내면의 생각이 결과로 나타난 것입니다. 생각하는 주체는 인식하는 마음입니다. 그것이 생각을 하게 되면 상념체(想念體)가 모든 생각과 행동의 우주적 매개체인 주관적인 마음 안에 들어가게끔 됩니다. 그러면 창조의 매개체는 생각한 것을 즉시 생산하는 작업에 착수합니다. 물론 인간은 이 사실을 깨닫지 못하고 있을 수도 있지만 이것이 바로 자연이 활동하는 방식이자 인간이 활동하는 방식입니다.

신플라톤주의(Neo-Platonic) 철학자 중 한 명인 플로티누스

(Plotinus)는 자연을 의인화 하며 "나는 논쟁을 하지는 않는다. 그저 명상에 잠겨 그 속에서 내 생각을 흐르게 할 뿐이다"고 말했습니다. 이것이 자연이 창조하는 방식입니다. 자연은 인식하는 마음을 통해 생각을 합니다. 그 결과 생각의 씨앗을 우주의 주관의식 안에 흐르게 만듭니다. 우주의 주관의식은 법칙이기에 그 생각을 창조합니다. 이제 우리는 당연히 이것과 동일한 일이 인간 안에서도 일어날 것이라고 생각합니다. 즉 인간이 생각하는 것은 무엇이든(그것이 선한 것이든 악한 것이든 관계없이) 이 우주적인 창조 매개체 안에 흘러들어가 그것에 의해 받아들여져 그 즉시 형체를 취하기 시작하게 될 것이고, 더 이상 그것을 무효로 만들 것이 존재하지 않는다면 객관적인 세계 안에서 현실이 되어 나타날 것입니다.

LIMITLESS MEDIUM
한계 없는 매개체

우리가 우리의 개별적 개성에 대해 이야기한다면 우리는 우주의 인식하는 마음에 대해 말하고 있는 것입니다. 우리가 우리 개인의 주관마음을 다룰 때면 우리는 우주의 주관마음을 다루고 있는 것입니다. 이걸 생각해본다면 우리는 인류의 지성을 모두 더한 것보다 비교할 수도 없을 정도로 큰 **지성**을, 그리고 우리의 뜻에 따르는 **위대한 하나의 권능**을 지니고 있다는 것을 곧 깨닫게 됩니다. 우리가 생각할 때면 우리는 **우주의 인식하는 마음**에서 유래한 개성(우리의 인식하는 마음)을 통해 생각하는 것이고, 그 생각은 우리의 **주관마음** 안으로 들어가게 되면 **우주의 주관마음**은 그것을 전적으로 받아들여 그 고유의 속성으로 인하여 생각을 살아있게 만드는 작업에 착수합니다. 그래서 우리가 생각할 때 사용하는 것은 '그 위에 새겨지는 어떤 생각이라도 현현해낼 수 있는 **무한한 권능**(Infinite Power)'입니다. 그래서 우리가 그 위에 한계라는 생각을 새기지만 않는다면 그 권능이 우리를 위해 할 수 있는 능력, 해줄 수 있는 능력에는 어떤 한계도 없습니다. 한계는 원리나 법칙 안에는 존재할 수 없고 단지 그것을 사용하는 우리의 개인적인 능력에만 존재합니다. 여기서 개인의 능력이란 우리가 그것을 이해하고, 그것을 구체화시키는 능력입니다. 우리는 우리가 마음에 품은 것만을, 우리가 마음에서 준비해놓은 것만을 현현시킬 수 있습니다. 그것을 넘어서는 그 어떤 것도 세상에 모습을 나타낼 수 없습니다. 우리가 원하는 것을 현현시키고자 한다면 먼저 마음 안에 그것과 동등한 것을 만들어야만 합니다.

주관성(주관의식, Subjectivity)은 우리가 배웠던 것처럼, 전적으로 수용적이며 중립적입니다. 그래서 그것은 우리의 **의식적인 마음**이 주는 생각만을 받아들일 뿐입니다. 그것에게는 우리가 생각하는 것을 거부하고 다른 것을 취할 능력이 없습니다. 그래서 만일 제가 "난 가난해"라고 말하고, 또 그 말을 반복한다면 잠재의식은 즉시 "그래, 넌 가난해"라고 말하게 됩니다. 제가 그 말을 계속하는 한 역시 똑같이 말할 것입니다. 이것이 가난이 생기는 이유 전부입니다. 가난은 가난한 생각으로부터 생겨납니다. 우리는 오직 생각만을 다룹니다. 왜냐하면 생각이 바로 현실이기 때문입니다. 그래서 우리가 생각을 다시 올바른 자리로 돌려놓는다면 상황도 그렇게 올바른 자리를 찾게 됩니다. 긍정적인 생각이 긍정적인 상황을 만듭니다.

제가 계속해서 가난을 생각했다면 전 **하나의 법칙**을 창조했던 것입니다. 그것은 계속해서 가난이라는 상황을 영속시키고 있는 **법칙**입니다. 그 생각이 제거되지 않는 한 그 상황도 계속 남아 있게 됩니다. "나는 가난해"라고 말하는 **하나의 법칙**이 활동하기 시작했고, 그 **법칙**은 반드시 그 일을 현실로 만듭니다. 처음에는 하나의 자기암시에 불과했지만 점차 굳어져, 쉬지 않고 활동하는 **잠재의식적인 기억**으로 자리 잡습니다. 바로 이것이 끌어당김의 법칙(law of attraction)입니다. 왜냐하면 끌어당

김과 배척의 법칙은 전적으로 잠재의식에 관계된 것이기 때문입니다. 처음 시작할 때는 의식적인 부분이었을 수 있지만 점차 활동하기 시작하면서 잠재의식적인 부분이 됩니다. 물론 꼭 입으로 자신이 가난하다고 말을 할 필요는 없습니다. 무의식적으로 가난에 대해 생각하게 됨으로써 가난이 나타나는 것도 생각해볼 수 있습니다. 그 무의식적 생각이 계속해서 작동하는 한 계속 가난한 상태에 머물게 될 것입니다. 우리가 법칙을 알지 못하더라도 법칙은 항상 생각에 의해 작동되고 있습니다.

또한 어떤 사람은 부유하고 어떤 사람은 가난하다고 말하는 인류암시가 있고, 이런 암시로 인해 사람들은 부정적인 상황을 바라보는 주관적인 성향을 지닌 채 이 세상에 태어납니다. 하지만 그와 동시에 우리는 또한 **궁극적인** 선을 향한 주관적인 성향도 지니고 있습니다. 왜냐하면 어떤 상황에도 불구하고 대부분의 인류는 악보다는 선을 더욱 믿기 때문입니다. 그렇지 않다면 인류는 이처럼 선을 향해 진보하지도 못했을 것입니다. 대개의 사람들은 모든 것이 나빠지기 보다는 잘 되어갈 것이라고 믿습니다. 이것은 모든 생명이 지닌 영원한 희망과 자각입니다.

우리 생각의 주관적인 상태인 **소울** 안에 무엇이 존재하든 우리의 **의식적인 상태**는 그것을 변화시킬 수 있습니다. 이것이 치유입니다. 어떻게 하면 이런 변화를 만들어낼 수 있을까요? 생각해볼 수 있는 가장 직접적인 방법으로는, 가난이라는 주관적인 상태가 없다는 것을, 한계를 받아들이는 본래적인 성향은 없다는 것을, **주관성**(subjectivity)을 통해 활동하는 인류암시가 없다는 것을 의식적으로 받아들이는 것입니다. 어떤 식으로도, 어떤 형식으로도, 어떤 모습으로도, 어떤 방법으로도 한계를 믿거나 받아들이지 않는 것입니다.

우리의 현재의식을 통해 보다 고귀한 생각들을 만들어야만 합니다. 어떻게 하면 될까요? 영적인 자각과 함께 나의 실상을 자각하면서 이렇게 말하는 것입니다. "나는 **자연**과 모든 **선함**의 자비를 받고 있고 나는 지금 생명을 보다 값어치 있게 만드는 모든 것에 둘러싸여 있다."

그 후에는 어떤 일이 일어날까요? 이 **생명의 소울적인 측면**, 즉 이 **우주적 매개체**는 즉시 그것 안에 세겨진 생각을 바꾸며 (왜냐하면 그것은 오직 연역적인 생각만 하기 때문에) "그래, 당신은 이미 그렇게 되었다"고 말하게 됩니다.

우리가 의식 안에 어떤 생각을 꽉 잡고 있어서 그것이 잠재의식적인 부분까지 된다면 반드시 현실세상 안에 나타납니다. 어떤 것도 그것을 막을 수는 없습니다. 그런데 우리는 쉽게 이 일을 하지 못합니다. 대부분의 이유는 우리의 현재의식의 암시가 주관적인 상태에 의해 무효가 되기 때문입니다. 즉, 풍요에 대한 믿음보다 가난에 대한 두려움이 더 큽니다. 두려움이 존재하는 한, 한계에 덮인 상황이 나타나게 될 것임은 자명합니다. 잠재의식(주관)에 존재하는 것은 그것이 무엇이든 객관화됩니다.

근원물질은 형체가 없고, 인식능력 없고, 생각하는 능력도 없으면서 법칙이나 마음의 영향 아래에서 어떤 형체든 취할 수 있습니다. **주관적인 마음**은 지성이 있지만 그것 고유의 의지를 지니지 않은 **법칙**입니다. 그것은 유일하게 선택권과 결정권을 지닌 **의식적인 마음**의 생각을 종속적으로만 받아들여 활동합니다. 그렇다면 현재의식이 충분히 간직한 생각은 외부적인 사건으로 나타나게 될 거라는 것은 당연합니다. 우리가 지금 다루고 있는 것은 **우주의 법칙**이기 때문에 그 무엇도 이 진행을 막을 수는 없습니다. 이것을 **신의 원리**(Divine Principle)라고 말합니다. 그것은 우리 모두가 살고, 움직이고, 생명의 주관적인 측면 위에 우리의 존재를 두고 있는 매개체입니다. **우주의 잠재의식** 안의 우리가 차지한 부분입니다. 이것은 모든 계로 소통할 수 있는 매개체입니다.

우리가 말했던 것으로 미루어볼 때 **창조의 마음** 안에 맺힌 생각은 그것이 무엇이든 관계없이 그것의 필연적인 결과를 만들어 낼 것입니다. 파괴적인 암시라면 파괴현상이 일어날 것입니다. 유익한 암시라면 건설적인 일이 일어날 것입니다.

CHRIST AND ANTICHRIST
그리스도와 적그리스도

그리스도의 스피릿(The Spirit of Christ)은 **법칙**을 인식하고 오직 선한 목적을 위해 **법칙**을 사용하는 정신적 능력을 뜻합니다. 적그리스도의 스피릿이란 **법칙**을 이해하면서도 파괴적으로 사용하는 한 개인의 **스피릿**, 혹은 한 집단의 **스피릿**입니다. 성스러운 책이라고 불리는 거라면 어김없이 홍수나 대홍수에 대한 이야기가 등장합니다. 그 뜻은 무엇일까요? 이렇습니다. 사이킥 혹은 **주관의식**을 이해하게 되었던 사람들이 온 세상에 나타납니다. 그들은 자신들이 **스피릿**임을 깨달았지만 모두의 **스피릿**이 하나라는 **일체성**은 깨닫지 못합니다. 그들은 **법칙**을 이해했고, 그것을 자신의 뜻에 따라 사용할 수 있었지만, 모두를 위해 사용하지 못했습니다. 파괴적으로 사용했다면 무슨 일어났겠습니까? 정신세계에서 일어난 파괴적인 혼돈은 그것과 대응하는 물질 세상 안에서 대홍수를 일으킵니다.

사이케는 또한 바다를 뜻하고 요나가 빠진 곳 역시 바로 이 사이킥 바다입니다. 성경에서 요나와 고래에 대한 이야기에서 그 의미가 잘 나타납니다. 그리고 계시록에서는 "더 이상의 바다가 없었다"[요한계시록 21:1]고 말해지는데 그 구절의 의미는 법칙이 사라지게 될 거라는 뜻이 아니라 모든 이들이 오직 건설적인 목적을 위해서만 **법칙**을 사용하는 때가 온다는 뜻입니다. **법칙**의 잘못된 사용은 저주입니다. 물론 우리는 저주를 두려워하지 않습니다. 저주는 그것을 믿는 사람에게만 영향을 미칠 수 있는데 우리는 그것을 믿지 않습니다.

우리가 "저주와 같은 것은 없다"고 생각한다면 오직 **하나의 궁극적 실체**만을 인정하기에 저주와 같은 것에 영향 받지 않습니다. 우리는 **잠재의식적인 마음**을 생각의 거대한 종으로서 인식합니다. 그것은 모든 치유가 작동하는 매개체입니다. 우리는 어떻게 해야, 치유와 현현이 일어나는 매개체인 이 **우주의 주관적 마음**에 접촉할 수 있을까요? 그곳은 우리의 마음 안에 있습니다. 편재하는 그것은 우리 안에 존재합니다. 우리가 마치 나만의 것이라 여기고 있는 나의 **주관적 마음**은 거대한 우주의 주관적 마음의 한 부분을 사용하는 것에 지나지 않습니다. 따라서 나의 **주관적 마음**은 거대한 하나의 마음입니다.

MAN IS IDENTIFIED IN MIND
근원의 마음 안에 나란 존재가 있다

사람들은 모두 **근원의 마음** 안에 자신의 존재를 지니고 있습니다. 그래서 멘탈힐링에서는 근원마음 안에서 우리 존재는 우리의 이름에 의해 알려진다고 말합니다. 그래서 **주관법칙**은 존 스미스와 매리 존스가 있다는 것을 압니다. 왜 그럴까요? 존 스미스와 매리 존스는 존 스미스와 매리 존스가 있다는 것을 알기 때문입니다. 하지만 **주관법칙**은 오직 그들이 그들 자신에 대해 알고 있는 것만을 압니다. **주관법칙**(Subjective Law)은 그들의 생각에 종속적(subjective to)이기 때문에 그것은 자신이 자신에 대해 아는 것 이외의 것은 알 수 없습니다. 그 결과 존 스미스와 매리 존스가 말하는 것은 무엇이든 **주관법칙**이 말하고 받아들이고 행동합니다. 놀라운 개념입니다. 이것을 잘 생각해보지 않는다면 계속 오해할 수도 있습니다. **법칙**은 객관적인 우리에 대한 평가가 아닌 우리가 우리 자신에 내린 평가를 그대로 받아들인다는 뜻입니다. 우리가 우리에 대해 구체화시킨 것만을 우리에게 나타낼 수 있을 뿐입니다. 앞으로 어떤 일이 일어날 것인지를 결정하는 것은 우리가 지닌 내면의 깊은 확신입니다. 우리는 우리가 우리 자신에게 붙여놓은 이름에 의해 **근원마음**에서 알려집니다. 우리는 매일매일 그 이름에 대해 어떤 진술을 하고 있습니다. 우리가 "나는 이렇다," 혹은 "나는 저렇다"고 말할 때 우리는 **근원의 마음** 안에 그 진술들을 끌어오는 것이고, 그러면 **근원마음**은 그것을 다시 그 현실로 만듭니다.

TREATMENT
치유

치유를 할 때면 우리는 우리의 현실적인 조건에 대해서는 완전히 의식을 닫아야만 합니다. 왜냐하면 우리가 그 상황을 계속 보고 있는 한 극복할 수 없기 때문입니다. 위대한 신비주의자 한명이 "나의 얼굴을 계속해서 보라," "세상의 끝일지라도 그대가 나를 계속해서 본다면 그대는 구원받을 것이라"[이사야서 45:22]고 말한 이유입니다. 즉 밑을 보지 말고 위를 보라고 합니다. 지금 현실에서 벌어진 것만을 다루려고 하는 것은 무익합니다. 왜냐하면 그 일은 본질상 형체가 없는 것이기 때문입니다. 그것 자체에는 생각과 인식이 없습니다. 즉 수많은 질료 안의 수많은 형체들일 뿐입니다. 그 일이 어떻게 될 것인지를 결정하는 것은 **의식과 마음**에 달려 있습니다. 그래서 그 일에 대한 우리가 원하는 모습, 즉 올바른 이상을 마음 안에 지녀야 합니다. 우리가 그렇게 충분한 시간 동안 본다면 실제 현실로 일어날 것입니다. 얼마의 시간이 걸릴까요? **마음의 주관적인 면**(잠재의식)이 새로운 관념을 사실로 받아들일 때까지, 다시 말해 우리가 과거의 관념을 중화시킬 때까지입니다.

크나큰 지혜를 얻었던 예수는 이 법칙을 이해하고 "이 세상의 왕자가 다가왔으나 나에게는 아무것도 찾지 못했더라"[요한복음 14:30]고 말하면서 그 실마리를 남겼습니다. 즉 인류암시가 예수 안에서 그것과 동등하거나 정신적으로 유사한 것을 찾아내지 못했다는 뜻입니다. 예수의 의식은 **근원의 스피릿** 상태에서 직접적으로 활동할 정도로 너무도 깨끗했습니다.

THE AIM OF EVOLUTION

진화의 목적지

진화의 종착점은 인간이 자신의 현재의식 상태에서 **생명의 온전한 생각**을 나타내는 것입니다. 즉 **법칙** 속에서 **일체성**과 모순되는 것을 보지 않으면서 그 관념을 자신의 개성으로 표현하는 것입니다. 예수가 **그리스도**가 될 수 있었던 이유는 그의 **현재**

의식 상태(객관적인 생각의 상태)에서 스피릿의 일체성을 인식하고, 자신의 말씀의 절대성을 완벽하게 자각했기 때문입니다. 이로써 그의 영적인 기능과 물질적인 기능은, 즉 그의 객관적인 마음과 주관적인 마음은 완전하게 균형 잡히고 완벽한 조화를 이루었습니다.

당신도 예수처럼 할 수 있다면 반드시 당신의 말씀도 그와 같이 현현될 것입니다. 반드시 그렇게 될 것입니다. 왜냐하면 말씀의 이면에는 우주의 소울, 즉 편재하는 법칙이 있기 때문입니다. 신의 원리는 한계가 없습니다. 하지만 그것은 우리가 믿는 것만큼 우리에게 존재할 수밖에 없습니다. 왜 우리가 그것을 믿어야만 하는 걸까요? 왜냐하면 우리가 그것이 존재한다고 믿기 전까지는 우리는 그것이 존재하지 않는다고 믿고 있는 것이기 때문입니다. 몇몇 사람들이 진리를 현현시킬 수 없는 이유는 그들이 그것을 실감하지 못하기 때문입니다. 모든 것은 믿음의 문제입니다. 의식적인 노력을 통해 믿음은 그 모습 그대로 주관적인 상태(잠재의식 상태)가 됩니다. 치유는 마음 안에 평화, 균형, 강함, 풍요, 건강, 행복, 성공 등 자신이 원하는 것에 대한 관념과 자각을 불러일으키는 과학입니다.

치유가가 하는 일은 무엇인가요? 그는 우주마음에 법칙을 작동시킵니다. 존이 치유가이고 매리가 환자라고 가정해보겠습니다. 매리는 존에게 와서 아프다고 말합니다. 형이상학자인 존은 마음이 전부란 것을 이해합니다. 하지만 매리는 이해하지 못합니다. 그저 자신이 아프다고만 느낍니다. 하지만 존은 모든 아픔이 마음이란 것을 압니다. 그렇다고 존은 어떤 생각을 매리에게 강요하거나 어떤 암시를 주지는 않습니다. 이런 것들은 멘탈 치유가 아닙니다. 단지 그녀에 대한 진리를 선언할 뿐입니다. 그녀의 이름을 부르며 말합니다. "이 **말씀**은 그녀에 대한 것이다. 그녀는 완벽하고 온전하다." 다른 말로 하면 존은 외부에 보이는 것을 부인하며 그녀에 대한 진리를 선언합니다. 어떤 일이 일어날까요? **하나의 법칙**이 생명의 주관적인 면에서 세워지고 있습니다. (존과 매리 둘 모두 살고 있는) **우주의 마음** 바다를 통해 활동하는 그의 **말씀**은 **법칙**을 작동시켜 그녀의 육신을 치유합니다.

매리는 기적이 일어났다고 생각하고 "난 치유됐어. 난 조금도 믿지 않았는데 존이 나를 고쳤어"라고 외칩니다. 어떤 기적도 일어나지 않았습니다. 존은 누구든 사용하고자 한다면 사용할 수 있는 **하나의 법칙**을 사용했던 것입니다.

이제 매리가 건강에 대한 문제가 아닌, 어떤 지위를 원한다고 가정해보겠습니다. 그렇다면 이것에 대한 치유는 어떤 식으로 해야 할까요? 건강과 똑같습니다. 존은 마음속에서 매리에게 일어나야 할 일을 선언할 것입니다. 오직 **하나의 법칙**이 있을 뿐이기에 매리가 그것을 이해한다면 자신을 위해 현현시킬 수 있습니다. 하지만 그녀는 그것을 현실로 만들기 위해서는 먼저 이해해야만 합니다. 치유를 위해 찾아오는 대부분 사람들은 이런 것을 이해하지 못하고 찾아옵니다. 그들은 그들을 괴롭히는 것이 무엇인지 알지 못하고 지금 상황은 단지 어떤 외적인 원인에 의해 일어났다고만 생각합니다. 그래서 그들은 자신이 치유될 때면 "무슨 일이 일어났는지 모르겠지만 이것은 믿을 수 없는 일이야"라고 외칩니다. 사람들은 자신들이 알지 못하는 것에 대해서는 미신적으로 변하는 수가 있는데 그들 역시도 종종 미신적인 태도를 취하게 됩니다. 하지만 **법칙**을 이해하는 순간 더 이상 치유는 신비의 영역에 머물지 않게 됩니다.

 스피릿을 절대적으로 믿고 지금의 한계를 극복할 것이라는 믿음을 갖고 있는데도 개성이 지닌 약함을 벗어던지지 못하는 사람들이 많습니다. 그 이유는 치유를 일으키는 데에 필요한 정신적 이미지를 마음 안에 새기지 못했기 때문입니다. 만약 제대로 했다면 우리의 문제를 극복했었을 것입니다. 대부분은 우리의 약점을 생각하면서 그 이미지 안에 우리 자신을 묶고 있습니다.

 치료를 할 때는 현재의 문제에서 완전히 고개를 돌려야 합니다. 질병과 한계는 특정인이나 장소나 사물이 아닙니다. 그건 단지 하나의 이미지일 뿐입니다. 그 부정적인 상황에서, 그 한계 지워진 상태에서 의식을 완전히 돌리십시오. 건강, 행복, 조화를 현실처럼 느껴보십시오.

METHODS OF TREATMENT
치유의 방법

수많은 치유의 방법이 있지만 그 중에서도 두드러진 두 개의 방법이 있습니다. 하나는 논증치유(argumentative)라 불리고 다른 하나는 자각치유(realization)라 불립니다. 논증치유는 치유가가 환자의 건강함을 스스로 납득하기 위한 이성적 증명 방식입니다. 결과적으로 그는 **우주마음**, 즉 **신의 원리**를 이성적으로 받아들이게 됩니다. 그것을 통해 치유가가 환자의 상태에 대해 완벽한 확신을 갖게 된다면 환자가 치유되는 방법입니다.

자각치유는 치유가가 자신의 내면에서 환자의 완벽한 상태를 인식하는 것입니다. 그것은 **완벽한 인간**(Perfect Man)을 심상하는, 순수하게 영적이고 명상적인 방법입니다. 그래서 그 생각의 구체적인 모습이 실제로 완성되면 즉시 치유가 일어납니다.

치유는 치유가의 내면에서 완벽함을 자각하는 것이 목적입니다. 내면에 맺힌 **완벽함에 대한 이미지**는 **근원마음**을 통해 환자 내면에서도 활동하게 됩니다.

존과 매리 사이에는 하나의 **우주적인 매개체**가 존재합니다. 물론 존 안에도 있고 매리 안에도 있습니다. 존과 매리 각각 갖고 있는 것뿐 아니라 공통으로 지니고 있습니다. 그래서 존은 자신이 있는 곳을 정확히 알고 있는 것처럼 (오직 하나의 근원만이 존재하는 것을 알기에) 동시에 매리가 있는 곳을 정확히 알고 있습니다. 왜냐하면 그의 치유행위는 **분리되어지지 않은 완벽한 하나**, 즉 우주의 **주관성**(우주의 잠재의식) 안에서 이루어지기 때문입니다.

이제 존이 내면에서 매리의 완벽함을 인식하게 된다면 **법칙**은 작동합니다. 그것은 환자가 어디에 있든지 관계없이 그 안에서 작동하게 됩니다. 참석치료(參席治療, present treatment)의 반대개념인 부재치료(不在治療, absent treatment)와 같은 것은 없습니다.

물론 그 치유의 효과가 영원히 지속되기 위해서는 매리 스스로 건강에 대한 인식을 지녀야 하는 것은 당연합니다. 즉, 건강에 대한 관념이 그녀의 **주관적인 생각**의 한 부분이 돼야만 합니다. 매리가 스스로 건강에 대한 이미지를 완벽하게 지니지 못했다면 과거의 생각들을 다시 받아들이게 되어 또 다시 아프게 될 것입니다. 사람들이 치유 중에는 잠시 좋아졌다가 다시 아프게 되는 이유가 바로 이 때문입니다. 그들의 의식이 치유되기 전에는 영구적으로 치유된 것이 아닙니다.

치유의 전 과정은 치유가의 생각 안에서 시작됐다가 치유가의 생각 안에서 끝납니다. 치유가는 자신 안에서 치유의 전 과정을 진행합니다. 진리를 알아야만 하고, 그래서 그가 치유를 할 때 **법칙**을 활동하게 만들어야만 합니다. **우주마음**의 어떤 한 부분이 알고 있는 사실은 그것의 모든 부분들도 알고 있습니다. 왜냐하면 **나누어지지 않는 전체**(Undivided Whole)이기 때문입니다. 그것의 작은 한 부분을 차지하고 있는 당신이 무언가를 알게 되면 모든 곳에서도 알게 됩니다.

당신은 치유를 할 때 당신의 생각을 그 사람이 있는 곳까지 방사하거나, 혹은 암시를 그 사람이 있는 곳까지 주거나 받는 것이 아닙니다. 이미 그가 지니고 있는 건강함을 내 안에서 다시 확언하는 것뿐입니다. 이것이 치유입니다.

만약 존 스미스가 곁에 없는데 그를 치유하고자 한다면, 당신은 "나는 어디 어디에 있는 존 스미스를 치유한다"고 말합니다. 그 다음 그의 현재 개성이 나타내는 모습은 잊은 채 치유를 시작합니다. 그가 지닌 문제가 무엇인지 상세히 특정화시킬 필요는 없습니다. 종종 당신은 특정 질병을 치유하기 위해서 그 특정한 것을 끄집어내어 그것에 대해 어떤 선언을 하고 있었을지도 모릅니다. 그건 최선의 방법이 아닙니다. 물론 지금 외부에 드러난 문제 이면에는 일정한 생각이 원인이기 때문에 그 문제가 무엇인지 잘 안다면 무엇을 제거해야 하는지 더욱 잘 알게 해줄 수 있다는 것은 사실입니다. 하지만 꼭 그럴 필요는 없습니다.

치료는 이렇게 진행됩니다. 매리 존스가 존 스미스에게 다가와 결핵에 걸렸다고 말합니다. 그러면 존 스미스는 이렇게 선언합니다. "이 **말씀**은 매리 존스를 위한 것이다. 그녀는 **순수한 스피릿**이 완벽하고 온전하게 나타난 존재이다. **순수한 스피릿**은 병에 걸릴 수 없다. 그렇기에 그녀 역시도 병에 걸리지 않는다." 이것은 완벽하다는 증거를 도출하기 위한 논증치유법입니다.

이것은 존 스미스의 마음 안에서 일정한 결론을 만들어내는 논증입니다. 존 스미스에게 일정한 확신이 생겼을 때 매리 존스에게 **법칙**이 활동하기 시작합니다. 존이 이 일을 매일 같이 하기 시작하면 존의 마음은 그녀의 완벽함을 차츰차츰 인식하게 되고, 그렇게 완벽함을 인식한 순간 그녀는 치유됩니다. 만일 존이 이 일을 1분 안에 할 수 있다면 1분 안에 치유될 것입니다. 치유됐다는 확신이 생기게 될 때 그 중간의 과정(process)이란 존재하지 않습니다. 즉 완벽을 인식할 때 완벽이 현현됩니다. 그것은 생명의 자각이자, 깨어남이자, 계시입니다. 인간은 **신의 마음** 안에서 **완벽한 이미지**로 존재합니다. 하지만 우리는 스스로에게 마음의 경험을 따라 왜곡된 이미지를 덮어 씌웠습니다.

자각치유를 사용한다면 이렇게 합니다. "이 **말씀** 혹은 이 생각은 매리 존스를 위한 것이다." 그 후에 완벽한 현존만이 있다는 것을 인식하기 시작하십시오. "신은 존재하는 모든 것이며 그것 외에는 어떤 생명도 존재하지 않는다"는 논증의 방식은 조금만 하시고 보다 더 깊게 완벽함을 자각하십시오. 이렇게 하는 것은 굉장히 강력한 방법입니다. 물론 논증의 방법을 써도 결과에 있어서는 차이가 없습니다. 어떤 것을 선택해서 하는지는 관계없습니다. 이렇게 두 가지 것을 혼합해 사용하는 것도 좋습니다.

아이의 경우에도 같을 것입니다. 치유가가 지닌 확신에 맞춰 결과가 생기게 됩니다. 하지만 어린 아이들은 주변 사람들의 생각에 쉽게 영향을 받기 때문에 아이에 대한 치유만으로 끝내선 안 됩니다. 아이의 주변 사람들에게도 어떤 생각을 가져야 하는지 가르쳐야 합니다. 그리고 실제 그들이 그렇게 하고 있는지도 유심히 살펴야만 합니다. 그렇지 않으면 당신은 아이를 치유했다가도 주변 사람들의 생각 때문에 아이가 다시 아프게 되는 것을 보게 될 것입니다.

실패한다면 그것은 매리보다는 존에게 문제가 더 많았을 것입니다. 어쨌든 질병이란 개개인이 지닌 일정한 마음습관이 직접적으로 나타난 결과입니다. 그 마음태도가 변하지 않는다면 영구적인 치유는 이루어지지 않을 것입니다. 치유가가 해야 할 일이란 그 마음태도가 무엇인지를 밝혀내고 그것을 변화시키는 것입니다. 또한 사람들에게 왜 그들이 지금 현 상황에 있게 되었고 어떻게 하면 그런 원하지 않는 마음태도를 극복할 수 있는지를 가르치는 것입니다.

치유행위를 할 때면 환자에 대해 새롭게 선언합니다.

우리는 모든 것의 잠재된 공간이자 신의 창조의 매개체인 우주의 주관성(우주의 잠재의식, Universal Subjectivity)에 대해 이해해야만 합니다. 이것이 우리가 몸이나 환경을 치유할 원리입니다. 그것은 아주 정확하고 오차 없이 활동합니다. 왜냐하면 원인과 결과의 법칙이기 때문입니다.

SUBJECTIVE LAW
주관의 법칙(잠재의식의 법칙)

우리가 생각을 하는 것은 의식적인 지성인 **스피릿**으로부터입니다. 우리는 생각이 주관화(subjectified)되었다고 말하는데,

이것은 생각이 **잠재의식**(주관의식)으로 들어갔기 때문에 그렇게 표현합니다. 우리의 잠재의식이란 무엇입니까? 그것은 **우주의 주관성**(우주의 잠재의식, Universal Subjectivity) 안에 위치한 나의 위치 혹은 나의 마음의 진동입니다. 그래서 나의 **주관적인 마음**과 너의 **주관적인 마음**과 같이 주관적인 마음이 둘로 나뉘는 것은 생각할 수 없습니다.

단지 **근원의 마음** 안에 너의 생각의 주관적인 상태와 나의 생각의 주관적인 상태가 있을 뿐입니다. 이것을 명확히 이해해야만 합니다. 바로 이것으로부터 심리학과 형이상학이 갈라지기 때문입니다. 이 둘은 이것에 대해 각기 다르게 이해합니다. 우리가 생각할 때면 우리의 생각은 '우리에게 스며들어 있고, 우리를 통해 흐르고, 우리를 모든 곳에서 둘러싸고 있는 수용적이고 유연한 질료'인 **우주의 창조매개체** 안으로 들어갑니다. 우리가 생각할 때면 자연스럽게 이런 일이 진행되기 때문에 우리가 의식적으로 **우주의 창조매개체** 안에서 생각한다고 여겨야 할 필요는 없습니다. 그것은 **모든 곳에 편재**하기 때문에 그곳이 아닌 곳에서 우리가 생각한다는 것은 불가능합니다.

우리는 의식 안에서 우리 자신에 대해 일정한 생각을 할 때면 (주관화시킬 때면) 우리 주위에 정신적 환경을 만들게 됩니다. 우리가 생각의 대로를 통해 일정한 생각이 들어오는 것을 허락

하지 않는다면 어떤 것도 우리의 내면에 들어올 수 없습니다. 우리의 내면에 들어오는 생각들은 의식적인 것일 수도 있고, 무의식적인 것일 수도 있습니다. 대부분은 오히려 무의식적인 경우가 많습니다. 하지만 진리를 배우는 학생이라면 생각의 흐름을 조절하는 법을 배워서 자신의 내면과 창조의 마음 안에 어떤 생각이 들어가고 들어가지 말아야 하는지 통제해야 합니다.

THOUGHT AND THE CREATIVE MEDIUM
생각 그리고 창조의 매개체

생각은 내면의 움직임입니다. 한 생명이 무언가를 인지하고 그것에 대해 반응하게 됨으로써 일어나는 현상입니다. 이런 움직임은 **근원마음** 안에서 원인이 되어 **법칙**을 활동하게 합니다. 우리가 지금 다루고 있는 힘은 행성들과 그 위의 모든 것을 창조했던 힘과 똑같은 것입니다. 그래서 우리가 이 힘을 현실로 만들어내지 못한다면 그 잘못은 원리 자체에 있는 것이 아니라, 그것을 이해하지 못한 우리에게 있습니다. 즉 우리 안에서 이상을 구체화시키는 능력이 부족해서입니다.

EACH IS THE LOGICAL RESULT OF HIS OWN THINKING
나는 나의 생각이 빚어낸 당연한 결과물이다

우리는 지금, 전기를 비롯한 자연의 힘처럼, **중립적이면서 창조적인 힘**을 다루고 있습니다. 그것은 지성의 힘이기 때문에 물질계가 아닌 보다 높은 계에 존재합니다. 우리가 생각을 하면 그 생각은 이 **우주의 마음**에 흘러가게 되고, 점차 구체화되면서 그것 고유의 높이까지 도달합니다. 이것은 마치 물이 그것의 부피에 따라 애쓰지 않고 그것 고유의 높이까지 도달하는 것과 같습니다. 물이 일정한 높이에 도달하는 것은 당연한 귀결입니다. 어떤 다른 이유가 있어서가 아니라, 그것 본연의 성질에 따른 당연한 결과입니다. 그것처럼 우주가 존재하는 것도 다른 이유로 인해 존재하는 것이 아닌 자존하는 그것 본연의 성질 때문입니다.

우주의 자존이란 무엇입니까? 그것은 존립하는 데에 있어서 다른 이유가 아닌 그것 고유의 이유를 지닌 우주, 그것 스스로에 의해 존재하는 우주를 뜻합니다.

지금 우리가 어떤 상황에 있든지 그것은 모두 우리가 과거에 의식적, 무의식적으로 했던 것에 대한 결과입니다. 우리가 이 사실을 깨달았을 때 우리는 보다 나은 삶을 살게 될 것입니다. 왜냐하면 우리는 우리의 지금의 모습, 즉 우리가 지금 소유하고 있는 것, 그리고 우리가 경험하고 있는 것은 우리가 생각했던 것의 결과란 것을 깨닫게 되기 때문입니다. 그리고 더 나아가 우리의 미래의 모습은 우리가 현재 살고 있는 지금 모습 안에 담겨져 있다는 것을 깨닫게 되어, 우리의 생각을 바꾸어나갈 것이기 때문입니다.

우리는 우리의 생각들이 그저 사라져버린다고 믿고 있는지도 모릅니다. 하지만 그렇지 않습니다. 생각은 마음 안에서 주관화(내면에 새겨짐)됩니다. 마치 토양 위에 뿌려진 씨앗처럼 말이죠. 그것을 무효로 만들지 않는다면 그것은 끌어당길 것과 배척할 것을 결정합니다. **생명의 주관적인** 면에서는 활동이 멈추지 않고 계속되고 있습니다. 이것이 바로 우리의 외부 세계에서 어떤 일이 벌어질지를 결정하는 무의식의 과정입니다.

내가 생각하고, 행동하고, 믿고, 느끼고, 상상하고, 마음에 그리고, 읽고, 대화하는 것처럼 나에게 어떤 인상을 각인시키는 모든 과정은 **생각의 주관적인 상태**(그것은 우주마음을 내가 개별적으로 사용하는 것) 안으로 들어가게 됩니다. 그렇게 생각의 주관적인 상태 안으로 들어간 것은 모두 다시 외부의 환경으로 나타납니다.

A LAW OF BELIEF

믿음의 법칙

예수는 "그대가 믿는 대로 그것은 그대에게 이루어지리라"[마태복음 8:13]고 말했습니다. 그는 **법칙**을 이해했기 때문에 "그대가 바라는 대로 이루어질 것이라"고 말하지 않았습니다. "그대가 믿는 것에 따라 그것은 그대에게 이루어지리라." 이 말은 **법칙**의 보편성에 대한 선언입니다.

WE ARE DEALING WITH LAW

우리가 다루는 것은 법칙이다

어떤 이는 "난 우리를 돌보고 있지 않은 **신**이란 상상할 수 없다"고 말합니다. 저 역시 상상할 수 없습니다. 하지만 우리가 다루고 있는 것은 **법칙**입니다. 전기의 법칙은 자신이 지금 맛있는 저녁을 하는 데에 사용되는지 아니면 집을 태워버리는 데에 사용되는지 신경을 쓰겠습니까? 죄인을 감전시키는지, 성자의 발을 덥히고 있는지 신경 쓰겠습니까? 물론 전혀 신경 쓰지 않습니다! 인간을 표현하게 하려는 충동 그 자체는, 인간이 신성함의 황홀경에 빠져 무릎을 꿇고 기도를 하는지 아니면 하수구 옆에서 술에 취한 채 잠에 들게 하는지 신경을 쓰겠습니까? 우리가 다루고 있는 것은 **법칙**입니다. **법칙**이기에 우리가 그것을 통해 활동하게 만든 중립적인 힘은 결국 우리에게 돌아올 것이란 것은 당연합니다. 그렇기에 이성적인 사람이라면 이 법칙을 파괴적으로 사용한다면 자신을 파괴할 것이라는 것을 알기에 그렇게 하지는 않을 것입니다. "칼로 일어선 자는 칼로 무너질 것이다."[마태복음 26:52] 그리스도의 스피릿은 **법칙**을 건설적으로 사용하는 것을 말합니다. 적그리스도의 스피릿은 법칙의 부정적인 사용을 말합니다. 우주 생명과 함께 하고 있는 **그리스도의 스피릿**은 항상 적그리스도의 스피릿을 초월하고, 무효화하고, 무너뜨리고, 완전히 제거할 것입니다. 그래서 결국에는 오직 **그리스도의 스피릿**만이 살아남게 될 것입니다. "귀가 있는 자는 들을지라."[요한계시록 3:6]

THE CYCLE OF NECESSITY AND KARMIC LAW

필연성의 사이클과 카르마의 법칙

필연성 순환이란 한 사람이 **법칙**을 통해 활동하게 만든 것은 반드시 그 사람에게 돌아온다는 뜻입니다. 이것은 카르마의 법칙입니다. '무지한 자에게는 속박을, 지혜로운 자에게는 자유를 주는 법칙'입니다. 과거의 위대한 스승들은 모두 이 법칙을 말했습니다. 예수 역시도 "그대가 믿는 것에 따라 그것은 그대에게 이루어지리라,"[마태복음 8:13] "하늘과 땅은 사라질지라도 내 말들은 사라지지 않으리"[누가복음 21:33]라고 말할 때 이 법칙을 선언한 것입니다. 또 이사야 역시 "그렇게 나의 입에서 나간 말은 헛되이 돌아오지 않고 내가 기뻐하는 것을 이루리라"[이사야 55:11]고 말했을 때 그 법칙을 언급한 것입니다. 이것은 오늘날 신의 원리(Divine Principle)라고 불리는 법칙, 즉 원인과 결과의 법칙입니다. 법칙을 통해 하나의 성향(tendency)이 활동된다면 그것은 곧 그것을 품은 주관적인 관념의 수준에서 객관화될 것이라는 뜻입니다. 그렇다고 운명론을 말하는 것은 아닙니다. 왜냐하면 우리는 의식적인 생각을 통해 잠재의식의 흐름을 의식적으로 바꿀 수 있기 때문입니다. 이것이 바로 치유입니다.

THE LAW OF ACTION AND REACTION
작용과 반작용의 법칙

이것은 원인과 결과의 법칙입니다. 너무 오컬트적이거나 신비적으로 접근해서 이 말을 살펴보기보다는 우리가 어떤 생각을 하면 그것은 다시 우리에게 돌아온다는 식으로 단순하게 생각해보는 것이 좋을 것입니다. 이 **법칙**은 구체적인 목표를 향해 사용될 수 있습니다. 그래서 우리가 이 법칙에 맞춰 영리하게 행동한다면 나머지 일들은 자동적으로 이루어집니다. 우리가 이 법칙을 작동시키고자 한다면 그것을 제대로 이해하고 절대적으로 **신의 원리**를 신뢰해야만 하는 이유도 이것 때문입니다. 신의 **원리**는 모든 것을 알고 어떤 일이든 할 수 있습니다. 하지만 우리가 그것을 우리에게 이로운 방향으로 움직이게 하려면 그것이 그렇게 움직이게끔 만들어야만 합니다. 예수가 무화과나무를 뿌리부터 말라버리게 하고 죽은 나사로를 일으킨 기적을 행할 때 사용했던 힘이 바로 이것입니다.

WE ARGUE IN MIND
우리는 주장한다

우리는 이렇게 주장합니다. 만일 우리가 건강에 대한 믿음을 주장한다면 우리는 치유될 것입니다. 그것은 암시에 대한 문제도 아니고, 우리를 온전하게 만드는 생각의 힘을 억지로 작동시키는 문제도 아닙니다. 왜냐하면 암시나 그런 생각의 힘은 단지 의지력의 제한된 감각이기 때문입니다. 우리가 이를 꽉 물고 그 모습이 되기 위해 노력해야만 하는 것이 아닙니다. 단지 우리가 인식하면 됩니다. 물은 무언가를 젖게 하려고 어떤 노력을 할 필요가 없습니다. 그냥 젖어 있을 뿐이고, 우리가 그 안에 들어간다면 우리도 자연스럽게 젖습니다. **생명**은 **생명**임을 주장할 필요가 없습니다. 단지 **생명**이 자신에 대해 알고 있는 모습을 선언할 뿐입니다. 그래서 우리는 그것의 존재나 그것이 할 수 있다고 마음을 확신시키는 것이 아니라, 우리가 지금 완벽하다고 우리 자신을 설득시키기 위해서 마음 안에서 주장할 뿐입니다.

WRONG USE OF MIND
마음의 잘못된 사용

마음의 힘을 잘못 사용하는 것에 대하여 많은 논의가 있어 왔습니다. 어떤 이들은 우리가 이 힘을 잘못 사용할 수 없다고 말합니다. 왜냐하면 오직 하나의 마음이 존재하는데 그것은 그것 자신과는 모순되게 행동할 수 없기 때문이라고 합니다. 마음이 그것 자신에게 반하여 불리한 행동을 할 수 없습니다. 그래서 이것을 아는 사람은 누구라도, 그리고 파괴해야 할 인간적 마음이나 파괴될 인간적 마음이 없다는 것을 아는 사람은 누구라도 저주의 어둠으로부터 벗어나 있습니다. 하지만 어떤 사람이 저주를 믿게 되었다면 그는 저주로 이어진 마음의 대로를 연 것입니다. 왜냐하면 우리는 우리가 진동하는 것만을 받아들일 수 있기 때문입니다.

저주는 그것 본연의 성질상 유익한 어떤 것을 무지하게 사용하는 것일 뿐입니다. 진리를 이해한 사람이라면, 저주란 마음의 힘을 잘못 사용하는 것임을 알기에 그런 것에 절대 빠지지 않고 영향도 받지 않습니다. 순수한 저주, 무지한 저주, 악의적인 저주란 것이 있습니다. 순수한 저주는 타인의 병이나 고통에 대해 동정심을 갖는 모습으로 나타나는데 그런 마음가짐은 타인의 상황들을 더욱 악화시키면서 종종 잔혹한 결과들을 만들어냅니다. 무지의 저주도 이와 같을 것입니다. 예를 들면 우리가 범죄자를 봤을 때 그를 범죄자로 계속 생각한다면 그가 나타내고 있는 상태를 더욱 더 지속하게 만듭니다. 악의적인 저주는 의도적으로 파괴적인 목적을 위해 생각을 집중하는 행위입니다. 예수가 "이 세상의 왕자가 왔으나 나에게서 아무것도 찾지 못했더라"[요한복음 14:30]고 말했는데 이것은 모든 파괴적인 인류생각(race thought)을 중화시켰기에 모든 거짓된 암시로부터 벗어났다는 것을 뜻합니다. 우리 모두가 이렇게 되도록 노력해야만 합니다.

SUBJECTIVE BUT NOT UNCONSCIOUS
무의식적이 아닌 잠재의식적인

잠재의식적인(주관적인) 마음은 오직 연역적으로만 사고합니다. 그 본성상 무언가를 새롭게 시작할 수는 없습니다. 하지만 그렇다 해도 지성이 없다는 뜻은 아닙니다. **잠재의식적인(주관적인) 마음**이 사유할 수 없다고 해서 그것에게 지성이 없다는 생각을 해서는 안 됩니다. 왜냐하면 그것은 현재의식의 지성적인 힘과는 비교할 수 없을 정도로 **무한한 지성**을 갖고 있기 때문입니다. 그런데 재밌는 것은 그렇게 무한하게 큰 **잠재의식적인(주관적인) 마음**을 그보다 훨씬 지성적으로 떨어지는 현재의식이 통제할 수 있다는 것입니다.

우리의 **잠재의식**(주관적인 의식)이 항상 깨끗하다면, 그래서 허상들을 결코 받아들이지 않는다면 언제나 객관성의 세계까지 흘러가는 **스피릿**은 우리를 아프지도, 가난하지도, 불행하지도 않게 만들 것입니다.

HOW HABITS ARE FORMED
습관이 형성되는 방식

잠재의식 뒤에는 우리를 둘러싸고 있는 생각의 이미지들이 살아 있는 지성처럼 활동하며 존재합니다. 바로 이곳에서 습관이 형성됩니다. 누군가 자신이 제거하지 못할 것이라고 생각하는 습관을 가지고 있다면 그런 생각이 그를 최면에 걸리게 만듭니다. 그 생각의 힘은 점차 강해져서 결국 그의 통제를 벗어납니다. 어떤 습관이라도 그 이면에 존재하는 생각의 힘을 무효로 만들 때 치유됩니다.

LAW IS MIND IN ACTION

법칙, 활동하는 마음

 법칙을 통해 활동하는 하나의 무한한 생명이 존재합니다. 그리고 이 법칙은 마음에 관한 것입니다. **법칙은 활동하는 마음입니다.** 우리는 모든 것이 생겨난 '무한하고, 초의식적이고, 초개아적이고, 중립적이고, 유연하고, 창조력이 있고, 영원히 존재하는, 생각의 질료'에 둘러싸여 있는데, 그것은 만물의 모든 곳에 스며들어 있습니다. 우리는 이 **근본질료**에 우리의 생각을 각인시킴으로써 생각하는 것을 구체화시킬 수 있는 능력만큼 창조할 수 있습니다. 우리의 생각을 그것에 각인시키는 행위는 외부적인 활동이 아닙니다. 우리가 어떤 것에 대해 인상을 받을 때면 그것 안으로 생각을 주입하고 있기 때문입니다. 모든 마음이 하나로 묶여 있기 때문에 그렇습니다. 그래서 예수는 "그대가 진리를 알지니 그것이 그대를 자유롭게 만드리라"[요한복음 8:32]고 말했습니다. 우리가 우리 내면에서 무언가를 인식할 때면 우리는 우리의 존재인 **개별화된 스피릿** 상태에서 인식하고 있는 중입니다. 그곳은 '그것 자신에게 응답하는 **영원히 존재하는 근본질료**(Ever-Present Substance)'라는 무한의 심장입니다.

WE ARE BOUND BY OUR OWN FREEDOM
자유의지가 우리를 구속된다

우리는 손과 발이 묶인 채 구속되어 있습니다. 바로 그 속박의 끈은 우리의 자유의지입니다. 우리의 자유의지는 우리를 구속합니다. 그런데 우리가 자유의지를 통해 구속되어 있다면 우리를 다시 해방시키게 해 줄 것도 자유의지라는 당연한 결론을 내릴 수 있습니다. 연역적인 사고만을 하는 우주는 인간의 현재의식이 주는 어떤 것도 거부할 수 없습니다.

우리를 아프게 한 바로 그 힘이 다시 우리를 치유할 수 있습니다. 우리를 가난하게 만든 그 힘이 다시 우리를 풍요롭게 만들 수 있습니다. 우리를 비참한 상황에 몰아넣은 그 힘이 우리를 그 절망에서 건질 수 있습니다. 이 말이 사실이 아니라면 우주에는 이중성이 존재할 것이지만, 이중성의 무한은 불가능합니다.

ONENESS WITH ALL LAW
모든 법칙의 일체성

우리가 신과 우리의 **일체성**, 법칙과 우리의 **일체성**을 알 때 우리에게 제거될 짐은 얼마나 큰 것인지 알고 있습니까? 만약 그것을 모른다면 우리는 무언가를 현현하고자 했을 때 큰 투쟁을 통해 힘을 소진하게 될 것입니다. 우리가 **일체성**을 인식하게 될 때 그것과 모순되는 인식은 반드시 영원히 사라집니다.

"이런 환자의 경우에는 큰 노력이 필요합니다"라고 말하는 대신에 우주 안에는 오직 **하나의 관념**만이 존재한다는 깨달아 "나는 당연히 완벽한 이 남자를 떠올릴 것이다"라고 말해야만 합니다. 그러면 그 남자를 아프게 한 동일한 힘이 이번에는 그를 치유합니다. 이것은 생각의 전환입니다.

우리가 나의 **잠재의식**(주관적인 마음)이라 부르는 것은 단 **하나의 우주마음**의 한 부분일 뿐입니다. 그곳에서 나의 개성은 **스피릿**의 개별화된 하나의 모습을 지니고 있습니다. 우리가 우리 자신을 우주로부터 분리된 존재라 생각한다면 우리는 구속됩니다. 왜냐하면 그것은 '**선함**(Good 신과 동의어로 쓰인다)과의 분리'를 믿는 것이고, 그것으로 인해 우리는 제한되고 구속되기 때문입니다. 우리를 구속하는 것은 잘못된 믿음뿐입니다. "그들은 불신 때문에 들어갈 수 없더라."[히브리서 3:19] 그래서 그들은 "이스라엘의 거룩한 이를 가뒀더라."[시편 78:41]

오직 **하나의 마음**만이 존재합니다. 우리가 경험하고 만지고 맛보고 조절하고 냄새 맡는 모든 것, 즉 환경, 신체, 상황, 돈, 행복, 친구들, 이 모든 것은 결과입니다. **근원의 무한하고 한계 없는 잠재된 가능성**이 인간을 통해 나타나는 데에는 인간의 생각에 의존한다는 것은 명확하지 않습니까? 만일 인간이 **한계 없는 마음** 안의 한 부분이고, 만일 그의 생명 모두가 이 하나의 마음으로부터 주어진 것이라면 그 마음 외에는 어떤 것도 존재할 수 없습니다. 그렇지 않습니까? 만일 **하나의 마음** 외에는 아무것도 존재하지 않고, 만일 오직 **하나의 마음**만이 움직인다면, 그리고 만일 인간이 이 **하나의 마음**의 생각의 중추점이라면 그가 일으키지 않았던 것은 결코 그에게 일어나지 않을 것입니다. 그에게 만들어진 생각의 결과가 그의 선조가 만들었던 잘못된 생각의 결과이든, 아니면 그가 속한 민족이 지닌 잘못된 생각의 결과이든 관계없이 모두 그 당사자가 받아들였기 때문에 생긴 결과입니다. 만일 어떤 일이 한 사람에게 일어났는데 그가 어느 때, 어느 곳에서도 그 일 배후의 힘을 활동하게 하지 않았다는 것은 상상할 수 없습니다. 이것이 운명론이 아니란 것은 잘 아실 것입니다. 왜냐하면 우리는 우리가 만들었던 **원인관계의 사슬**을 바꿀 수 있기 때문입니다.

모든 것은 **근원지성**으로부터 옵니다. 오직 **단일한 하나**만이 존재합니다. 오직 **자유**만이 존재합니다. 오직 **완전함**만이 존재합니다. 오직 **전체**만이 존재합니다. 자신 안에서 의심의 씨앗이 사라질 때까지 이것에 대해 계속 생각해보십시오. 당신이 이것을 깨닫게 된다면 당신을 파괴하기 위해 심어진 잠재의식의 씨앗이 사라지게 될 것입니다. 우리 모두 반드시 이것을 해봐야만 합니다.

DEMONSTRATION
현현

우리가 올바른 의식을 지닌다면 무언가를 세상에 현현(*내면의 것이 외부로 나타남)하는 일은 세상에서 가장 쉬운 일이 됩니다. 그런데 우리가 구체화시킬 수 있는 생각만 현현시킬 수 있습니다. 세상 사람들은 우리가 선해져야만 무언가를 현현할 수 있다고 말하기도 하지만 우리는 그렇게 생각하지 않습니다.

우리는 우리의 이기심에도 불구하고, 우리의 나약함에도 불구하고, 모든 두려움에도 불구하고, 우리 안의 그런 약점 모두에도 불구하고 원하는 것을 현현할 수 있습니다. 왜냐하면 그것은 **진리**이기 때문입니다. 만약 현현하기 위해서는 우리가 이런 부정적인 것을 다 극복하고 선해져야만 한다면 그 기회는 수백만 년이 걸릴 것입니다. 하지만 **법칙**은 선하지도 악하지도 않은 법칙 그 자체이기에 어떤 것에도 응답합니다.

현현의 가능여부는 우리 주변의 환경이나 상황이나 지금 내가 있는 장소나 나의 개성이나 어떤 기회에 달려 있지 않습니다. 오직 나 자신에게만 달려 있을 뿐 그 어떤 것에도 영향 받지 않습니다. 우주는 우리에게 어떤 것도 결코 거부하지 않습니다. 오직 유일하게 거부하는 것이 있다면 우리가, '우주가 그것을 우리에게 주는 것이 불가능하다'고 여기는 것만 주어지지 않을 것입니다. 요구하는 사람은 누구나 받을 것입니다. 오직 나의 믿음이 모든 것을 결정합니다.

KARMIC LAW
카르마의 법칙

애니 베산트는 카르마에 대해서 '무지한 자에게는 속박을, 지혜로운 자에게는 자유를 선사하는 법칙'이라고 말했습니다. 동양에서는 **카르마**라고 말하고, 서양에서는 **원인과 결과**라고 말합니다. **의식의 주관적인 상태**(잠재의식의 상태)가 우리의 **카르마**입니다. 이것은 과거에 했던 생각의 결과이자 우리를 통해 활동하는 인류암시의 결과입니다. **카르마**는 운명이 아닙니다.

단지 마음의 법칙일 뿐입니다. 그래서 올바른 생각과 올바른 행동을 통해 바뀔 수 있습니다. 카르마(Karma)는 숙명(Kismet)이 아닙니다.

THOUGHT FORCE
상념력(想念力)

상념력(Thought force)은 의식의 움직임을 말하는데 이것이 법칙을 활동하게 만듭니다. 의식 위에서 일어나는 의식 그 자체의 움직임은 **지성**과 **근본질료** 위에서 움직임과 진동을 만들어 냅니다. 그 진동과 움직임의 세기는 활동을 시작한 생각이 얼마나 현실과 같은 가에 비례합니다. 객관적인 세상에 일어난 모든 것은 반드시 그것과 대응하는 것이 주관적인 세상 안에 존재해야만 합니다. 잠시 동안 이 우주를 **무한한 지성**에 꽉 차 있는 물에 비유해보겠습니다. 이 **지성**이 움직일 때마다, 다시 말해 생각할 때마다 그 생각에 정확히 반응합니다. 그것은 곧 물에 얼음이 생기는 것이라고 볼 수 있습니다. 그러면 우리는 아주 다양한 형태와 색깔과 크기의 얼음을 얻게 될 것입니다. 그런데 이 얼음도 역시 물입니다. 만일 온도를 높여 덥게 한다면 그 얼음은 다시 녹아서 액체의 상태가 될 것입니다. 바뀐 것이란 없고 오직 형태만 바뀐 것입니다. 이것은 모두 **근본물질** 뿐입니다. 그것은 모두 형체 안의 **스피릿**일 뿐입니다.

지성이 가장 먼저 존재합니다. 그 후에 그것은 **말씀**, 즉 상상, 이미지, 관념을 만듭니다. 그러면 의식에 움직임이 생기면서 사물이 나타납니다. 기억하십시오. 생각은 실제적인 활동을 하는 힘입니다. 만약 그렇지 않았다면 우주가 활동할 수 있는 것이 존재하지 않게 됩니다.

CHOOSING THOUGHT
결정권

우리는 마음에 어떤 생각을 불어넣을지를 결정할 권리가 있습니다. 그렇게 불어넣어진 생각은 현실이 됩니다. 하지만 우리의 생각이 외부에 나타나게 되는 길을 항상 이해할 수 있는 것은 아닙니다. 우리가 그 방법을 이해할 수 없다고 해서 혼란을 겪어서는 안 됩니다. 왜냐하면 결과는 원인 안에 잠재되어 있기 때문입니다. "나는 알파이자 오메가이다."[요한계시록 1:8] 즉 나는 원인과 결과 사이에 발생하는 모든 것이라는 의미입니다.

원인과 결과는 정말 하나입니다. 그래서 우리가 활동하기 시작한 일정한 원인을 갖는다면 이것과 대응되는 결과를 반드시 볼 수 있을 것입니다. 원인은 내면에서 일어난 것이고 결과는 그것 외부에서 일어난 것입니다.

이런 작업은 자신 안에서 시작되고 자신 안에서 끝납니다. 만일 이런 마음의 작업을 하면서 '그 일은 이루어질 수 없다'는 의심이 일어난다면 '아무런 힘도 갖지 않은 분별력도 없는 생각이 나의 마음 안으로 들어가기 위해 애쓰고 있을 뿐이구나!'라고 생각해야 합니다. 그 무엇도 당신이 진리를 현현하는 것을 방해할 수는 없습니다.

만일 어떤 사람이 "나는 생명과 건강과 힘과 에너지로 가득하다"고 말한다면 긍정적인 선언을 하는 것입니다. 그런데 그가 거리를 걸으면서는 "장님, 걸인, 죄인, 병자가 보이네"라고 말한다면 부정적인 선언을 하는 것입니다. 우리는 우리가 다른 사람들의 완벽함을 인식하는 것만큼 완벽합니다. 그렇다고 그 말이 곤경에 처한 사람들을 보지 말아야 한다는 것은 아닙니다. 우리는 문제를 겪고 있는 사람을 보며 그 문제와 공감대를 형성하지 않으면서 그 사람에 대해 동정심을 가져야 합니다. 새로운 시대의 한 위대한 예언가가 "**그리스도의 신성**은 예수의 인류애를 통해 세상에 나타난다"고 말했던 것처럼 우리는 모든 것에 대해 동정심을 가져야만 합니다.

마음 안의 상념은 물질세상 안에서 그것과 동등한 모습으로 나타날 것입니다. 오직 하나의 무한한 원리(Infinite Principle), 오직 하나의 무한한 상념질료(One Infinite Thought-Stuff), 오직 하나의 무한한 창조의 권능(One Infinite Creative Power)이 있고, 그것에서 나온 수많은 형체들이 있습니다. 그 형체들은 그것 이면에 존재하는 상념이 바뀔 때마다 모습을 나타냈다가 사라지기를 반복합니다.

치유가는 그릇된 생각을 변화시켜 **진리**에 완전히 자신을 맡긴 사람입니다. 이 일을 했을 때 치유가가 구체화한 진리는 실행되고 현현됩니다. 치유가는 진리를 품을 수 있는 정신적, 영적 능력만큼 그것을 나타낼 수 있습니다.

만일 풍요를 현실로 만들어내고 싶다면 먼저 풍요에 대한 의식을 지녀야만 합니다. 건강을 바란다면 건강에 대한 생각을 구체화시켜야만 합니다. 건강, 행복, 풍요의 의식은 올바른 정신적, 영적 습관을 통해 내면에서 일구어 나갈 수 있습니다.

INDUCING THOUGHT
치유하는 동안에는 개성을 초월해 있어야 한다

원리(*Principle : 신의 법칙적인 측면)는 **불변하는 실재**(Changeless Reality)입니다. 개성이라 불리는 것은 도구입니다. 즉, 개성이라는 도구를 통해 원리가 활동하게 됩니다. 원리는 오직 한 개인을 통해 활동하고 있을 때에만 작동될 수 있습니다. 원리는 그것이 형태를 취하지만 그 형태들에 구속받지 않고 영원히 자유롭습니다. 원리는 모든 형태에 가득합니다. 아니 가득한 것뿐만 아니라 형체들 주변까지 꽉 차 있고 형체들 안에도 또 형체들을 관통해서도 존재합니다. 얼음이 물이고 물이 얼음입니다. 그것처럼 신과 인간은 **일체성**의 불멸한 상태 안에 존재합니다.

우리가 이 **원리**에 기반해서 살고 있다는 것을 알았다면 이제 이것을 이용하는 법을 스스로 터득해야만 합니다.

우리는 **멘탈힐링**을 하면서는 항상 개성을 초월해야만 합니다. 그런데 일상생활을 하면서까지 그렇게 초개아적(超個我的)인 상태에 있으려고 할 필요는 없습니다. 왜냐하면 우리가 서로서로 누릴 수 있도록 개성의 상태까지 들어왔기 때문입니다. 하지만 마음의 작업을 하는 동안은 초개아적인 **원리**를 다룬다는 것을 인식해야 합니다. 그것은 **법칙**이기 때문에 한 사람에게 빠르게 작용하는 것처럼 다른 사람에게도 똑같이 작용될 것입니다. 당신은 당신이 선언하는 것은 그것이 이루어지게 될 **법칙임**을 알아야 합니다. 그래서 당신이 원하는 것을 담대하게 주장하십시오. 의식 안에서 홀로 **무한**과 함께 존재하는 사람은 **완전한 전체**가 됩니다.

마음 안에 이 생각을 간직한 채 완벽한 평화와 고요함 안에서 치유의 작업을 하십시오. 항상 기대를 갖고, 열정을 지니시고, 사랑을 인식하십시오. 즉, 기쁜 감정이 나의 개성을 통해 항상 흘러나온다는 것을 느끼십시오. 만일 당신의 의식 안에 이런 느낌을 지금 갖고 있지 못하다면 이것을 자각할 때까지 자신을 치유할 필요가 있습니다. 왜냐하면 이런 자각이 없다는 것은 마음 어딘가가 병들어 있다는 뜻이기 때문입니다. 모든 **선함**(Good)과 **내적인 일체감**을 느낄 때까지 자신을 치유하십시오. **하나의 마음**이 있습니다. 그리고 이 마음의 움직임은 사랑입니다.

당신이 자신을 치유하고자 어떤 단어를 선택할 때 그것이 당신에게 올바른 마음태도를 불러일으킨다면 어떤 것이든지 좋습니다. 어떤 공식이 있는 것은 아닙니다. 사람마다 자신의 생각을 불러일으킬 수 있는 것은 각기 다르기 때문입니다. 누군가 예수처럼 죽은 자 앞에 서서 "일어나라!"라고 말할 수는 있습니다.

하지만 단순히 그 말을 따라했다고 해서, 예수가 그 말을 통해 일으켰던 의식상태와 같은 것을 이룰 수 없습니다.

PLACE NO LIMIT ON PRINCIPLE
근원의 원리에 어떤 한계도 놓지 말라

당신의 마음을 알아야 합니다. 당신이 생각하고자 하는 것을 생각할 수 있게, 당신이 원하고자 하는 존재가 될 수 있게, 당신이 느끼고자 하는 것을 느낄 수 있게 자신을 훈련하십시오. 그리고 **근원적 원리**에 어떤 한계도 놓지 마십시오. 만일 당신의 말 역시도 예수의 말처럼 강력한 힘을 갖고 있다는 것을 안다면 실제 당신도 그런 힘을 행사할 수 있을 것입니다. 아직 모르고 있다면 당신의 내면 깊숙한 곳에 이 진리를 각인시켜야만 합니다.

당신이 치유행위를 할 때면 그 행위는 **무한한 마음** 안에서 일어난다는 것을 명심하십시오. **무한한 마음**은 행위자(Actor)이고 당신은 명령하는 자(announcer)입니다. 어떤 막연하기도 하고 희미하기도 한 무의식적인 두려움이 느껴진다면 마음을 고요히 하고 "난 누구지? 난 무엇이지? 누가 말하고 있는 거지? 나의 생명은 무엇이지?"를 곰곰이 생각해보십시오. 당신의 생각이 완벽히 다시 깨끗해질 때까지 생각을 통해 **근원적 원리**로 다시 돌아가야 합니다.

　근원적 원리는 그 자신과 조화되지 않는 것은 무엇이든 제거해버립니다. 이것이 올바른 생각의 힘입니다. **근원적 원리**는 모든 질문에 대한 대답이며, 모든 문제의 해결책이며, 모든 어려움에 대한 극복책입니다. 그것은 어두운 안개를 뚫고 뿜어 나오는 빛이자, 모든 생명을 영광으로 씻겨 내는 **불멸 진리의 빛**입니다.

RECAPITULATION
Chapter 4 정리

인간은 삼계(三界, three planes) 모든 곳에서 **신의 본성**(Divine Nature)을 다시 재현하고 있습니다. 인간은 그의 **의식적인 마음** 안에서는 자아인식을 가진 존재이고, **잠재의식적인 마음**을 통해서는 창조력을 행사하는 존재이고, 그리고 그것의 결과로서 바디를 지닌 존재입니다. 인간은 이렇게 존재의 **삼위일체**(Trinity of Being)를 재현합니다.

인간은 **전체와 완벽한 하나**로서 존재합니다. 즉, 인간의 **의식적인 마음**은 신의 분별력에서 나온 것이고, 인간의 주관적인 마음(잠재적인 마음)은 **우주의 창조매개체**를 한 개인이 사용하는 것이고, 인간의 몸은 **신의 몸**의 한 부분입니다.

우주에는 오직 **하나의 마음**이 있고 인간은 그것을 사용합니다. 인간은 우주의 한 부분에 자신의 정체성을 지닙니다. 인간은 **신의식**(God-Consciousness)의 하나의 초점입니다. 처음엔 이 사실을 몰라 자신의 힘을 오용했고, 불행과 질병을 끌어당겼습니다.

인간의 생각은 **우주의 창조마음**을 통해 활동합니다. 인간이 내면에서 생각을 할 때면 인간은 **창조의 마음** 위에서 생각하여 **법칙**을 활동하게 만듭니다. 오직 **하나의 마음**만이 있기에 인간이 자신에 대해, 혹은 다른 이들에 대해 생각을 할 때면 그 생각이 지시한 방향대로 **법칙**을 작동하게 만듭니다.

창조의 마음을 사용하는 것은 토양을 사용하는 것과 비슷합니다. 그래서 인간이 무언가를 창조한다는 말은 잘못됐습니다. 인간은 단지 **창조의 법칙**을 사용할 뿐입니다.

객관적인 마음, 의식적인 마음, 자아인식을 지닌 마음, 이 표현 모두는 같은 의미입니다. 내가 존재한다는 인식은 이 마음에서 나옵니다.

주관적인 마음, 잠재의식적인 마음, 무의식적인 마음, 소울, 의식은 같은 의미입니다. 그것들은 내면의 **창조매개체**를 뜻합니다.

몸, 결과, 상황은 모두, 내면의 생각에 맞춰 일어난 외부의 반응을 표현한 단어들입니다.

인간의 자아인식, 즉 인간의 **스피릿**은 유일하게 의도나 선택권을 지니고 있는 부분입니다. 그 외의 부분은 자동적으로 움직이는 **법칙**(*法則, law: 스스로의 통제력이 없이 일정한 조건에 일정한 결과를 만들어내는 것)입니다.

당신이 지금 어떤 상황에 있더라도, **법칙**을 통해 활동하는 인간의 의식적 생각을 통해 상황이 변화되었음을 분명하게 마음에 담아낼 수 있다면 상황은 변화됩니다. 법칙에는 한계가 없습니다. 한계는 **법칙** 안에 있는 것이 아니라 **진리**를 구체화하고 법칙을 건설적으로 사용하는 인간의 능력 안에 있습니다.

기억하십시오. 의식적이든 무의식적이든, 건설적이든 해롭든, 모든 사람이 사용하는 단지 **하나의 마음**과 **하나의 법칙**이 있습니다. 하나의 스피릿, 하나의 마음, 하나의 법칙, 하나의 근본 질료가 있고, 이것에 근원을 둔 수많은 형체가 있습니다. 하나의 **궁극적인 실체**가 있고 이 하나 안에 수많은 경험이 있습니다. 인간은 이 **궁극적인 하나** 안에 존재하며 이것으로부터 자신이 믿고 있는 다양한 경험들을 끌어옵니다.

우리가 생각을 할 때면 우리는 생각을 주관화(내면화)시켜 우주마음의 매개체를 통해 **법칙**을 움직이게 합니다. 이 **법칙**은 우리가 다시 생각을 바꾸기 전까지 자동적으로 활동합니다.

인간은 지금 인식하고 있는 현재의식의 힘과는 비교도 안 될 정도의 무한한 권능을 사용하는 중입니다.

신의 원리는 우주의 **주관법칙**(우주의 잠재법칙)을 뜻합니다. 그것은 모든 생각과 행동의 매개체입니다.

자유와 속박, 병약함과 건강함, 가난과 풍요, 하늘과 지옥, 선과 악, 크고 작음, 행복과 불행, 평화와 혼란, 믿음과 두려움, 이렇게 상반되는 듯 보이는 모든 것은 실제 반대의 힘이 아니라 하나의 **권능**이 다르게 사용되는 것일 뿐입니다.

  지금 당신 안에는 모든 상황에 대한 열쇠가 있습니다. 하지만 **전체**와 당신과의 관계를 깨달아야만 합니다. 바로 **완벽한** 근원에 대한 **자각**입니다.

4부
Mental Healing
멘탈힐링

Chapter 1
머리말

Chapter 2
일체성의 구조

Chapter 3
멘탈힐링에 대한 설명

Chapter 4
정리

INTRODUCTION
Chapter 1 머리말

HEALING
치유

멘탈 힐링은 마음을 이용해 치유를 하는 것을 뜻합니다. 우리에게는 올바른 생각의 힘을 통해 육체적인 질병을 치유할 가능성이 있습니다. 왜냐하면 우리는 우리의 생각에 반응하는 무한한 **마음** 안에 있기 때문입니다.

기도를 통해 병이 치유된 일은 어떤 시대에서도 찾아볼 수 있었고, 어느 정도는 일반적으로 인정된 사실이었습니다. 그런데 우리는 우리가 **법칙과 질서의 우주** 안에 살고 있고 이 법칙과 질서는 어떤 때에도 깨질 수 없다는 것을 생각해봐야 합니다. 누군가 기도와 믿음을 통해서 치유되었다면 그 현상 안에는 분명 실제 존재하는 어떤 법칙이 어떤 식으로든 이용되었다는 말이 됩니다. 물론 어떤 사람들은 **신**이 특정한 어떤 사람에게는 보다 큰 혜택을 줘서 치유가 일어난 것이라고 생각하기도 하는데, 그들은 아마 **신**을 인간과 같이 취급하면서 신도 변덕스러운 마음을 지녔을 거라 가정했었을 것입니다. 이는 명백한 실수입니다. 우리가 신을, '자신에게 빌었던 사람에게는 치유의 혜택을 주고, 자신에게 무릎을 꿇지 않았던 사람에게는 그 혜택을 주지 않는다'고 생각한다면 우리들보다 더 인간적인 감정에 휘둘리는 신을 가정했던 것입니다. 대다수의 사람들은 자신의 온 힘을 다하여 기도를 해도 응답을 받지 못했지만 분명 어떤 사람들은 기도를 통해 치유되었던 것도 사실입니다. 그렇다면 두 가지 가정을 할 수 밖에 없습니다. 신이 다른 사람들의 기도에는 관심도 없다가 특정한 몇몇 사람들의 기도만을 들어준 것이거나, 이것이 아니라면 기도라는 행위를 통해 그 소수의 사람만이 어떤 **법칙**을 만족시키게 된 것입니다.

왜 어떤 사람의 기도는 이루어지는 반면 어떤 사람의 기도는 부시당하는 걸까요? 가장 가능성이 있는 대답은 어떤 이들은 기도라는 행위를 통해 **믿음의 정신적 상태**에 도달한 반면 어떤 이들은 이런 상태에 도달하지 못했다는 것입니다. 무엇보다 기도는 특정한 마음의 태도, 특정한 생각의 기술, 특정한 믿음의 기술입니다. 모든 기도는 정신적인 활동인데 어떤 기도는 믿음의 상태에 도달하는 반면 다른 기도는 그런 상태까지 도달하지 못합니다. 이걸 통해 우리는 기도의 응답여부가 기도하는 사람의 정신적 상태에 달렸다고 가정할 수 있습니다. 진정한 기도는 기도하는 사람에게 선(*Good : God과의 동의어로 쓰인다)에 대한 믿음을 일어나게끔 해서, '마음의 법칙이라는 **우주의 법칙**'에 따라 치유가 이루어질 수 있는 일정한 정신적 상태에 도달하게 해줍니다.

우리는 치유가 어떤 형태를 띠고 있든 반대하지 않습니다. 고통을 극복할 수 있게 돕는 거라면 약의 형태이든 기도의 형태이든 다 유익하다고 생각합니다. 우리는 의사나 약사에게 반대하지 않고, 그들이 이뤘던 그리고 이루고 있는 놀라운 업적들도 환영합니다. 그래서 우리는 누구와도 치유라는 주제에 대해 논쟁을 벌이지 않습니다. 누군가가 치유되고 도움을 받는다면, 그것이 어떤 방법이든 환영합니다. 우리는 어떤 방법이든 그것을 인정하고, 그것들은 각자의 역할이 있다는 것을 압니다. 하지만 우리는 인간의 삶이 물질, 정신, 영이라는 삼계에 걸쳐 일어나고 있는 드라마라는 것을 알고 있습니다. 그래서 치유하고자 한다면 이것들 모두를 다 고려해야만 한다고 생각합니다. 물론 적절한 음식, 적절한 운동, 적절한 의복, 적절한 위생 등 실제 존재하고 체감할 수 있는 모든 것을 믿기에 우리는 어떤 것도 배척하지 않고 모두 받아들입니다.

우리는 어떤 누구와도 논쟁을 벌이지 않으면서 또한 그들이 우리에게 논쟁을 만들게 하지도 않습니다. 하지만 인간 생명의 실제 모습은 영적이고 정신적이기에 생각이 치유되지 않는다면 어떤 치유의 방식도 영원히 지속되지 않는다고 생각합니다. 그래서 우리가 하는 일은 모든 다른 치유의 방식들과 협조해서 그 효과가 지속될 수 있게 만드는 것입니다. 그렇다 하더라도 그들이 정의내린 상식을 그대로 받아들인다는 뜻은 아닙니다. 물질적인 것을 넘어선 **법칙**이 있고 우리가 찾고자 하는 것은 그것을 발견해서 이용하는 것입니다. 어쩌면 우리의 치유가 항상 성공하는 것만은 아닐지도 모릅니다. 하지만 실패했다고 실망하거나 좌절하고 있지만은 않을 것입니다. 또 다른 성공을 위해 계속 나아갈 것입니다.

우리는 어떤 신학적 논쟁도 벌이지 않습니다. 우리는 모든 교회를 믿고 모든 찬양의 방식도 믿습니다. 무엇보다 확실한 것은 우리가 신을 믿는다는 것입니다. 우리는 이렇게 모든 것을 인정하지만 그들이 우리에게 와서 신을 찬양하는 일정한 하나의 방식만을 말하거나, 우리가 선택한 방식이 아닌 다른 방법으로 숭배하게끔 강요한다면, 그것에는 반대합니다.

어떤 단체에 있는 사람들은 진리가 이미 주어졌기에 우리가 그것에 조금도 더하거나 **빼지** 못한다고 말합니다. 우리는 이 이론에는 반대합니다. 물론 우리는 진리에 대한 이 말이 사실임은 압니다. 그런데 우리는 그들이 아직까지는 진리를 완벽하게 이해했다고는 생각하지 않습니다. 우리는 그보다 더 큰 이해의 빛이 주어지기를 기대하기에 진리는 이미 완벽히 밝혀졌다고 말하는 그 믿음에는 반대합니다.

진리에 대한 인간의 정의 대부분은 그저 가정일 뿐이란 것을 우리는 압니다. 그래서 우리는 인간이 만들어낸 진리에 최면당하는 것을 거부합니다.

WHAT WE UNDERSTAND ABOUT HEALING
우리가 알고 있는 치유

건강이란 육체적인 것이 아니라 정신적인 것임을 압니다. 우리가 상대방의 정신을 치유하는 만큼 그의 육체를 치유할 수 있다는 것을 알기에 우리는 환자의 정신을 치유하려 합니다. 또 우리가 상대방 안에서 그의 완벽한 모습을 인식하는 만큼 그도 그렇게 나타난다는 것을 압니다. 우리는 지금 상대방의 모습이 어떤 모습인지는 상관없이 그가 정말 완벽하다고 인식합니다. 그래서 우리가 하고자 하는 것은 모든 인간의 생명 안에 들어있는 **완벽함**을 외부로 드러내는 것입니다. 이것이 치유입니다.

우리는 마음의 치유가 또한 영적인 치유가 되어야만 함을 압니다. 왜냐하면 둘은 결코 떼어놓을 수 없기 때문입니다. 우리는 앞서 이중성에 대한 믿음이 인간을 아프게 했고 오직 **일체성**에 대한 이해만이 우리를 치유한다는 것을 보았습니다. 우리는 우리의 모든 치유 작업에서 신과의 **일체성**을 인식해내려 합니다. 만일 올바른 치유라고 말해지려면 **신**에 대한 자각이 함께 일어나야만 합니다.

우리는 이것을 그저 미신적으로 받아들이는 것이 아니라, 이성적으로 모든 생명은 하나이기에 이런 **일체성**에 대한 자각이 필수적이라고 이해합니다. 신은 우리 모두가 살고 있는 **근원의 생명**이기에 언제라도 우리를 위해 일할 준비가 되어 있습니다.

THOUGHTS ARE THINGS
생각이 실체이다

생각은 실체입니다. 생각 안에는 지성이 있어서 그 자신을 객관화시킬 힘이 담겨 있습니다. 그리고 이 힘을 배가시키는 것은 믿음입니다. 우리의 생각은 원인이 되어 근본질료를 정교하게 다룹니다. 우리의 **말씀**(우리의 생각)은 하나의 **거대한 법칙** 아래에서 활동하는 우리의 **생명법칙**입니다. 병에 대한 생각이 인간을 아프게 만들고 건강과 완벽함에 대한 생각이 다시 회복시킵니다. 그래서 **신의 현존**에 대한 자각이야말로 인간에게 알려진 가장 강력한 치유의 방법입니다. 하지만 우리는 이것에 대해 어떤 논쟁을 벌이거나 누군가에게 이것이 옳다고 설득하려고 하지 않습니다. 우리는 이미 의심과 불확실성에 대한 단계를 넘었습니다. 왜냐하면 우리는 알기 때문입니다. 우리는 우리의 생각이 활동할 수 있는 차원까지 치유를 행할 수 있다는 것을 알면서 생각의 차원을 높이기 위해 지속적으로 주의를 기울이고 있습니다. 그 과정에서 누군가 우리에게 찾아와 도움을 구한다면 물론 우리의 고귀한 생각을 사용해 그들을 돕고 치유할 것입니다.

생각은 생각하는 자의 의식적인 활동이고 생각하는 자의 지시에 따라 움직입니다. 그리고 생각이 **법칙**을 통해 활동하는 것은 사실이지만 생각이 **법칙**을 활동하게 만드는 것도 사실입니다. 우리가 믿을 수 있는 범위까지, 그리고 우리가 이해할 수 있는 범위까지 **법칙**은 우리를 위해 일해 줄 것입니다.

우리의 이해력은 아직 완전하지 못하기 때문에 인류를 도울 수 있는 것이라면 모든 사용하는 것이 최선이란 것을 압니다. 하지만 우리는 **진리**만이 우리에게 필요한 전부가 될 날을 고대합니다. 그날이 이미 와 있다는 것을 이해하는 만큼 그날은 우리에게 다가오게 될 것입니다. 마음 치유를 행하는 사람은 자신의 모든 작업을 마음 안에서 행하면서 인식을 바르게 교정하는 데에 모든 시간과 노력을 다할 것입니다. 하지만 그의 환자들이 어떤 방법을 선택하느냐는 자유롭게 그들의 의지에 남겨놓을 것입니다. 이것을 통해 환자는 최선의 결과를 얻을 것입니다. 왜냐하면 세상의 모든 것은 어느 정도까지는 유익하기 때문입니다. 하지만 진리에 대한 인식만이 진실하고 영원한 치유를 만들 수 있는 유일한 방법입니다.

Metaphysical Meaning of Words Used in Chart

Chapter 2 일체성의 구조

[만물의 일체성에 대한 차트]

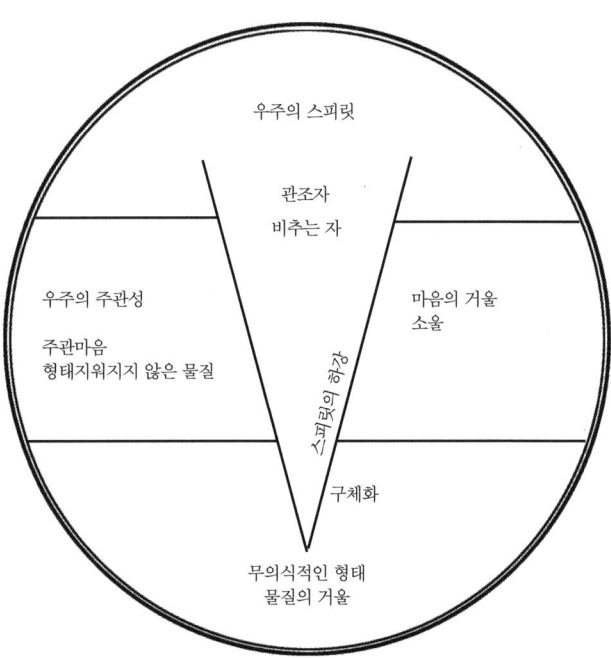

이 차트의 윗부분은 어떻게 **의식적인 마음**, 즉 인간의 스피릿이 소울 혹은 **주관성**(잠재의식)의 매개체를 통해 형태나 물질로 그 자신을 비추게 되는지를 보여준다. 중간 부분은 **월드소울** 혹은 **주관성** 혹은 마음의 거울과 형태 지워지지 않은 물질을 나타낸다. 즉 스피릿의 종을 나타낸다. 맨 밑 부분은 자가관조(自家觀照, self-contemplation)의 결과로 그것이 물질세상 안에서 형태를 취하는 것을 보여준다. [인간 차트]에 쓰인 단어들의 형이상학적인 의미를 읽고 세심하게 연구해보라.

우주의 스피릿(UNIVERSAL SPIRIT) − 이것은 의식적인 마음과 자기결정권을 가진 우주를 뜻한다. 우주의 주관성은 스피릿의 **창조매개체**를 뜻한다. 즉 우주의 주관적인 **법칙**을 뜻한다. 구체화(Particularization)는 물질과 형태의 세상이 만들어짐을 뜻한다. [우주차트]에 쓰인 설명을 다시 읽어보라. 스피릿의 하강은 스피릿이 형태로 가는 것, 즉 스피릿이 다양한 것들로 구체화되는 것을 뜻한다. 차트의 위에서 아래로 그어진 선은 모든 생명의 일체성을 상징한다. 스피릿은 **법칙**을 통해 형태 속으로 들어온다. 다양성은 **일체성**으로부터 온다. 하지만 다양성이 **일체성**과 모순되는 것은 아니다. 다양한 것들이 **근원의 하나** 안에 담겨져 있다.

인간의 생명은 신의 본성의 일부이다. 그래서 이 차트는 개개인에 대한 모습뿐만 아니라 우주에 대한 모습도 설명할 수 있다. 우리의 의식적인 마음은 '근원자'의 의식적인 마음의 한 부분이다. 신의 완전한 본성은 인간 안에 투영되어 있기에, 인간은 신이 사용하는 것과 같은 법칙을 사용한다. 왜냐하면 오직 하나의 스피릿이 존재하는 것처럼 법칙도 하나이기 때문이다.

신과 인간은 모두 같은 창조의 매개체, 즉 우주의 주관성(잠재의식)을 사용한다. 그것은 모든 생각과 모든 행동이 이뤄지는 법칙이다. 다양한 사물들은 하나의 공통된 법칙과 하나의 공통된 창조의 매개체를 통해 하나의 소스로부터 온다. 우리는 우리의 생명을 삼계(물질계, 정신계, 영계) 모든 곳에서 전체와 하나라고 생각한다. 우리는 의식적인 마음과 하나이며, 창조의 법칙과 하나이며, 모든 다양한 물질과 하나이다.

우리가 생각을 치료를 하는 데에 사용하든 아니면 어떤 다른 목적으로 사용하든, 모든 생각의 매개체는 우주의 법칙(우주의 주관성)이다. 법칙은 그것 안으로 말해진 말씀의 힘을 통해 그 자신을 구체화시킨다. 말씀은 의식적인 부분이다. 반면 법칙은 자동반응적이고, 형태는 자기결정권이 없다.

의식적인 마음, 스피릿(CONSCIOUS MIND OR SPIRIT)

– 우주의 자의식을 지닌 마음을 뜻한다.

주관마음과 형태 지워지지 않은 물질(SUBJECTIVE MIND AND UNFORMED MATTER) – 우주의 근본질료와 소울을 뜻한다.

마음의 거울, 소울(MIRROR OF MIND, OR SOUL) – 마치 거울처럼 작용하는 생명의 주관적인 면을 뜻한다. 즉, 그것 안에 주어진 생각을 그대로 비추는 역할을 한다.

무의식인 형태 혹은 물질의 거울(UNCONSCIOUS FORM OR MIRROR OF MATTER) – 소울이 그것 앞에 주어진 생각을 비춰, 물질적 세상이 이루어짐을 뜻한다.

이것은 창조의 과정과 순서를 묘사한다. 우선 **원인관계**(Causation)의 사슬 안에 **말씀**이 있고, 이 말씀은 그 자신을 인식한다. 그 후에 **법칙**은 **말씀**을 비추면서 활동을 시작한다. (이 법칙은 종속적이어서 형태와 물질 속으로 그 자신을 비추면서 말씀을 따른다. 물질은 그 본래적 상태에서는 형태가 없다. 즉 우주의 '형태가 없는 질료'이다) 그러면 **말씀**은 법칙에 따라 활동하는 **말씀**의 힘을 통해 형태를 취한다.

소울과 근본질료는 모두 스피릿에 대해 종속적이다. 그래서 형태, 즉 형태 안의 물질은 그것 고유의 의도나 결정권이 없다.

일체성의 삼위일체 안에서 그 시작은 자의식, 즉 **스피릿**, 혹은 **말씀**이다.

이 차트는 개개인에게도 적용될 수도 있고, 우주에도 적용될 수 있다. 왜냐하면 인간은 삼계(三界) 전체에서 우주를 다시 재현하고 있기 때문이다.

우주는 스피릿 혹은 신의 자가관조의 결과이다. 이 자가관조는 **법칙**을 통해 그것의 형상을 '형태와 현현의 세상' 안으로 투사한다.

마찬가지로 우리 인간이 경험하는 세상과 우리의 몸은 우리가 우리의 내면에서 한 자아인식의 결과이다. 즉, 우리는 자가관조의 결과이다.

Mental Healing

Chapter 3 멘탈 힐링에 대한 설명

 존재하는 모든 것은, (모든 것의 원인인) **신의 마음** 혹은 **절대자** 안에 새겨진 명확한 이미지가 결과로 나타난 것입니다. 우리가 우리자신을 신의 투영, 신의 방사, 신의 현현으로 생각하든 혹은 신의 빛이 투영된 것이라고 생각하든, 우리는 반드시 신이라는 첫 번째 원인자가 그 자신의 의식 안에서 인간을 **완벽한 존재**로 인식하고 있다는 사실을 깨달아야만 합니다. 왜냐하면 **근원의 완벽한 마음**은 불완전한 생각을 품을 수 없기 때문입니다. 아니면 우리가 인간을, 어떤 단체에서 가르치듯, 신의 일부라고 생각한다고 해도 우리가 신성의 일부이기 때문에 내재적으로 완벽하다는 것을 깨달아야만 합니다. 우리가 완벽하다는 것은 피할 수 없는 결론입니다. 하지만 지금 우리 눈에 보이는 인간의 모습은 완벽하지 않은 듯합니다. 확실히 그런 이상적인 모습과는 동떨어진 많은 경험을 겪고 있는 것이 사실입니다. 인간이 완벽하다는 것은 어떤 의문도 없지만 인간은 고통을 받고 아프다가 결국에는 죽음에 이릅니다. 이것은 부정할 수 없는 사실입니다. 이것을 부정한다는 것은 우리자신을 의식적인 존재로 생각하게 만들어준 의식을 부정하는 것과 같습니다. 그렇다면 우리가 해야 할 일이란 인간의 **내재적 완벽함**과, 그것과는 모순되는 현재의 부정적인 경험을 조화시키는 것입니다.

INDIVIDUALITY
개개인

인간은 분명 **신의 형상** 혹은 **완벽한 생각**인데 고통을 겪고 아픕니다. 이것에 대한 해답은 악의 근원에 대해 던진 철학적 질문과 일맥상통할 것입니다. 즉 인간은 개별적인 의지를 지닌 존재이고 자신의 의지를 행하기 때문이라는 것이 대답입니다. 성서는 말합니다. "신은 인간을 바르게 만드셨으나 그들은 많은 창작을 구했더라."[전도서 7:29] 개성을 지닌 인간은 기계적으로 주어지는 대로 행동해서는 안 되고 반드시 자발적으로 움직여야만 합니다. 개성을 지닌 인간이, 선택한 대로 생각할 수 있는 능력이 없다면 우리는 개성이라는 단어를 붙일 수 없습니다. 또한 그 배후의 어떤 권능이 대신해서 이 선택을 한다면 그것 역시 개성이라 말할 수 없습니다. 왜냐하면 인간의 선택으로 아무런 일도 일어나지 않는다면 인간은 꿈의 세상에 갇힌 것이고 그의 꿈은 결코 세상 밖으로 표출되지 못할 것이기 때문입니다. 그야말로 환영의 세상일 것입니다.

하지만 인간에게는 선택하는 능력이 있고 이렇게 선택한 것이 자동적으로 세상에 나타나게 하는 **법칙**과 함께 합니다. 인간은 자신의 **참모습**을 파괴할 능력은 갖고 있지 못하나, 그것의 표면을 흉하게 덮을 수 있는 능력, 즉 부조화한 모습으로 나타나게 할 능력은 갖고 있습니다. 외적으로는 그렇게 더럽힐 수는 있어도 인간의 **신성한 참모습**은 절대 파괴될 수는 없습니다.

우리는 법칙의 우주 안에 살고 있는 것뿐 아니라 **사랑의 우주** 안에도 살고 있습니다. 이 둘은 서로 보완관계입니다. 그래서 **사랑의 우주**는 느낌과 감정이라는 피로 뛰는 심장이고, **법칙의 우주**는 모든 느낌과 감정의 피를 돌게 하는 혈관입니다.

이 치유에 대한 레슨을 읽으면서 인간의 모습 배후에 **신의 형상**이 있음을 깨달아야만 합니다. **완벽한 관념이 우주마음 안에서**는 이미 완성된 현실로 존재합니다. 하지만 인간은 개성의 법칙 아래에 있다는 것도 명심해야만 합니다.

앞서 차트에서 말했던 것을 보겠습니다. 그곳에서는 인간을, **의식을 지닌 마음, 즉 스피릿**이라고 말합니다. 이것은 인간의 객관 기능(objective faculty)을 나타냅니다. 인간은 자신의 **객관마음**을 통해 의식적인 상태에서 생명을 인식합니다. 그것은 의지를 지니고 있는, 즉 스스로 선택할 수 있는 유일한 인간의 속성입니다. 그 결과 인간의 **객관마음**은 인간을 **스피릿**으로서 존재하게 합니다. 인간의 **의식을 지닌 마음**은 관조자, 사색자입니다. 우주는 **신성한 마음**이 사색한 결과, 즉 성령이 사색한 결과입니다. 신은 자신의 **아이엠니스**(I-AM-NESS 자아)를 관조하여 창조를 합니다. 이 관조는 **법칙**을 작동하게 하고, 그것으로 인해, **무한마음**이 스스로 인식한 것이 세상에 나타납니다.

MAN REENACTS GOD
인간이 다시 신을 나타내다

신의 본성은 인간 안에서 재현됩니다. 의식을 지닌 존재이자 스피릿인 인간이 생각할 때면 그 생각은 **우주의 주관성**(Universal Subjectivity) 안으로 비춰집니다. 그곳에 받아들여진 생각은 이제 활동을 시작합니다.

마음, 즉 소울이 이 생각의 이미지들을 받아들이게 되면 형체없는 **근본질료** 위에서 일정한 형태의 바디로 나타납니다. 바디

자체는 의식을 지니지 않습니다. 다시 말해 생각은 일정한 형체가 되지만 그것 자체는 비물질의 **근본질료**로 구성되어 있기에 의식을 지니고 있지 않습니다. 바다는 마음이 존재하지 않기에 자체적인 의식이나 의지가 없습니다. 그래서 바다에서 정신적 능력이 제거된다면 생각하거나 보거나 듣거나 느끼거나 만지거나 맛보지 못하는 송장이 되어버립니다. **의식적인 지성**을 갖고 있지 않은 바다는 그 즉시 분해되어 그것이 생겨난 근원인 우주의 **근본질료**, 즉 형태 없는 물질로 다시 돌아가기 시작합니다.

의식적인 생각은 정신을 통해 그 이미지를 형체 안으로 비추게 하는 장치입니다. 인간은 본래적으로 **완벽한 형상**이지만 그의 개별적 개성은 그 **완벽한 형상**에 개성이 창조해낸 이미지를 자유롭게 덮어씌울 수 있습니다. 이 일은 의식적, 무의식적 모두 가능합니다. 인간은 인류 의식과 세상에 대한 일정한 믿음을 지닌 채 이 세상에 태어납니다. 그리고 점차 자신의 개성을 세상에서 펼쳐나감에 따라 그만의 새로운 주관적인 생각을 창조하기 시작합니다. 주변의 것들을 관찰하고, 사색하면서 일정한 결론들을 도출합니다. 그리고 그것들은 점차 그의 정신의 일부가 되어서는 객관적인 세상을 창조하는 하나의 원인이 됩니다.

치유는 잘못된 생각의 이미지들을 벗겨내고, 무효화 시키고, 제거함과 동시에 완벽한 생각을 새겨서 그것이 다시 육신 안으로 스스로를 비추게끔 하는 것입니다.

당신은 만물이 마음이고 오직 마음만이 움직인다는 것과 마음의 유일한 도구는 생각이라는 것을 깨달았다면 오직 올바른 생각만이 영구적인 치유를 일으킬 것이란 것을 알게 될 것입니다. 그것이 우리가 알고 있는 유일한 영구적 치유법입니다. 다시 말해 진정한 치유란 정신적, 영적인 치유입니다.

NOT LIMITED BY PRINCIPLE
원리에 의해 제한되지 않는다

의식적인 생각이 **무한**이라는 권능을 통해 활동한다는 것을 깨달았을 때 치유에는 어떤 한계도 없다는 것을 깨닫게 됩니다. 한계가 있다면 오직 우리가 그 권능을 마음에 품을 수 있는 능력의 한계일 뿐입니다. 그래서 우리는 원리에 의해서 제한되는 것이 아니라 완벽을 품을 수 있는 우리의 능력에 의해서 제한됩니다. 우리의 생각은 우리가 품을 수 있을 만큼 완벽한 환경을 가져올 수 있습니다. 따라서 신과 같은 생각을 하는 사람이 있다면 가장 위대한 치유가일 것입니다.

바로 이런 이유 때문에 진정한 **멘탈힐링**을 **영적인 작업**과 분리할 수 없습니다. 생각이 가장 신과 같은 사람은, 다시 말해 가장 진실하고 가장 높고 가장 고귀하고 가장 온전하고 가장 평화로운 사람은 최고의 치유가입니다. 그런 사람의 고귀한 생각들은 보다 더 위대한 완벽함을 비추기 때문입니다. 생각이 보다 높고, 완벽한 곳까지 도달하게 되면 보다 더 커다란 발전을 가져올 것입니다.

MENTAL TREATMENT IS REAL
마음치유는 실재이다

의식적인 마음만이 우주와 인류의 유일한 행위자(Actor)라는 사실과, 잠재의식이 그것 본연의 성질로 인하여 어떤 것도 거부하지 못하고 받아들인다는 사실과, 바다가 그것 고유의 지성을 갖고 있지 않은 결과라는 사실을 결코 잊지 마십시오. 멘탈힐링은 과학적인 법칙에 따라 작동하는 실재적인 특정작용입니다.

치유가는 단순히 환자가 좋아지기를 기대하는 마음으로 기도하는 것이 아닙니다. 환자가 치유되었고 완전하다는 인식을 자신의 인식 안에서 끄집어내는, 아주 뚜렷한 정신적 작업에 몰두하는 것입니다.

치유란 치유가의 마음 안에 환자가 신성하고 영적이며 완벽하다는 인식을 불러일으키는 행위이자 기법이자 과학입니다. 치유를 할 때 환자의 아픈 부위를 반드시 적시할 필요는 없습니다. 그저 환자의 몸이 조화롭고 그것 안의 세세한 관념들 모두가 조화롭다는 것을 선언하면 됩니다. 그 후에 병이 있다고 생각되는 부분에 의식을 둡니다.

치유가가 이렇게 완벽함을 자각한다면, (우주적이고 편재하는) **잠재적인 마음**은 그 생각을 받아들입니다. 이제 치유가가 의도한 방향으로 결과가 나타납니다.

치유가는 생각을 상대방이 있는 곳까지 날려 보내서 주입시키는 것이 아닙니다. 혹은 어떤 암시를 거는 것도 아닙니다. 당신은 암시(그건 어느 정도는 좋은 거지만 한계가 있다)와 진정한 형이상학적 치유를 구별해야만 합니다. 형이상학 치유에 있어서는 우리가 **우주의 원리**를 다룬다는 것을 알아야 합니다. 즉 우리는 우리의 생각을 받아들여 그것에 기인해 활동하는 **법칙**을 다루고 있는 것입니다. 어떤 것도 그것을 막을 수는 없습니다. 심지어 환자의 생각조차도 그것을 막을 수 없습니다. 이것을 이해하게 될 날이 언제가 올 것입니다. 그때가 오면 내면의 갈등은 끝납니다! 우리가 다루는 원리는, 우리의 명령에 어떤 이론을 제기할 수도 없고 하지도 않는, 그리고 논쟁을 할 수도 없고 하지도 않는 것입니다. 우리는 그것에게 어떤 일을 하라고 선언하면서 특정한 목적을 향해 움직이도록 지시할 뿐입니다. 이것이 우리가 치유를 할 때 벌어지는 일입니다.

법칙은 한계가 없기 때문에 불치병이란 것도 있을 수 없습니다. **법칙**은 질병에 대해서는 어떤 것도 알지 못합니다. 그것은 단지 작동될 뿐입니다. 치유가는 말합니다. "나의 말은 내 안에 있는 **진리의 현존**이자 **권능**이자 **활동**이다. 그것은 **전지**하며, 그것은 신이다. 이것 외에는 어떤 것도 없다." 그러면 그 말은 그것이 말해진 것에 대한 **법칙**이 됩니다. 그 말 안에는 모든 생명의 위대한 법칙을 통해 그것 스스로를 실행할 능력과 힘과 지성이 담겨 있습니다.

MAN COMES THROUGH SUBJECTIVITY
인간은 주관세계(주관성)를 거쳐서 태어난다

인간은 순수한 **주관세계(주관성)**로부터 **객관세계(객관성)**에 태어납니다. 즉, 인간은 의식의 주관적인 상태로부터 객관적인 상태로 태어납니다. 그래서 점차적으로 지성과 자의식과 객관적인 이해력을 갖추게 됩니다.

아이가 이 세상에 태어날 때 그 시작은 순전히 주관적입니다. **주관세계**만으로는 아이가 세상에서 성장하는 데에 충분하지 않습니다. 객관적인 기능이나 판단능력이나 사고능력을 갖추지 못합니다. 하지만 태어나기 시작하는 순간 우리는 외부에 대한 관찰을 통해 **객관성**을 점차적으로 계발해나갑니다. 그런데 이 기능이 약할 때는 어떤 다른 동물보다도 더 긴 기간이 걸리기도 합니다. 모든 아이가 객관적인 기능을 빠르게 회복하는 것은 아닙니다. 어떤 아이의 경우에는 평생이 걸려도 안 되는 때도 있습니다. 인지능력이 상실된 사람은 이 계에서는 결코 완전하게 객관화되기는 힘들고 계속해서 본능적인 주관적 상태에만 머물게 됩니다.

BORN PERFECT

완벽한 탄생

아이들은 **주관세계(주관성)**로부터 태어났기 때문에 완벽한 상태에서 태어났다고 말할 수도 있을 것입니다. 실제로 모든 것은 이 세상에 태어날 당시에는 완벽하다는 것을 알 수 있을 것입니다. 이런 **주관성**의 상태에서 태어나 점차 **객관성**을 얻게 됩니다. 그런데 인간은 모두 태어날 때 잠재의식 안에 일정한 성향을 지니고 있습니다. 아주 드물게는 질병을 갖고 태어나기도 합니다. 물론 사람들은 이것을 유전이라고 말하면서, 심장병이나 결핵이 유전됐다고 말하지만 실제로는 유전이 아닙니다! 육체적인 유전이 아니라 내면에서 일정한 것에 대한 수용적인 성향이 강하거나 일정한 질병에 대한 믿음을 갖고 태어난 것뿐입니다.

아이들은 행복하고 자유롭고 자연스럽습니다. 바로 그런 것 때문에 우리는 아이들을 좋아합니다. 그들의 자연스러운 삶 때문에 말이죠. 그런데 점차 나이가 들어가면서 감정은 조금씩 복잡해지고 주변에서 죽음, 고통, 이혼, 사랑, 결혼, 그리고 좋거나 나쁘거나 무관심한 모든 것들에 대한 이야기를 듣기 시작하면서 잠재의식은 이런 것들에 대해 일정한 영향을 받기 시작합니다.

조화와 **자연적인 일체성**에 반대되는 것들이 잠재의식에서 받아들여진다면 아이의 건강에 조만간 나쁜 결과로 나타납니다. 유전이란 것도 단지 물려받은 잠재의식적인 성향일 뿐입니다.

RACE-SUGGESTION
인류암시

병이 생기는 또 다른 큰 원천은 인류암시(race-suggestion)입니다. 인류암시란 인류로부터 축적된 주관적(잠재적) 성향입니다. 누구라도 이것을 받아들인다면 그에게 그것이 현실로 나타나게 됩니다.

보는 것을 통해 갖게 된 견해, 억압된 감정, 잠재적인 천부적 성향, 이런 것들은 대부분의 질병이 생기는 원천입니다. 하지만 그 원천 중 4분의 3을 차지하는 것은 인류암시입니다.

DISEASE IS IMPERSONAL
분별없는 질병

질병은 인간을 통해 활동하는 비개성적인 생각의 힘으로 그 누구에게도 속하지 않습니다. 우리는 질병이 어떤 사람에게 속한 것도 아니며, 어떤 장소에 속한 것도 아니며, 어떤 사물에 속한 것도 아니란 것을 깨달아야 하며, 또 그것을 지원해줄 어떤 법칙도 없다는 것을, 그리고 진리 앞에서는 금세 꼬리를 감추는 겁쟁이임을, 그리고 세상에는 오직 **진리**만이 있다는 것을 깨달아야만 합니다. 당신에게 주어진 한계란 그 어디에도 없습니다. 당신은 당신이 사용하는 **권능**이 명확하고, 과학적이며, 역동적이며, 영적이며, 절대적이며, 완전하기에 정확하게 작동한다는 것을 알아야만 합니다. 마음에 어떤 두려움도 찾아오지 못하게 하십시오.

당신이 불러낸 생각을 제외하고는 그 어떤 것도 당신의 의식을 통해 객관세계로 나갈 수 없다는 것을 기억하십시오. **마음의 일체성, 선의 일체성, 신의 현존, 내 존재의 완전무결함, 개성의 상태에 존재하는 것의 완전성을 내면에 확실히 인식하십시오.** 그러면 모든 정신적 암시로부터 자유로울 수 있습니다. 그런 사람은 보호막을 자신의 주위에 두른 것처럼 어떤 잘못된 암시도 자신에게 들어오지 못하게 할 수 있습니다.

사실상 세상 모두는 인류의 관념으로 인해 최면에 걸려 있습니다. 우리가 해야 할 일은 그 최면에서 깨어나는 것입니다.

HOW TO HEAL

치유하는 방법

질병은 암시를 통해 정신적으로 쉽게 전염될 수 있습니다. 그래서 우린 보호의 아우라, 보호의 기운으로 환자를 감싸야 합니다. 그들의 **생명**이 바로 신임을 깨닫고, 존재하는 모든 **생명**이 바로 신임을 깨닫고, 그들 안의 완전함과 완벽함으로 신이 존재함을 깨달음으로써 그 일을 할 수 있습니다.

우선 당신의 **완벽함**을 인식하십시오. 그리고 당신의 환자에 대해서도 그것과 똑같은 **완벽함**이 있다는 것을 인식하십시오. 그런 후에 당신의 말이 그를 속박하고 있는 잘못된 상념을 부순다고 말하면서 변화시키고자 하는 것을 생각해, 구체적으로 그 깨어진 법칙 혹은 잘못된 생각이라 불리는 것을 언급하십시오. 당신이 이 일을 할 때 당신의 말은 그것들을 사라지게 할 거라고 확신하면서 그 문제를 직접적으로 공격하십시오. 이제 그곳에 그대로 잠시 앉아서 치유가 이루어져, **완전하고 완벽하다는** 것을 인식하십시오. 평화를 크게 인식하면서 치유를 마치십시오.

이 작업이 어려운 것이라 생각해서는 안 됩니다. 우리가 오직 **하나의 마음**만이 있다는 것을 알게 될 때 이 일이 어렵지 않다는 것을 깨닫게 될 것입니다. 마음의 치유는 우리가 이루어졌으면 하는 것을 마음 안에서 직접적으로 선언하는 것이고 그것이 이루어졌다는 것을 완벽하게 인식하는 것입니다.

MIND IS THE ACTOR
마음이 시작이다

모든 것은 마음 안에 있고 움직이는 것은 오직 마음뿐임을 우린 알고 있습니다. 그래서 또한 모든 것 이면에는 상념이라는 '구체적이고, 뚜렷하고, 실제 존재하는 힘'을 통해 활동하는 **지성**이 존재한다는 것도 알고 있습니다. 사람들이 마음의 치유가 가능하다고 생각하지 못하는 이유는 마음과 현실 사이의 인과관계를 이해하지 못하기 때문입니다. 그래서 사람들은 만물 뒤에는 지성이 존재한다는 것을 모릅니다. 그리고 우주 안에 오직 **하나의 근원적 지성**이 존재한다는 것을, 다시 말해 모든 사람에게 공통적으로 주어진, **하나의 공통된 마음, 하나의 마음**이 존재한다는 것을 모릅니다. 우리의 지금 모습은 단지 이 **근원마음**이 우리를 통해 나타나고 있는 현재의 한 부분입니다. (한 명의 인간은, 개별적 개성을 부여받은 신의식의 한 초점입니다. 모든 법칙은 활동하는 마음이라는 사실을 기억하십시오.)

우리가 겪고 있는 질병이 무엇이든 그것이 나타나기 위해서는 반드시 우리의 마음을 통해 나타나야만 합니다. 우주에는 오직 하나의 주관적인 마음이 존재합니다. 이런 이유로 멘탈힐링은 환자가 바로 옆에 있는지 여부와는 관계없이 가능합니다. 만약에 하나 이상의 마음이 존재한다면 치유가와 환자가 함께 작업하거나 생각하거나 활동할 공통된 매개체가 없다는 것을 의미하기에 멘탈힐링은 불가능한 일이 될 것입니다.

하지만 오직 하나의 마음이 존재하기에 그 누구든 그것을 통해 생각할 수 있습니다. 그래서 환자가 옆에 있는지, 없는지는 차이가 없습니다. 물론 환자가 곁에 있다면 그에게 말을 걸면서 해야 할 일을 가르쳐주거나 환자의 생각을 분석함으로써 마음의 콤플렉스나 갈등을 사라지게 만들 수 있다는 장점이 있기 합니다.

종종 학생들은 이런 질문을 합니다. "이 주관적인 마음, 즉 법칙이 신의 본성이 갖고 있는 전부인가요?" 물론 그렇지 않습니다. 근원의 하나에는 두 가지 측면으로서 우주의 스피릿과 우주의 소울이 존재합니다. 하지만 멘탈힐링을 할 때 우리가 다루고 있는 것은 법칙입니다. 우리는 그것을 물리학자가 과학법칙을 다루는 것처럼 정확한 원리에 맞춰 사용합니다.

DISEASE IS NOT ALWAYS DUE TO CONSCIOUS THOUGHT
조합되어 새로운 질병이 나타나다

어떤 질병이든 육신을 통해 나타나기 위해서는 먼저 내면에 그 이미지가 맺혀져야만 합니다. 다시 말해 그것이 객관화(objectified) 되기 위해서는 먼저 주관화(subjective)되어야만 합니다. "질병은 육체 안에 모습을 드러내기 전까지는 마음 안에서 이미지로 존재한다." 이것이 전부입니다. 모든 질병은 결과이기 때문에 먼저 주관적인 원인으로 존재해야만 합니다. 하지만 특정한 질병에 걸린 환자가 의식적으로 그 특정질환을 생각했던 것만은 아닙니다. 대부분은 그가 한 여러 가지 부정적인 생각이 조합되어 특정질병으로 나타나기도 합니다.

그래서 모든 질병은 **주관적인 마음** 안에 직접적인 원형을 지니고 있다는 말도 사실이고, 어떤 특정한 질병으로 고통 받는 사람 중 열에 아홉은 그 특정한 질병을 직접적으로 상상했던 적이 없었다는 것 또한 사실입니다.

WE DEAL WITH IDEAS
우리가 다루는 것은 생각이다

마음의 과학을 통해 우리가 다루고 있는 것은 생각입니다. 필요하다면 의사들에게는 육체를 다루게 놔두십시오. 약을 준다거나 진찰을 하는 것은, 그것이 고통을 감해주는 작용을 한다면 어떤 잘못된 것도 없습니다. 하지만 아픈 부위가 다시 재발되지 않도록 반드시 마음의 원인도 제거해야만 합니다. 환자에게 "약을 드시지 마세요. 그런 치유는 아무런 소용도 없습니다"고 말하지 마십시오. 그건 사실이 아닙니다. 그 대신에 "약을 드시거나 의사에게 가시고 싶다면 그렇게 하시도록 하세요"라고 말하십시오. 이렇게 한다면 대부분 환자는 병에서 완전히 낫게 된 것이 아니라 다시 재발하는 것을 보고 영구적 치유를 위해 약이 아닌 다른 것을 찾게 될 것입니다.

실제로 그 누구도 치유될 필요는 없습니다. 다시 말해 건강이란 것은 어느 곳에나 존재하는 실체입니다. 건강이란 것을 가로막는 장애만 제거된다면 건강은 항상 그곳에 있었다는 사실을 깨닫게 될 것입니다. 그렇기에 치유를 할 때 누군가를 치유해야만 한다고 생각하지 마십시오. 그 회복에 대한 책임을 당신이 떠안을 필요가 없습니다.

HAVE NO DOUBTS

의심을 들이지 마라

당신이 환자를 치유하려고 하는데 지독한 부담감이 느껴진다면 어떻게 해야만 할까요? 우선 당신 먼저 치료할 필요가 있습니다. 왜냐하면 그런 부담감이 있다는 것은 치유에 커다란 장애물이 있다는 뜻이기 때문입니다. 왜냐고요? 부담감을 지니고 있다는 것은 당신이 치유할 수 없다는 믿음이 있다는 증거이기 때문입니다. 그 부정적 믿음에 굴복하지 마십시오. 그것은 당신이 치유할 수 없다고 말하는 하나의 생각에 불과할 뿐입니다. 어떤 사물도 당신이 그런 말을 하게 하지 않았습니다. 그렇게 말하는 것은 단지 당신 스스로가 만든 생각일 뿐이기에 그것을 철회할 수 있는 것도 당신뿐입니다. "내 말은 환자를 치유할 힘을 가지고 있다"고 선언하십시오. 당신이 지니고 있던 불안감이 사라지는 것을 느끼게 될 것입니다.

THINKING IN TREATMENT
치유할 때의 생각

멘탈힐링은 당신의 생각을 이용합니다. 그래서 모든 억눌림, 두려움, 의심, 실패, 우울한 감정, 상실감 등 지금 겪고 있는 문제가 무엇이더라도, 당신은 그것을 찾아내 중화시키고, 없애고, 흔적마저 사라지게 합니다. 당신의 생각이 아주 정확하고 오차 없이 명중시킬 때마다 그 생각은 마치 분필 선을 지우듯 아주 정확하게 그 일을 해낼 것입니다. 이것이 바로 생멸(生滅)의 신비입니다.

왜 신은 우리를 고쳐주지 않나요? 우리가 독립적이기 때문입니다. 우리 스스로가 우리를 아프게 했던 것이기에 우리 스스로 우리를 치유해야만 합니다. 세계전쟁을 통해 천만 명, 아니 천오백만 명의 사람들이 죽음과 고통과 슬픔과 절망을 겪었습니다. 그것은 상상할 수조차 없는 일이었습니다. 하지만 그 절망의 시간 속에서도 물은 여전히 흐르고 새들의 노랫소리는 여전히 달콤했습니다. 인간의 생각과 행동을 제외하고는 아무 일도 일어나지 않았습니다. 인류는 지칠 때까지 싸움을 계속했습니다. 그리고 이내 지치고 멈췄습니다. 지금 우리도 그럴 것입니다. 우리는 지칠 때까지 계속 아플 것입니다. 계속 아프다가 지칠 때, 이제 병의 원인을 탐구하기 시작할 것이고, 그리고 병의 진짜 원인을 제거해 회복될 것입니다.

DO NOT TRY TO GO BEYOND YOUR UNDERSTANDING
너무 앞서가지 마라

우리가 현재 진리를 이해한 것으로는 우리의 뼈를 새로 맞추기에는 부족합니다. 우리는 물 위를 걷는 기적을 행할 수 없기 때문에 배를 타고 건넙니다. 우리는 우리가 이해한 것만큼 나아갈 수 있습니다. **원리는 무한하지만 우리는 우리의 관념의 수준을 넘어선 것을 현현해낼 수는 없습니다.**

한 사람이 하나의 습관에 저항하여 싸운다면 정신적인 저항을 만들어내고 있는 것입니다. 하지만 당신이 그를 치유하는 동안 그가 저항하지 않는다면 그는 곧 자유롭게 될 것입니다.

사람들은 "난 안경을 벗어버릴 수는 없어"라고 말합니다. 그렇다면 그것을 착용하십시오. 하지만 당신을 통해 보고 있는 **하나의 완벽한 시야**가 있다는 선언을 하십시오. 이것은 **진리**입니다. 이 선언이 당신의 확고한 내면의 깨달음이 되었을 때 당신의 눈은 치유되어 더 이상 안경이 필요치 않게 될 것입니다.

깁스가 고통을 덜어준다면 그것을 사용하십시오. 알약이 어떤 유익한 작용을 한다면 그것을 드십시오. 하지만 생각을 점차적으로 깁스나 알약이 필요하지 않은, 더 높은 의식의 세계로 인도하십시오.

WHAT A PRACTITIONER MUST KNOW
치유가가 반드시 알아야만 하는 것

치유가는 병이 정신적인 것임을 압니다. 이것뿐만 아니라 병은 단지 그것이 찾아내는 채널이라면 가리지 않고 활동하는, 그 무엇에도 차별적이지 않은 생각의 힘일 뿐이란 것도 압니다. 치유가는 병이 직접적인 상념의 힘임을, 그리고 우주에는 오직 마음만이 존재한다는 것을, 그리고 그 어떤 것도 활동하는 것은 없고 오직 **근원**의 **지성**만이 활동하고 있다는 것을 압니다. 치유가는 물질적 육체를 다루는 것도 아니고 물질적 환경을 고치려 하는 것도 아닙니다.

많은 사람들은 환자를 치유하기 위해서는 치유가의 손이 환자에게 닿아야만 한다고 생각합니다. 치유의 힘이 담긴, 손의 마그네티즘을 이용해야 한다고 말이죠. 그런데 이것은 우리가 지금 논의하고 있는 것과는 다른 종류의 치유법입니다. 마그네티즘 치유는 한 사람에게서 다른 사람에게 생명의 에너지를 주입하는 방식으로, 치유가에게서 에너지가 소진되는 치유형태입니다.

우리는 상대방을 환자로서, 혹은 물질적 육체로서, 혹은 불완전한 상태로 대하거나 그 질병이 그에게 속한 것으로 생각하지 않습니다. 이렇게 하는 이유는, 만약 우리가 그렇게 한다면 오히려 상대방과 질병을 한데 묶어버리기 때문입니다. 우리는 질병이 그와 한데로 묶여 있다고 생각하거나 그의 일부라고 생각해서는 안 됩니다. 치유가는 인간이 **스피릿**으로 태어난 존재이지 먼지들의 조합으로 태어난 존재가 아님을 인식합니다. **스피릿**은 불변이고, 완벽하고, 온전하고, 모든 면에서 순수하고, 오염되지 않고, 오점 없습니다. 치유가는 환자를 완벽함의 살아 있는 구현체로 볼 때까지 인식해야 합니다.

그렇다면 치유가란 바로, 활동하는 것은 오직 마음뿐이란 것을 인식하면서 자신의 **객관적인 마음**에서 **주관성**(주관의식) 안으로 명확하고, 뚜렷하고, 확고하고, 의식적인 말을 통해 행위자(Actor)인 **법칙**에게 명령을 내리는 자입니다.

HEALING IS CLEAR THINKING
깨끗한 생각, 치유

치유는 깨끗한 생각과 이성적인 생각이 만들어낸 결과입니다. 치유는 병 근저에 놓여 있는 정신적 원인이나 관념을 찾아내서, 인간 존재에 대한 **참모습**을 나타내는 체계화된 생각의 과정입니다. 이로써 치유는 일어납니다.

예를 들어 이렇습니다. 당신은 혼잣말로 "신은 존재하는 모든 것이다. 오직 하나의 생명만이 있다"고 말합니다. 치유를 시작할 때 조금이라도 깨끗하지 않은 부분이 있다면 다시 투명한 의식을 회복하기 위해 그 즉시 멈추고 **궁극적 실체**와 **절대자**에 대한 생각으로 돌아가 그것에 대해 완전한 확신이 생겨야만 합니다.

반복하십시오. "신은 전부이다. 우주에는 오직 하나의 **권능**과 **지성**과 **의식**만이, 오직 하나의 **현존**만이 존재한다. 따라서 그 **근원**의 **현존**은 변할 수 없다. 그것이 변할 것은 오직 그 자신뿐이다. 그것은 불변이고 그것은 이제 나의 생명이다. 그것은 지금 내 안에 있다." 그리고 주장하십시오. 어떤 종류의 인류암시도, 어떤 한계에 대한 믿음도, 어떤 한계에 대한 주관적인 생각도, 카르마에 대한 생각도, 운명론에 대한 이야기도, 신학적인 지옥에 관한 이야기도, 점성적인 것도, 그 어떤 것도 아무런 힘을 지니지 못한다고 주장하십시오. 만일 당신이 그것들을 믿었다면, 그래서 저 하늘의 별자리가 당신을 지배한다고 믿었다면, 혹은 당신의 환경이 당신을 지배한다고 믿었다면, 혹은 어떤 행운의 여신이 당신을 지배한다고 믿었다면, 혹은 이런 것들이 당신을 지배한다는 누군가의 말을 그대로 믿었다면 당신은 지금 어떤 최면상태에 빠졌다는 것을 깨달아야만 합니다. 더 이상 그런 것들이 당신 안에 자리 잡지 못하도록 그것 모두를 거부해야만 합니다.

이것이 바로 의식을 깨끗하게 하는 청소법입니다. 이것을 통해 어떤 일이 벌어지는지 볼 수 있습니다. 그 인식은 이제 깨끗해져 그 안의 **실체**를 비출 수 있는 투명함을 회복하게 되고, 그 안의 **참자아**의 모습은 이제 세상에 뚜렷하게 드러납니다. 이렇게 생각을 깨끗이 하는 것을 매일 매일 해본다면 어떤 병이든지 치료하게 될 것입니다. 왜냐하면 그것은 생명에 대한 완벽한 인식을 만들어낼 것이기 때문입니다.

ONLY ONE LAW

오직 하나의 법칙

당신을 아프게 했던 바로 그것이 당신을 또한 치유할 수 있습니다. 그렇기 때문에 병의 법칙과 반대되는 건강의 법칙이라는 것을 새롭게 찾을 필요가 없습니다. 오직 **하나의 법칙**만이 존재합니다. 오직 **하나의 법칙**만 존재한다는 것은 올바른 마음치유에 반대할 어떤 다른 권능이 존재하지 않는다는 뜻이기 때문에 이 사실을 아는 것만으로도 큰 안도감을 얻게 될 것입니다.

사람들은 종종 치유가에게 말합니다. "전 당신이 제게 강력한 생각을 주입시켜 주셨으면 좋겠어요." 이건 잘못된 말입니다. 여기에서 말하는 것처럼 강하고 약한 생각이란 없기 때문입니다. 가장 강력한 생각이라는 것은 강한 확신을 지닌 생각입니다. 그리고 우리는 생각을 주입하거나 붙잡지는 못합니다. 그저 생각을 하게 되면 마음이 그것들을 기반으로 활동하게 될 뿐입니다.

사람들은 종종 이렇게 말하기도 합니다. "그렇게 많은 사람을 치유했으니 녹초가 됐겠네요. 아마도 의지력을 다 써버렸다고 생각되는데요." 이것 역시 잘못된 표현입니다. 왜냐하면 의지력은 진정한 마음치유와는 어떤 관계도 없기 때문입니다. 의지력이란 단어를 사용한다는 것은 치유가가 환자에게 어떤 생각을 집어넣으려는 의미로 쓰일 것입니다. 이것은 잘못된 암시입니다. 이건 항상 최면의 한 형식일 뿐입니다.

NO SENSATION IN TREATMENTS
치유할 때는 어떤 감각을 느끼는 것이 아니다

사람들은 종종 치료를 하거나 받을 때 어떤 육체적인 감각을 경험해야 한다고 생각합니다. 어떤 환자들은 종종 치료가 끝난 후에 이렇게 말합니다. "치료하는 동안 어떤 것도 느끼지 못했는데요." 치유가 진행되는 동안 치유가와 환자 모두 어떤 감각을 느껴야만 하는 것은 아닙니다. 단지 자신이 하는 말에 대한 확신만 느끼면 됩니다.

우리는 땅에 씨앗을 심을 때 어떤 감각도 느끼지 않습니다. 아마 토양도 어떤 감각을 느끼지는 못할 것입니다. 하지만 그런 것과는 관계없이 창조의 토양 안에 심어진 씨앗은 성장해서 식물이 됩니다. "하나의 세상에 통하는 것은 전체에도 통합니다." 지금 당신은 정원사처럼 아주 정확한 일을 하고 있다는 것을 알아야 합니다. 자신이 무엇을 하는지를 정확히 알고 있는 사람만이 정확한 결과를 얻을 수 있습니다.

HOW TO REMOVE DOUBT

의심을 사라지게 하는 법

치유하는 능력과 관련해서 갖게 되는 의심들 모두는 치유를 하는 것이 **법칙**이 아니라 한 개인이라는 잘못된 믿음에서 생깁니다. "난 누군가를 치유하기에는 부족해." 혹은 "치유를 잘 해내기에는 충분히 알지 못해." 혹은 "아직까지 치유에 대해 충분히 이해하지 못했어." 절대 이렇게 말하지 마십시오. 당신이 다루고 있는 것은 **법칙**이라는 것을, 그리고 **법칙**이 행위를 일으키는 주체임을 깨달으십시오. 지금 머릿속에서 들리는 그 부정적인 소리는 그저 암시를 걸려는 하나의 속삭임에 불과하다는 것을 깨닫고 단호히 거부하십시오. 당신은 치유할 수 있습니다. 하지만 그 전에 당신은 당신이 할 수 있다는 것을 인식해야만 합니다.

진리가 인류의식에 행사하는 크나큰 정화의 힘 때문에 세상 전체가 진리를 믿게 될 날이 오게 될 것입니다.

THE TRUTH DEMONSTRATES ITSELF
진리는 스스로 나타난다

사람들이 보다 나은 결과를 얻지 못하는 이유는 원리가 독립적으로 작동한다는 것을 이해하지 못했기 때문입니다. 진리는 그것 본연의 모습을 스스로 현현합니다. 개개인들의 뿌리 깊은 곳에는 하나의 공통된 마음이 존재합니다. 우주에는 오직 하나의 주관성만이 존재하고, 사람들 모두는 그것을 사용하고 있습니다. 물 안에 스펀지가 있는 것처럼 당신이 근원의 마음 안에 푹 담겨져 있다고 생각하십시오. 당신은 그 근원의 마음 안에 있고, 그것은 당신 안에 있습니다.

DISEASE IS MENTAL
질병은 마음에 관한 것

주관성을 통해 육체에 나타나는 질병들 모두는 반드시 마음을 거쳐야만 합니다. 육체, 그 자체로는 병에 걸리지 않습니다. 예를 들어 **생명 원리**가 육체에서 빠져나가면 우리는 그걸 시체라고 말합니다. 그건 생명이 없기에 움직이지도 못합니다. 그런데 주목할 점은 그렇게 생명이 빠져나간 것은 더 이상 병에 걸리지 않는다는 사실입니다. 이걸 통해 우리는 '문제를 인식하는 지성이 없다면 병에 걸리는 일은 없다'는 것을 알 수 있습니다.

병을 인식하고 느끼는 지성이 없다면 육체 스스로는 아프거나, 다치거나, 병에 걸릴 수가 없기 때문에 병은 원칙적으로 마음에 관한 것입니다. 정신적 능력이 없다면 질병은 존재하지 않습니다. 마음이 있어야만 질병도 모습을 드러낼 수 있습니다.

예를 들어 전염병은 두 명의 살아 있는 사람들 사이에서 육체적으로 전염됩니다. 그런데 시체들 사이에서는 전염이 되지 않습니다. 우리는 그것을 통해 전염병이 다른 육체를 통해 전염되는 과정에도 지성이 반드시 개입된다는 것을 알 수 있습니다. 시체는 지성이 떠났기 때문에 살아 있는 사람의 전염병을 옮겨 오지 못합니다.

THE MEDIUM OF HEALING
치유의 매개체

항상 기억해야 할 것이 있는데, 그것은 '우주에는 오직 하나의 **주관적인 마음**만이 존재한다'는 것입니다. 사람들은 종종 이것을 깨닫지 못합니다. 이걸 모르기 때문에 어떻게 내 곁에 환자가 없는데도 치유가 이루어질 수 있는지, 혹은 손을 대지 않고도 어떻게 환자를 고칠 수 있었는지 묻곤 합니다.

우주에는 오직 **하나의 주관적인 마음**만이 있고 당신은 그것에 일정한 생각의 이미지를, 즉 당신이 자각한 것을 각인시킬 수 있습니다. 그러면 그 결과를 얻게 될 것입니다. 왜냐하면 **주관적 마음**이 바로 행위자이기 때문입니다.

DEPEND ON PRINCIPLE

원리에 의지하다

당신은 이 **거대한** 법칙을 올바른 방법으로 사용하여 어떤 특정한 생각을 그것 안에 각인할 수 있습니다. 그것과 반대되는 생각을 통해 그것을 무효로 만들지 않는다면 **법칙**은 반드시 현실로 만들어낼 것입니다.

그렇다면 우리에게 필요한 것은 이 원리를 통제하는 **법칙**을 배우는 것입니다. 치유를 행할 때면 당신은 확실히 **우주의 법칙**을 활동시킵니다. 그 **우주의 법칙**은 당신이 말하는 것을 반드시 받아들일 뿐 아니라 당신이 그것을 말한 방식도 받아들여 나타냅니다. 그래서 치유를 행할 때 투쟁적인 느낌으로 했다면 그런 모습으로 나타나게 될 것이고, 평화로운 느낌으로 치유를 행했다면 평화로운 방식으로 나타날 것입니다.

당신은 환자의 회복에 대해 어떤 개인적인 책임감을 가질 필요가 없다는 것을 기억하십시오. 당신이 해야만 하는 것은 **근원 마음**이 환자를 통해 나타나게 할 일정한 선언을 하는 것뿐입니다.

신의 원리를 이해한 자라면 누군가를 암시에 걸리게 하려고 하거나, 최면에 걸려고 하거나, 생각을 강요하려고 하지 않습니다. 그는 자신의 정신적인 작업 속에서는 항상 나라는 개성을 초월한 채 자신이 이루어내기를 원하는 것을 곧바로 마음 안에서 선언할 뿐입니다.

만약 당신자신을 치유해야 하는 상황이라면, 다른 사람들을 치유할 때 치유하고자 하는 사람의 이름을 부르는 것처럼 당신의 이름을 부르면서 치유를 진행하면 됩니다.

당신이 질병의 정신적 원인을 제대로 이해하고 그것을 제거한다면, 그리고 치유하고자 하는 사람이 그 원인을 내려놓으려고 한다면 그것은 치유될 것입니다. 당신이 특정인의 어떤 문제를 제거하고자 하는데 그가 그 문제의 원인이 된 마음태도를 버리려고 하지 않는다면 영구적인 치유는 이루어지지 않습니다.

이 경우에는 그 마음태도가 무엇인지 알아내서 제거해야만 합니다. 생명에 대한 잘못된 관념을 발견해서 **진리**로 바꾸어내는 것이 치유가의 의무입니다. 병이 환자의 육체를 파괴하기 전에 이 일이 이루어진다면 반드시 치유할 수 있습니다.

DEFINITE WORK IN HEALING
치유에서의 명확한 작업

원리는 모든 것을 만든 권능이자 절대자입니다. 그래서 그것을 거부할 수 있는 것은 없습니다. 유일하게 **신**을 거부할 수 있는 것은 당신 자신뿐입니다.

질병을 어떤 존재처럼 여기지 말고 단지 개성이 없는 생각의 힘이라고 여기십시오. 치유할 때 당신은 진실한 것과 거짓된 것을 구별하는 작업을 하는 것입니다. 그것은 아주 명확하고 역동적인 작업입니다. 항상 마음에 뚜렷한 목표를 지니고 의식적으로 행하는 작업입니다.

만일 당신의 생각이 투명해져서 환자 안의 **스피릿**의 존재를 완전히 인식할 수 있다면 세상 그 어떤 힘도 치유가 일어나는 것을 막을 순 없습니다.

REPEATING TREATMENTS

치유를 반복하기

치유를 한다면 그것이 끝났을 때 언제나 완전한 결론을 갖도록 하십시오. 그래서 치유할 때면 그 치유가 이루어졌고, 치유행위는 완전하고 완벽하다는 것을 언제나 느끼도록 하십시오. 치유를 하고 다음 치유가 이루어지는 사이에 당신은 환자에 대한 생각을 하지 마십시오. 왜냐하면 이렇게 하는 것은 의심하는 것이기 때문입니다. 이것은 완벽하게 극복해야만 하는 마음태도입니다. 치유는 **존재에 대한 실상**을 완벽하게 선언하는 것입니다. 치유의 결과가 실제 일어날 때까지 이런 치유는 반복되어야만 합니다. 5분이 걸리든, 5시간이 걸리든, 5일이 걸리든, 혹은 5년이 걸리든 결과가 완성될 때까지 치유는 계속되어야만 합니다.

이것이 우리가 아는 유일한 방법입니다. 그저 모든 것은 완벽하다고 말하는 것만으로는 부족합니다. 물론 원칙적으로 사실이긴 합니다. 하지만 실제로는 우리가 그것을 진실로 만들어내는 범위까지만 진실이 됩니다. 그래서 결과를 얻어낼 때까지 계속 치유를 하십시오. 환자가 더 이상 아프지 않을 때가 치유가 일어난 때입니다. 그래서 그 때까지 마음의 작업은 이루어져야만 합니다.

REMOVE THE COMPLEX

고정관념을 제거하라

어떤 사람이 "세상 모든 것은 다 잘못되었다. 사람들도 잘못됐고, 현실도 잘못됐고, 현실상황도 잘못됐다. 사람들은 다 아프고, 불행하고, 어떤 것도 값어치 있는 것이 없다"고 말한다고 가정해보겠습니다. 그렇다면 당신은 치유가로서 이런 고정관념을 없애야만 합니다. 왜냐하면 이렇게 내면에 간직한 감정은 육신 안에서, 그리고 육신을 통해 외부의 환경을 만들어서 세상에 많은 병을 만들어내기 때문입니다.

깨끗한 생각을 통해 의식을 똑바로 펴줘야 합니다. 내면에서 진리를 받아들이게 될 때, 즉 진리에 대한 외부적인 선언을 거부할 것이 내면에 더 이상 존재하지 않을 때에야 치유의 효과가 일어납니다. 특히 잘못된 생각이 무언지 꼼꼼히 살펴보고 치유할 말의 힘을 사용해 제거해보십시오.

HEALING PAIN
고통에 대한 치유

평화에 대한 상념과 완벽한 존재에 대한 자각을 이용하도록 하십시오. 이 존재 안에서는 어떤 긴장이나 어떤 투쟁이나 어떤 두려움이나 어떤 갈등도 없다는 것을 아십시오. 평화롭고 편안한, 깊고 고요한 감각이 의식에 찾아올 때까지, 그리고 모든 고통에 대한 생각이 제거될 때까지 이것을 인식하십시오.

열이 날 때에도 같은 방법을 쓰시도록 하십시오. 열이 사라질 때까지 치유를 계속하십시오. 그것은 마치 스토브에서 열이 꺼지는 것처럼 작동될 것입니다.

HEADACHE
두통

두통이 있다면 내과의사는 신경 긴장을 원인으로 꼽을 것입니다. 척추요법 같은 경우에는 관절에서 생긴다고 할 것이고, 접골의 경우에는 어디어디라고 말할 것입니다. 이렇게 치유를 하는 사람들 모두 자신의 이론을 입증하기 위해 서로 각각 다른 곳에서 어떤 뒤틀린 부분을 말해줍니다.

이런 뒤틀림들은 정말 그곳에 있을지도 모릅니다. 하지만 그것을 뒤틀리게 할 어떤 상태에 당신이 있지 않다면 육체는 그렇게 될 수 없습니다. 형이상학자는 그렇게 뒤틀리게 한 곳의 가장 큰 원인을 마음이라고 합니다. 그래서 그의 생각을 펴주려고 합니다. 그렇게 하면 육체 안의 뒤틀림도 사라지게 됩니다. 의사들이 하고 있는 일들은 좋다고 생각합니다. 하지만 우리는 정신 역시 함께 고려해야만 한다고 주장합니다.

모든 부조화 그 바로 근저에는 어떤 콤플렉스가 있습니다. 즉 정신적 뒤틀림이 존재합니다. 이런 것들은 풀어줘야 할 필요가 있습니다. 일반적으로 우리는 우리의 집착이란 것의 억눌린 감정에서 이런 것들을 찾아볼 수 있습니다. 좋아하는 것과 싫어하는 것, 사랑과 집착, 뭐 대강 이런 것들 말입니다. 이렇게 뒤틀린 것 모두는 반드시 풀어줘야만 합니다. 이것이 바로 치유가의 몫입니다.

WHAT RIGHT THOUGHT DOES
바른 생각(正念)이 하는 것

의식 안으로 계속해서 부어진 올바른 생각은 결국 의식을 완벽히 맑게 만듭니다. 질병은 마치 병에 오염된 물이 담겨 있는 것과 같습니다. 치유는 이 병의 물이 완전히 깨끗해지고 정화될 때까지 계속해서 맑은 물 한 방울, 한 방울을 넣는 것에 비유할 수 있습니다. 어떤 분들은, 왜 병을 통째로 뒤집어 오염된 물을 한꺼번에 빼지 않느냐고 물을지 모릅니다. 어떤 때는 실제 그렇게 일이 진행되기도 합니다. 하지만 대부분의 경우에는 그렇지 않습니다. 한 번에 한 방울씩의 깨끗한 물이 결국에는 오염된 것을 다 씻어냅니다. 그렇게 치유합니다.

치유를 하면서 **영적인** 의식을 주도록 하십시오. 모든 사람을 생명과 사랑에 대한, 그리고 신과 **완벽함**에 대한, 그리고 진리와 지혜에 관한, 권능과 실체에 대한 위대한 인식을 지니고 바라보십시오. 언제나 환자 안에서 **신성한 존재**를 느끼십시오. 그리고 환자를 통해 존재하는 **신성한 존재**를 느끼십시오.

HOW HABITS ARE HEALED
습관의 치유

 습관이란 무엇입니까? 습관은 욕망이 취하는 형태입니다. 그래서 습관은 만족을 주는 것에 대한 욕망입니다. 모든 습관의 뿌리에는 한 가지 기본적인 것이 있는데, 그것은 **생명을 표현하고자 하는 욕망**입니다. 모든 사람 안에는 표현하고자 하는 충동이 있습니다. 그리고 **창조**의 마음을 통해 활동하는 이 충동은 에너지를 활동하게 해서 개개인에게 무언가를 하도록 만듭니다.

 다시 말해 모든 욕망의 배후에는 표현하고자 하는 **스피릿의 충동**이 있습니다. 그리고 인간 안의 이 자극은 개개인의 의식 수준에 맞춰 반드시 표출됩니다.

 "사람들 각각은 모두 일의 즐거움을 위해 일하고, 그들은 각각 그의 분리된 별 안에서 그가 신을 보는 것에 맞춰 신에게 색칠을 한다. 왜냐하면 만물의 신은 개개인들 안에서 나타나기 때문이다."

 - 러디어드 키플링 [7개의 바다]

 어떤 사람은 건설적으로 표현하고, 어떤 이들은 파괴적인 방법으로 표현합니다.

음주벽이 있는 사람이 당신에게 찾아와서 치유해달라고 할 때 당신은 그 사람이 치유되어야 한다고 기도하지 않습니다. 왜냐하면 당신이 지금 다루고 있는 사람은 생명을 표현하려는 욕구를 가진 사람이고, 그런 주벽(酒癖)의 방식으로 그 **신성한 충동**을 표현하려 했다는 것을 당신은 알기 때문입니다. 그는 과거에는 이런 방식을 통해 실체를 표현했다고 생각했었습니다. 하지만 이제 그렇지 않다는 것을 압니다. 단지 그에게는 그것을 멈출 의지력이 없을 뿐입니다. 왜냐하면 그것은 마치 자신을 사로잡은 듯 보이기 때문입니다. (우리가 생각을 통제하지 않는 한 생각이 우리를 지배하게 될 거라는 것을 기억해야 합니다)

치유를 할 때 당신은 우선 다음과 같이 말하면서 그가 누구이고 무엇인지를 인식해야만 합니다. "그는 진리를 완벽하고 충만하게 표현하고 있다. 그것처럼 그는 어떤 한계에 대한 느낌으로부터 벗어나 있다. 그는 어떤 망상이나 망상에 대한 두려움으로부터 벗어나 있다. 그는 자신 안의 진리의 **스피릿**이 완벽하고 항상 충족되어 있음을 안다. 음주벽이라 부르던 그것은 이제 그에게 아무런 영향도 미치지 않고, 그를 통해 활동하지도 않는다. 이 선언의 힘으로 그것은 이제 완벽하게 파괴되어 영원히 사라졌다." 그리고 그가 자유롭고 충만하다고 인식합니다. 그 일이 이루어졌음을 인식하면서 그 선언에 확신을 느낄 때까지 기다리십시오. 이것이 치유입니다.

THE SEED OF THOUGHT
생각이란 씨앗

생각이 외부로 방사된다고 말하든, 생각이 원리에 의해서 작동된다고 말하든, 다를 바는 없습니다. 어차피 생각이 만들어질 때까지 아무런 활동이 없다는 사실만은 확실하기 때문입니다. 예를 들어 한 사람이 아플 때 누군가 그 사람이 온전하다는 것을 인식할 때까지는 계속 아픈 상태에 있습니다. 그렇다면 누군가의 생각에 의해서 그가 치유된다는 것만은 확실합니다. 우리는 생각이 어떤 **법칙**을 작동시켰다는 것을 압니다. 그것을 치유라고 말하든, 단순히 **법칙**을 작동시켰다고 말하든 실제로는 아무런 차이가 없습니다. 치유가는 그의 환자가 살고 있는 곳과 같은 **하나의 마음** 안에 있습니다. 그 각각은 모두 **하나의 마음** 안에 있기 때문에 환자는 치유가가 살고 있는 것과 같은 매개체 안에서, 혹은 같은 마음 안에서 살고 있습니다. 그리고 이 마음은 **분리되지 않은** 하나이기 때문에 치유가의 마음 안에서 환자의 병의 원인에까지 닿을 수 있습니다. 치유가가 생각을 방사했다고 말하든, 단순히 생각을 했다고 말하든 실제에 있어서는 아무런 차이가 없습니다. 가장 간단한 방법은 치유가가 **하나의 마음** 위에서, **하나의 매개체**를 통해서, **하나의 법칙** 안에서 **완벽함**을 인식했다고 표현하는 것입니다.

치유가는 자신의 내면에서 환자를 위해 일정한 진리를 인식합니다. 그것을 통해 **법칙**은 환자를 위해 활동하게 됩니다. (이 법칙의 작용은 물의 부피에 따라 일정한 높이에 도달하게 되는 것에 비교될 수 있다) 치유가가 내면에서 진리를 인식하면 그 자아인식은 환자의 의식 안으로 솟아납니다.

그러니 생각을 외부 어딘가로 방사해야 한다고 걱정할 필요는 없습니다. 그건 마치 씨앗을 땅에 심는 것과 같습니다. 치유가는 씨앗을 뿌리고 **창조의 마음**은 그 결실을 만들어냅니다. 땅이 그 씨앗 위에서 활동하는 것입니까, 아니면 씨앗이 그 토양 위에서 활동하는 겁니까? 우린 이런 것들을 모릅니다. 하지만 토양 안에 뿌려진 씨앗은 어떤 작용이 일어나 그 결실이 맺어진다는 것은 확실히 알고 있습니다. 그리고 씨앗이 토양 위에 뿌려지지 않는다면 어떤 것도 생겨나지 않을 거라는 것도 알고 있습니다.

3장 멘탈힐링에 대한 설명

WHAT CAN BE HEALED

치유되는 것은 무엇인가?

우리는 마음으로 무엇을 치유해야 되는 걸까요? 만일 우리가 오직 우리 개인의 생각의 힘을 다루는 것이라고 생각한다면, 즉 한계에 둘러싸인 우리의 관념을 통해 무언가를 치유하는 것이라고 생각한다면 그 무엇도 치유할 수 없습니다. 하지만 우리가 **우주의 원리**를 다루고 있다는 것을 깨닫는다면 그것의 권능에 과연 어떤 한계를 놓을 수 있겠습니까?

사람들은 **완벽한** 관념을 자신들의 불완전한 생각으로 덮고 있기 때문에 아픕니다. 그래서 병은 잘못된 생각이 주관화(내면화)된 결과입니다. **객관의 마음**이 의식적으로 생각한 모든 것은 **주관마음** 안으로 내려갑니다. 우리가 받아들인 모든 암시 또한 주관적인 생각 안에 들어갑니다. 그것은 의식적으로 받아들인 것일 수도 있고, 아니면 무의식적으로 받아들인 것일 수 있습니다. 이 사실이 '왜 사람들은 자신이 한 번도 들어보지도 않았던 병에 걸릴 수 있는지'를 설명해줍니다. 생각의 주관적인 부분 어디선가 움직이기 시작했던 일정한 힘이 객관화되어 일정한 조건을 만들어냅니다.

WHY PEOPLE GET TIRED
우리는 왜 피곤해지는가?

누군가에게 "나 과로했어"라고 말하게 해본다면 그 즉시 그의 의식을 통해 피로에 대한 믿음이 생겨나게 될 것입니다. 계속해서 자신이 지쳤다고 불평하는 사람은 인류암시의 법칙을 통해 쉽게 이런 믿음으로 최면에 걸립니다.

어떤 사람이 내면에서 그런 고정관념을 가지게 되었다고 가정해보겠습니다. 그런데 이 사람에게 무언가 하고 싶은 소망이 생겨났다면 고정관념과 소망 둘 사이에는 갈등이 생깁니다. 어떤 일이 벌어질까요? 그는 계속해서 소망과 반대되는 생각과 관념을 떠올리게 됩니다. 그런 정신적 갈등은 육체를 긴장하게 만들 수도 있습니다. 그 혼란이 너무 과중하게 된다면 신경쇠약에 걸릴 수도 있게 됩니다. 물론 반드시 몸을 아프게 하는 것만은 아닙니다. 하지만 그 잘못된 생각이 몸을 아프게 만들지 않았다면 어떤 잘못된 사건으로 주변에서 나타나게 됩니다.

주관마음이 우리와 분리되어 있어서 우리가 그것에 의식적으로 접근하지도 못한다고 한다면 그것을 바꾼다는 것은 당연히 불가능할 것입니다. 하지만 그것은 우리의 생각이 활동한 결과이기 때문에 의식적으로 바꿀 수 있습니다. 이것이 사실이 아니었다면 **멘탈힐링**은 불가능한 일이었을 것입니다.

THE IDEA MUST TAKE FORM
생각은 반드시 형태를 취한다

그렇다면 치유란 우리가 올바른 생각을 **주관성(주관의식)** 안으로 내려 보내는 만큼 일어나게 됩니다. 그렇다고 우리가 계속해서 무언가를 생각하면서 시간을 보내란 뜻은 아닙니다. 우리가 어떤 꽃이 피는 것을 보고 싶다면 씨앗을 계속 손에 쥐고 있어선 안 됩니다. 이것은 치유에서도 마찬가지입니다. 우리가 원하는 것은 생각을 계속 부여잡는 것이 아니라, 그것을 실현시키는 것입니다. 그렇다면 그것이 그 일을 할 수 있게, 부여잡은 손을 펴십시오. 우리는 의식적으로 하나의 생각을 깊게 느껴봄으로써 마음 안에 올바른 생각의 씨앗을 심어놓습니다. 그러면 마음은 이 생각의 씨앗을 자라게 해서 육체 안에 결실을 맺게 합니다. 우리가 이때 사용하는 힘은 인류의 모든 지성들을 합한 것과도 비교가 안 될 정도의 어마어마한 것입니다.

이 말이 과장처럼 들리시나요? 전혀 그렇지 않습니다. 우리 인류의 지성을 다 합쳐도 단 한 송이의 장미봉오리를 만들어내지 못하는 것만 보더라도, 저 말이 사실임을 알 수 있을 것입니다. 하지만 어떤 정원사라도 바른 방법으로 사용한다면 자신이 원하는 만큼 많은 장미를 꽃피울 수 있습니다. 어떤 한 곳에서 진실인 것은 전체에서도 진실이라는 것을 항상 기억해야만 합니다. '들어간 것은 나온다(Involution and evolution)'는 것은 **원인과 결과의 법칙**을 말합니다. 이것은 **법칙**이기에 치유가가 마음 안에 생각을 주입한다면, 원인에 따른 결과를 맺기 위해 반드시 일정한 활동을 시작합니다.

만약 누군가 환자를 치유하고자 한다면 먼저 자신부터 치유해야만 합니다. 먼저 자신을 치유한 후에, 즉 **근원마음** 안의 한 부분인 자신의 마음상태를 치유한 후에 그는 **근원마음** 안에 자리 잡고 있는 환자의 마음상태와도 만나게 됩니다. 치유가는 자신의 생각을 먼저 정화시키기 전까지 환자의 마음에 존재하는 부정적인 생각을 제거할 수 없습니다.

RESOLVE THINGS INTO THOUGHTS
보이는 것을 생각으로 환원하라

치유는 구체적인 것입니다. 그래서 만일 당신이 성홍열에 걸린 사람을 치유하고 있다면 당신은 당신의 **말씀**이 이 특정한 질병에 대한 믿음을 중화시키게끔 하고 있는 것입니다. 모든 치유 하나 하나는 그것 안에 특정 질병을 치유하는 데에 필요한 모든 것을 확실히 담고 있습니다. 치유할 때 객관적인 것들을 상념으로 환원해서 생각하십시오. 몸이며 사람이며 사물과 같은 모든 것을요. 모든 것을 상념이라 생각해야 합니다. 질병은 사람도 아니고, 장소도 아니고, 그 어떤 것도 아니라는 것을, 그리고 질병은 어떤 장소에서 생겨나는 것도 아니고, 누구에게 속하는 것도 아니고, 누구를 통해 활동되는 것도 아니고, 누구에 의해서 믿어지는 것도 아니라는 것을 알도록 하십시오. 그것은 아무런 힘도 없는 거짓된 믿음, 거짓된 이미지일 뿐임을 아십시오. 그리고 모든 것들은 정신적인 것임을 알아서 그것들을 정신적으로 분해시킵시오.

HEALING INSANITY

정신이상자에 대한 치유

정신이 온전치 않은 사람을 치유할 때는, 오직 하나의 마음만이 존재하는데 그것은 신이고 완벽하다는 것을 깨달으십시오. 이것은 존재하는 유일한 마음이기 때문에 당신 환자의 마음인 동시에 당신의 마음입니다. 이 마음은 **완전하고, 완벽하고, 분리되지 않는 전체**이기 때문에 망상에 흔들리지도 않고 한 순간이라도 그것의 자의식을 잃지도 않습니다. 당신이 이 **생명에 대한 진리**를 깨달았다면 이제 그것이 또한 당신이 치유하는 환자에게도 통하는 진실임을, 그래서 그의 생각도 완벽함을 깨달으십시오. 이것에 대한 깨달음이 당신 마음 안에 찾아왔다면 오직 **하나의 마음**이 있다는 것을 알기 때문에 모든 의심과 혼란은 사라질 것입니다. 이제 혼돈을 겪던 환자의 마음상태도 평온을 되찾을 것입니다.

WHAT A PRACTITIONER DOES
치유가가 하는 일

치유가가 실제 하는 일은 환자나 병과 같은 문제를 자신의 마음으로 가져온 후에 모든 거짓된 외형과 잘못된 결과를 분해하는 것입니다. 환자, 병, 문제와 같은 외형적인 것을 실재로서 대하는 것이 아니라 믿음으로서 대합니다. 그리고 자신의 존재의 중심부에서 모든 거짓된 생각을 없앱니다. 이로써 부정적인 상태는 치료됩니다.

치유가가 자신의 말에 대한 확신이 보다 온전해질 때, 그의 말이 갖는 힘도 더욱 커지게 됩니다. 진리와 존재의 실재로서 활동하는 **말씀**의 힘, 그것이 모든 일을 할 수 있다는 것을 완벽하게 자각하는 날이 반드시 올 것입니다. 따라서 가장 깨끗한 의식을 지닌 사람, 생명에 대해 가장 완벽한 생각을 지닌 사람이 최고의 치유가입니다.

BACK OF THE APPEARANCE IS THE REALITY
외형 뒤의 실체

치유는 완벽한 몸을 새롭게 창조하는 것도, 완벽한 관념을 새롭게 창조하는 것도 아닙니다. 이미 **완벽한 관념**을 다시 밝혀내는 것입니다. 그래서 치유는 점진적으로 완성되어 가는 과정이 아닙니다. 치유는 치유가의 생각을 통해 환자의 생각으로 **이미 존재하는 완벽함**을 드러내는 것입니다. 치유 행위를 할 때는 점진적 과정이 존재하지만 치유 그 자체는 점진적 중간 과정이 존재하지 않습니다. 치유의 과정은 정신적 작업이기에 치유가가 환자의 완벽함을 확신하기 위해서는 시간이 필요합니다. 그리고 환자 역시 이 완벽함을 깨닫는 데에 시간이 필요합니다.

치유가가 완벽한 몸을 인식하는 것이 필요합니다. 그런데 이것은 치유가가 완벽한 몸이 그곳에 이미 존재한다는 것을 깨닫게 될 때까지 인식할 수 없습니다. 하지만 만일 치유가가 이런 결론에 도달했다면 이걸 막을 수 있는 것도 없습니다. 분명 완벽한 심장과 완벽한 심장에 대한 관념이 존재하고, 완벽한 머리와 완벽한 머리에 대한 관념이 존재하고, 완벽한 폐와 완벽한 폐에 대한 관념이 존재합니다. 치유가는 외형 배후에 실체가 존재한다는 것을 깨달아야만 합니다. 이 외형에 파묻힌 실체를 다시 끄집어내는 것이 치유가 하는 일입니다. 거짓된 관념을 지우는 과정을 통해 이 일을 합니다. 그래서 거짓된 결론은 거부해야만 하고, 완벽함의 증거를 가져와야만 합니다. 그렇게 치유를 해야만 합니다. 병은 현실이긴 하지만 진리는 아닙니다. 그것은 경험이긴 하지만 실체는 아닙니다.

SEEING PERFECTION
완벽함만을 바라보기

예수가 한 남자에게 "그대의 손을 뻗어라"[마태복음 12:13]고 말했을 때 예수는 의심하지 않고 그 남자의 완벽한 손을 바라봤던 것입니다. 그렇다면 그가 완벽한 것으로 봤던 것은 외부적인 손인가요, 아니면 내면의 손인가요? 모든 것이 마음이라면, 그런데 예수가 완벽한 손 대신에 그의 외부의 병든 손만을 봤다면 **원인과 결과의 법칙**에 따라서 좋은 결과가 일어나지 않았을 것입니다. 이것은 치유가 일어나는 모든 곳에 적용됩니다. 치유가는 병든 사람을 대하는 것이 아닙니다. 만일 그랬다면 치유는 일어나지 못할 뿐 아니라 자신조차 아플 수 있습니다. 이유는 간단합니다. 치유가가 계속해서 환자의 외형적인 부분만 본다면 오히려 환자의 생각의 진동 안으로 들어가게 될 것이고 그러면 자신도 그 결과를 경험하게 되기 때문입니다. 치유를 처음 시작하는 사람들이 종종 이런 경험을 합니다. 그들은 환자의 상태를 자신에게 가져와 그 아픔을 자신이 겪습니다. 이런 것을 통해 볼 때 예수가 봤던 환자의 손은 분명 완벽한 손이었을 것입니다. 물론 예수가 처음 인식한 것이 환자의 잘못된 상태였는지는 모릅니다. 하지만 그의 치유의 **말씀**은 완벽함에 대한 인식이었음이 분명합니다. 그렇지 않았다면 치유가 일어나지 않았을 것입니다.

우리의 **잠재의식**이란 **우주의 마음** 안의 한 부분임을 깨달아야만 합니다. 우주로부터 우리는 분리될 수 없습니다. 오직 **하나의 마음**만이 존재하고 우리는 그곳 안에 있습니다. 우리는 그곳 안에서 지성으로 존재합니다. 그 **하나의 마음**은 우리의 생각을 받아들여 그것을 토대로 활동합니다. 부정적인 감정, 욕망, 생각은 중화되지 않는다면 특정한 물질적인 상태로 자라나게 되어 병을 유발할 것입니다. 병은 그것이 어떤 종류의 것이더라도 생각이 현현된 것입니다. 우리는 우리의 생각을 받아들여 그것을 활동하게 하는 **수용적인 지성**에 둘러싸여 있습니다.

3장 멘탈힐링에 대한 설명

HEALING LUNG TROUBLE

폐 질환에 대한 치유

폐결핵으로 죽어가는 사람이 당신을 찾아왔다고 가정해보겠습니다. 폐결핵이란 무엇입니까? 그건 폐에 문제가 있다는 믿음입니다. 하지만 폐 본연의 모습은 **우주적이며 완벽한 관념**입니다. 그래서 그것에는 어떤 일도 벌어지지 않았습니다. 그것은 그래왔고, 지금도 그러고, 앞으로도 그럴 것입니다. 하지만 인간은 **창조의 매개체**를 통해 폐에 불완전과 병의 외형이란 생각을 만들어냈습니다. 불완전한 모든 문제의 이면에는 소진적인 욕정, 억눌린 감정, 강한 집착이 있습니다. 치유가가 병에 대한 믿음을 중화시키고 완벽한 폐의 존재를 인지하는 만큼 치유는 일어날 것입니다. 치유가는 **완벽한 몸, 완벽한 폐, 완벽한 존재, 완벽한 신, 완벽한 인간, 완벽한 표현**이 존재한다는 것을 인식합니다. 이것을 완벽하게 자각하는 수준까지 생각을 고양시킵니다. 치유가의 **말씀**(생각)은 **법칙**입니다. 그것은 **권능**입니다. 그것은 그것이 해야 할 일을 알고 있습니다. 그것은 그 사건을 향해 쏘아진 **법칙의 화살**입니다. 그는 이제 자신의 말이 거짓된 생각과 상황을 중화시키고 완전히 파괴시킬 것임을 인식합니다. 선언합니다. "하나의 몸이 존재하는데 그것은 신의 몸이다. 그것은 완벽하다. 조금도 감해지거나 생명력이 약해지지 않는다. **근원의 질료** 역시 영원하고 불변하기 때문에 그것이 닳거나 소비되지 않는다."

치유가는 자신의 생각 안에서 잘못된 상황의 원인처럼 보이는 것을 찾아내서, 그 위에 **완벽함**에 대한 생각을 덧칠합니다. 치유가는 자신의 말이 환자에게 발해졌다는 것을 제외하고는 환자에 대해 어떤 생각도 하지 않을 것입니다. 하지만 매일 규칙적으로 행해진 이 치유의 작업은 환자를 조금씩 호전시킵니다. **무한한 지성**은 치유가가 선언했던 것을 토대로 활동할 것이기 때문에, 치유가는 어떤 결과가 일어날지에 대해서는 걱정하지 않습니다. 어쩌면 그 병은 굉장히 많은 주의를 요구하는 것일 수도 있습니다. 이런 때는 매일 아침, 점심, 저녁 몇 분씩 치유를 하십시오. 그렇지 않은 경우라면 매일 10분에서 15분 정도 하루 한 번이면 족합니다.

환자가 병든 육신을 가졌다고는 생각하지 마십시오. 만일 그렇게 한다면 당신이 다루는 것은 그의 육신이 됩니다. 우리는 왜 환자의 몸이 치유의 대상이 되어서는 안 될까요? 그 이유는 질병이 있는 곳은 몸이 아니기 때문입니다. 몸은 결과이지 원인이 아닙니다. 움직임의 주체는 몸이 아닙니다. 변화의 주체는 상황 그 자체가 아닙니다. 그것들은 항상 움직여지고 있을 뿐입니다.

3장 멘탈힐링에 대한 설명

아픈 사람을 아프게 하는 것은 그의 육신이 아닌 그의 생각입니다.

사고의 경우에는 어떻습니까? 그것 역시도 우리의 마음이 우주와 조화를 이루는 정도에 따라, 사고를 당할 가능성이 적어지게 될, 우리의 믿음일 뿐입니다.

WE DO NOT SEND OUT THOUGHTS
우리는 생각을 내보내는 것이 아니다

우리는 환자에게 생각을 내보내려 하지 않습니다. 왜냐하면 우주에는 오직 **하나의 마음**이 존재하기 때문입니다. 아픈 사람을 'A'라고 하고, 치유가를 'B'라고 해보겠습니다. B가 생각을 하면 상념은 **근원 마음 안으로** 들어갑니다. 그래서 그가 자신의 내부에서 생각하고 있다고 말하든지, 아니면 다른 곳에서 생각하고 있다고 말하든지 문제가 되지 않습니다. 그는 하나의 근원마음 안에 있기 때문에 언제나 그곳 안에서 생각할 수밖에 없습니다. 누군가는 "환자는 환자의 잠재의식 안에서 생각한다"라고 말할지도 모릅니다. 네. 그건 맞습니다. 하지만 한 개인의 주관적인 **마음**은 하나의 **근원마음** 안에서 그가 차지하는 상태일 뿐입니다. 이걸 확실히 이해해야만 합니다. 그렇지 않으면 우리가 치유할 때 장벽이 생기게 됩니다. 즉, 먼 거리에 있는 사람을 치유해야 하거나 혹은 어떤 상황을 치유해야 할 때면 마음 안에 거리라는 장벽이 생기게 됩니다.

환자와 치유가 모두 **하나의 공통된 마음** 안에서 생각을 합니다. 따라서 환자가 찾아와서 치유를 부탁하면 치유가는 그 사람에게 최면을 걸거나 암시를 걸 필요가 없습니다. 단지 그 사람에 대해 진리를 선언하면 됩니다. 치유가가 완벽함을 진심으로 인식하는 정도에 따라 환자의 마음이 수용적인 상태가 되면 그 사람은 치유될 것입니다. 그 무엇도 이것을 방해할 수 없습니다. 치유가는 생각을 잡아두는 것도 아니고 생각을 어딘가로 내보내는 것도 아닙니다. 단지 환자가 완벽하다는 것을 확신할 뿐입니다. 또한 자신의 말이 환자에게 작용하게 하려고 하지도 않고 그저 자신이 말한 것의 진리만을 인식하려 합니다. 그러면 환자는 그 진리를 받아들이게 될 것이고 진리가 그를 치유하게 될 것입니다. 치유가는 편재하는 권능, 즉 **신의 원리**가 지탱해주고 있는 **우주의 법칙**을 다루고 있는 중입니다. 그래서 예수는 "그대는 진리를 알지니 진리가 그대를 자유롭게 할 것이라"[요한복음 8:52]고 말했습니다.

우리가 생각을 할 때마다 수용적이면서 유동적인 성질을 지닌 **근본질료** 안으로 생각을 하는 것이고, 그러면 그것은 우리 생각의 인상을 받아들입니다. 생각이란 것이 얼마나 섬세한지를 깨닫게 되고, 우리가 무의식적으로 부정적인 것을 얼마나 많이 생각하는지를 깨닫게 되고, 그 생각에서 빠져나오는 것이 얼마나 어려운지 깨닫게 된다면 우리가 현재의 상황들을 지속시키고 있었다는 것을 알게 될 것입니다. 그래서 현재의 상황이 나쁜 사람들은 점점 더 어려워지고, 반대로 성공하는 사람은 더욱 더 성공합니다.

VISION
눈

눈 질환은 눈에 대한 한계를 받아들일 때 나타납니다. 그것은 분리된 눈에 대한 믿음입니다. 신은 봅니다. 그리고 신의 눈은 존재하는 유일한 마음입니다. 그것은 또한 우리의 마음입니다. 그래서 우리가 인식하지 못할지라도 우리는 보고 있습니다. 이렇게 주장하는 것에 주저하지 마십시오. 왜냐하면 이것이 진리이기 때문입니다. 시야에는 어떤 장애도 존재하지 않습니다. 근시나 원시 같은 것은 없습니다. 잘못된 눈은 없습니다. 약한 눈이나 흐릿한 눈은 없습니다. 오직 하나의 완벽한 시야가 존재하고, 그것은 지금 나를 통해서 내 안에서 보고 있습니다.

HEALING CONSTIPATION
변비

변비는 한계 혹은 부담에 대한 믿음에서 생겨납니다. 어떤 제한도 없고, 어떤 정체도 없고, 어떤 제한된 행동도 없고, 어떤 속박도 없고, 어떤 두려움도 없고, 어떤 혼잡도 없다는 것을 깨달을 때 우리는 그것을 고칠 수 있습니다. 오직 자유만이 있고, 모든 활동은 정상적이고, 조화롭고, 완벽하다는 것을 깨닫도록 하십시오.

종종 치유의 말을 했을 때 어떤 장애들 때문에 작동되지 않는 때가 있습니다. 그 중 대표적인 것은 난치나 불치에 대한 믿음입니다. 이 믿음부터 치유해야만 합니다. 그 어디에도 진리에 저항할 수 있는 것은 없습니다. 그 어디에도 진리의 인식을 가로막는 것은 없습니다. 잘못된 상황이 무엇이든 그것에 대한 마음의 저항을 반대 방향으로 만들어놓으십시오. 당신이 잘못된 것을 찾아낼 때까지 당신의 생각을 계속 뒤집어보십시오. 그 발견이 논리적으로 이루어지든, 우연히 이루어지든 관계없습니다. 누구라도 생각 안에서 잘못된 것을 찾아내서 바꿀 수만 있다면 마치 땅에 씨앗을 뿌려 식물을 자라게 하는 것처럼 치유의 힘을 사용할 수 있습니다. 지금의 부정적인 결과들에서 고개를 돌리고 새로운 원인을 마음의 눈으로 충분히 인지할 수 있다면 치유를 할 수 있습니다.

모든 치유에서 두려움에 대한 생각은 반드시 제어되어야만 합니다. 치유가는 반드시 어떤 두려움도 없다는 것을, 어떤 두려워할 것도 없다는 것을, 그리고 그 두려움은 인간을 통해 활동할 수 없다는 것을 깨달아야만 합니다.

DISEASE NOT AN ENTITY
질병은 실재가 아니다

인간은 근원적으로는 완벽한 존재입니다. 우리는 이것을 대전제로 삼고 있습니다. 완벽한 신, 완벽한 인간, 완벽한 존재, 이것으로부터 우리가 주장하는 모든 것이 시작됩니다. 그래서 우리는 병으로 고통 받는 사람과 병을 분리해서 생각해야만 합니다. 병은 사람도, 장소도, 사물도 아니란 것을, 그리고 병은 스스로를 나타낼 장소나 방법도 없고, 스스로를 나타낼 통로나 사람도 없다는 것을 자주 선언하십시오. 절대 병에 위치를 정해주지 마십시오. 왜냐하면 생각은 현실이기 때문입니다. 그렇기에 만약 병에 위치를 정한다면 그것은 그곳에 존재하게 될 것입니다. 항상 믿음과 믿는 자를 분리하십시오. 왜냐하면 그 어떤 것도 인간의 **참모습**을 괴롭힐 수 없기 때문입니다. 그 무엇도 그랬던 적은 이제껏 없었고 앞으로도 영원히 그럴 것입니다.

THROAT TROUBLE
인후장애

인후장애를 치유할 때 다뤄야 할 생각은 감수성입니다. 누구라도 자신의 감정이 다친 적이 없었다면 인후장애에 걸리지 않습니다. 환자에게, "그 누구도 당신에게 상처를 주기를 원하지 않고 설사 상처를 주고자 했더라도 그럴 수는 없었을 것"이란 것을 이해시킴으로써 상처를 치유합니다. 우리의 개성은 **하나의 근원**으로부터 펼쳐진 것이기 때문에 상처받을 수 없습니다. 우리의 내면에서 완벽함을 느낄 수 있기 때문입니다.

CONGESTION
울혈

감기나 울혈과 같은 병에 걸렸다면 치유할 생각은 혼란함입니다. 반드시 균형과 평화를 인식해야만 합니다. 균형과 평화를 회복할 때 감기는 치유될 것입니다.

PARALYSIS
마비

속박되었다는 믿음을 제거함으로써 모든 형태의 마비를 치유할 수 있습니다. 생명은 마비될 수도 활동을 멈출 수도 없다는 관념을 사용하십시오. 변비처럼, 마비라는 생각 배후에도 속박되었다는 관념이 존재합니다. 이것은 종종 다루기 까다로운 감정이어서 치유하는 데에 애먹는 경우가 있습니다.

GROWTHS
종양

종양에 대한 생각이 제거되면 외부도 치유됩니다. "내 하늘의 아버지께서 심지 않은 모든 식물들은 뿌리부터 뽑히리라." 하늘의 아버지는 인간의 참실상이자 **불멸의 존재**이자 **완벽함**입니다. 세상 그 무엇도 종양에게 영양을 공급해주는 것이 없다는 것을 앎으로써 종양에 대한 생각을 뿌리부터 뽑아내십시오. 당신의 마음 안에서 잘못된 믿음을 제거하십시오. 그러면 환자의 마음에 있던 믿음도 제거될 것입니다. 그로써 치유될 것입니다.

TREATING CHILDREN
아이들을 치유하기

아이들 같은 경우에는 부모의 생각이 크게 영향을 미친다는 것을 알아야 합니다. 어머니들이 어떤 식으로 이야기하는지 잘 살펴보십시오. "가여운 것. 가엽고 작고 여린 것!" 이런 식의 말을 자주합니다. 물론 일반인의 기준에서는 애정이 담긴 자연스러운 말일지도 모릅니다. 하지만 그 말은 아이를 병약하게 만듭니다. 이것을 무의식적인 저주라고 하기도 하고 순수한 저주라고 하기도 합니다. 이건 저주입니다. 왜냐하면 생각을 잘못 사용한 것이기 때문입니다. 하지만 해를 끼치려는 의도는 없었기에 순수하면서 무의식적인 것입니다. 아이의 엄마는 자신이 지금 어떤 일을 하고 있는지를 인식하지 못하기 때문에 그런 말을 했던 것입니다. 그러나 그런 마음의 활동이 어떤 결과를 가져올지 알아채지 못했기 때문에 무지한 것입니다. 이런 사안에서도 마찬가지로 치유가는 아이를 통해 활동하는 정신적 영향력은 오직 **완벽함**밖에 없다는 것을 반드시 인식해야만 합니다.

POWER OF THE WORD
말씀의 힘

치유할 때면 확신을 가지십시오. 마음의 작업을 할 때면 분명하고 확고하게 하십시오. 당신이 다루고 있는 것은 지성입니다. 그러니 그것을 이성적으로 다루십시오. 치유를 하고자 한다면 반드시 환자의 완벽함을 인식해야만 합니다. 치유가는 반드시 자신의 말에 힘이 있다는 것을 인식해야만 합니다. 치유가는 자신의 치유행위가 인간이 만든 모든 법을 부수어 해체시킨다는 것을, 그리고 치유행위가 **조화의 법칙**이자 **신의 현존**을 인식하는 것임을, 그리고 치유행위 안에는 그것 스스로를 현실로 만들 권능이 있고, 한계가 없다는 것을 알아야만 합니다. 치유행위를 했을 때 우리는 그 치유를 바꿀 수 있는 것이 없다는 것을, 그것을 방해할 믿음이란 없다는 것을, 그리고 그것과 반대되는 힘에 의해 뒤집힐 수도 없고, 잘못된 방향으로 갈 수 없다는 것을, 잘못되거나 무효가 되거나 파괴될 수 없다는 것을 알아야만 합니다. 우리의 치유행위는 하기로 예정된 그 일을 모두 완수할 때까지 계속 될 것입니다.

예수의 "하늘과 땅은 지나갈 것이나, 내 말은 사라지지 않으리라"[누가복음 21:33]는 표현이나, 이사야의 "그래서 내 입에서 나간 말은 헛되이 돌아오지 않으리라"[이사야서 55:11]는 표현은 바로 이것을 뜻합니다.

NO AGE
늙지 않는다

항상 통제해야만 하는 생각들이 있습니다. 인류암시, 천부적 성향, 태생적 상태, 환경 그리고 정신적 영향과 암시와 같은 것을 들 수 있습니다. 치유방법은 오직 **하나의 마음**이 있다는 것을 인식하는 것으로 정형화시킬 수 있습니다. 그걸 인식하는 동안에는 그 **하나의 마음**을 통해 우울, 두려움, 불완전한 생각이 흘러들어가지 않습니다. 인간은 태어나지도, 죽지도, 늙지도 않는 **스피릿**입니다. 우리가 치유를 하고 있다면 이것을 확고히 받아들여야만 합니다. **스피릿**은 태어나지도, 성장하지도, 썩지도, 죽지도 않습니다. 모든 인류가 뚜렷하게 이런 인식을 지니고 있다면 더 이상 늙지 않을 것입니다. **근원생명**은 나이가 들지 않고 언제나 똑같습니다.

MEMORY
기억

로크는 '인간지성론'에서 기억력을 '마음에 인상을 남겼다가 사라진 것을, 즉 시야에서 벗어나버린 것을 다시금 마음 안에서 소생시키는 힘'으로 정의합니다. 기억은 과거에 일어났던 일을 마음에서 소생시키는 능력을 말합니다. 우리는 2년 전에 일어났던 일을 마음 안에서 다시 떠올릴 수 있습니다. 그 이유는 그것이 우리의 **주관마음** 안에 저장되었기 때문입니다. 우리는 간혹

건망증에 걸린 것 같다고 말하기도 하는데, 그것은 그 기억을 다시 회상할 수 없다는 뜻입니다. 하나의 마음은 그 자신을 결코 잊어버리지 않는다는 것을 앎으로서 이 믿음을 치유할 수 있습니다. 이 하나의 마음은 지금 나의 마음입니다.

GUIDANCE IN TREATING
도움의 목소리

치유하면서 어떤 생각을 다뤄야할지 알 수 없을 때는, 마음을 고요히 하고 **내면의 지성**이 당신에게 무엇을 해야 할지, 어떻게 해야 할지 알려 줄 거라는 것을 아십시오. 이렇게 하면 어떤 생각이 떠오를 것입니다. 그걸 그대로 해본다면 사건은 해결될 것입니다.

HOW TO HEAL
치유하는 법

"여기 내가 고쳐야 하는 환자가 있다"고 말하지 마십시오. 당신이 이런 식으로 환자를 대한다면 어떻게 그를 고칠 수 있겠습니까? 당신이 그를 계속 아픈 사람으로 본다면, 당신에 관련되는 한, 그는 여전히 계속 아플 것입니다. 병을 보고 있는 동안은 치유할 수 없습니다. 병은 사람도, 장소도, 사물도 아닙니다. 그리고 그것은 어떤 작용이나 반작용도 없고, 원인도 결과도 아닙니다. 그리고 그것을 지탱해줄 **법칙** 따위는 없고 그것이 활동하는 통로가 될 사람도 없습니다. 병에 대해 말하고 다니는 사람도, 그것을 믿고 있는 사람도 없습니다.

환자의 생각은 당신의 치유와는 아무런 관계가 없습니다. 왜냐하면 당신의 생각이 깨끗해질 때 환자도 자연히 치유될 것이기 때문입니다. 치유를 할 때 가장 먼저 해야 하는 일은 당신의 마음에서 의심과 두려움을 지워버리는 것입니다. 당신이 신의 **형상**이고 당신의 말은 말해진 대상을 향하는 **법칙**의 화살임을 깨달으십시오. 예수가 지녔던 힘은 바로 이런 앎에서 나왔습니다. "그는 그것들을 권위를 가진 자로서 가르쳤고, 서기관으로서 가르치지 않았더라."[마태복음 7:29]

REMOVE DOUBT

의심을 제거하라

치유가가 진리를 선언할 때 확신이 없다고 가정해보겠습니다. 이럴 때 어떻게 하면 믿음의 상태까지 자신을 고양시킬 수 있겠습니까? 생각의 주관적인 상태가 깨끗해질 때까지 확언을 반복하고, 그 말의 의미를 곰곰이 살펴보고, 그 말의 영적인 의미에 대해 명상하는 것을 통해 그 일을 할 수 있습니다. 치유를 반복하는 것은 바로 이것 때문입니다. 그래서 만일 치유할 때 의심이 없다면 한 번에 효과를 볼 수도 있습니다. 반복된 치유는 비록 그 확언하는 것이 외부로 현현되어 나타나지는 않았더라도 이미 그것이 완성되었다는 명확한 관념을 의식 안에 불어넣을 수도 있습니다. 이것을 통해 보더라도 치유는 매우 과학적인 것입니다. 치유에 어떤 의심도 품을 이유는 없습니다.

당신은 법칙을 통한 당신의 지혜를 이용해서 치유하고 있다는 것을 깨달으십시오. "치유하기엔 내가 부족해"라고 말하지 마십시오. 무엇을 하기 적당하고, 그보다 더 잘하고, 가장 잘하는 것과 같은 분류는 없습니다. 이런 것들은 망상일 뿐입니다. 왜냐하면 진리 안에서는 모두가 똑같기 때문입니다.

미신적으로 생각하지 마십시오. 왜냐하면 당신이 다루고 있는 것은 마음의 세계와 영적인 세계 안의 극히 평범한 자연의 법칙이기 때문입니다. 이 법칙 역시도 우리가 알고 있는 다른 법칙과 마찬가지입니다. "이걸 치유할 힘이 내게 있는지 모르겠다"고 말하지 마십시오. 그런 마음상태로는 치유할 수 없습니다. "내가 건강의 상념을 품었기 때문에 그것들은 내가 믿는 원리에 의해서 작동될 것이다"고 말하십시오. 이것은 **신의 법칙**, 인간의 **법칙**, 우주의 **법칙**입니다. 결코 "어떤 사람은 이 병을 치유할지 모르지만 난 그렇지 못해"라고 말하지 마십시오. 내가 이런 말을 하고 있는 것을 발견한다면 즉시 나 자신부터 치유해야만 합니다. 이런 생각은 우리가 다루고 있는 것이 한정된 권능이라는 믿음에서 기인합니다.

NO FEAR
두려워 마라

당신이 치유하려고 할 때, 두려움의 거대한 물결이 당신을 삼키면서 "당신은 올바른 치유를 할 수 없어"라고 속삭인다고 가정해보겠습니다. 이때 당신은 이 두려움을, 아무런 힘도 없는 것으로, 그래서 당신 자신에게 어떤 확신도 심어줄 수 없는 단순한 암시로만 취급해야 합니다. 말하십시오. "내 안에는 치유를 행하는 나의 능력을 의심하게 만들 수 있는 것이 아무것도 없다." 이제 두려움은 사라지고 이루어야 한다고 애쓰는 마음으로부터 벗어나게 해줄 것입니다.

우리가 환자에 대한 치유를 충분히 했는지를 어떻게 알 수 있습니까? 환자가 나아진다면 더 이상 치유를 필요로 하지 않게 될 것입니다. 이때까지 매일 매일 완벽함에 대한 자각으로 치유를 하십시오.

환자가 약을 복용하는 것과 복용하지 않는 것에는 어떤 차이가 있겠습니까? 조금도 차이가 없습니다. 약이라는 치유의 형태가 고통을 경감해준다면 그것을 복용하게끔 하십시오. 우리는 우리가 얻을 수 있는 것이라면 어떤 도움도 환영합니다. 환자는 자신이 더 이상 약을 필요로 하지 않을 때 치유됩니다. 치유가는 약에 대해서는 잊고 마음 안에서 치유를 하면 됩니다. 그러면 환자는 더 이상 약을 찾지 않게 될 것입니다.

어떤 사람들은 약을 복용한다는 것이 신을 모욕하는 것으로 생각합니다. 신은 약에 대해서는 모릅니다. 이런 생각은 그야말로 극히 저급한 미신일 뿐입니다. 그런 종류의 생각들을 모두 떨쳐버리고 환자의 완벽함만을 인식하도록 하십시오.

우리는 의지의 힘을 통해 치유를 하는 것이 아니라, **진리를 아**

는 것으로 치유를 합니다. 여기서 말하는 **진리**란 인간의 외형이 어떤 모습일지라도 그것 이면에 존재하는 완벽함을 인식하는 것입니다. 생각을 꽉 부여잡는 것은 치유와 관계가 없습니다. 그래서 누군가 치유를 하기 시작할 때 두통이 일어난다면 지금 치유를 정신적으로만 애쓸 뿐, 영적인 자각을 통해 하고 있지 않다는 것을 알아야만 합니다. 치유를 할 때면 치유가 역시도 치유하기 이전보다 더 좋은 컨디션이 이루어져야 하는데 그렇지 못했다면 치유방식이 잘못됐다는 이야기입니다.

어떤 사람은 물을 것입니다. "이 모든 병이 환자가 의식적으로 한 생각입니까?" 아니요. 그렇지는 않습니다. 어떤 것은 잠재의식에서 나온 생각일 수도 있고 아니면 여러 가지 생각들이 조합되어 새로운 결과를 내는 것일 수 있습니다.

PSYCHO-ANALYSIS
정신분석

치유가는 환자의 생각을 분석해야 할 필요가 있습니다. 사실상 이 부분이 치유에 있어서 핵심입니다. 이것은 **소울의 관점**(잠재의식의 분석)에서 하는 정신분석입니다. 즉 정신분석은 소울 혹은 **주관적인 마음**의 분석입니다. 그곳에서는 우리 생각의 씨앗이 **소울** 혹은 **주관적인 마음** 안으로 들어옵니다. 그래서 대부분 육체적인 문제를 겪는 사람들은 감정과 의지의 충돌로 인해 생긴다고 합니다. **의식적인 마음**이 어떤 특정한 것을 원하는데, 그것을 가질 수 없을 때 **주관적인 마음** 안으로 반대되는 욕망을 내보냅니다. 그러면 그것은 서로 충돌하여서 정신적인 균열을 만들고, 그것으로 인해 속박된 느낌이 일어납니다. 그것들이 몸에 나타날 때 병이란 모습이 됩니다. 그래서 모든 질병의 70퍼센트 가까이가 억눌린 감정의 결과라고 주장합니다. 이런 감정들은 성욕만 있는 것이 아니라 모든 종류의 억눌린 욕망들을 포함합니다. 이렇게 억눌린 감정들은 콤플렉스라고 불리는 것을 만듭니다.

예수가 한 남자의 죄를 사했을 때, 예수는 그 남자에게 스스로 죄가 있다는 콤플렉스가 있다는 것을 알았을 것입니다. 이렇게 사람들이 스스로 갖고 있는, '죄가 있다'는 느낌은 그들 자신을 짓누르고 있기에 우리는 반드시 제거해야만 합니다. 예수가 "그대의 죄는 사해졌더라"[마태복음 9:2]고 말한 이유입니다. 상처를 주는 것은 느낌입니다. 생각하는 사람은 사물들을 곰곰이 생각해내서 그 모든 것을 정상적인 위치로 돌려놓으며 콤플렉스를 피합니다. 그래서 "인생은 생각하는 사람에게는 코미디이고,

느끼는 사람에게는 비극이더라"는 말이 있습니다.

  치유가는 환자와 대화를 나누면서 그에게 마음의 법칙을 이해하게 해주고, 그것이 작동하는 방법을 가르칩니다. 그리고 치유가는 환자의 생각을 진단해서 그의 어떤 일정한 마음태도가 어떤 물질적 결과가 되었는지를 지적하며, 어떻게 하면 그의 생각과 조화를 이룰 수 있는지, 어떻게 하면 평화로울 수 있는지, 어떻게 하면 **선함**(Good : 신)을 신뢰하고 믿을 수 있는지를 가르칩니다. 그래서 그가 정신적, 영적으로 고양되어 홀로 설 수 있을 때까지 생각을 이끌어줍니다.

  치유가는 **신성한 자애의 정신**으로 채워져야만 합니다. 그의 생각 이면에는 일체심과 동정심이 깊게 자리 잡고 있어야만 합니다. 그렇지 않다면 선한 일을 하기는 힘듭니다. 그렇다고 병에 대해 일체감을 지녀서는 안 됩니다. 우리의 내면에 존재하는 **신성함**이 외부로 확연히 모습을 드러내게 될 시간은 우리가 인류애를 실현할 때입니다. 깨달은 영혼은 **일체성**에 대한 의미를 이해해서 그것을 표현해냅니다. 하지만 병에 대해서 일체감을 지니지는 않습니다.

DEAL ONLY WITH THOUGHTS

오직 생각만을 다룬다

멘탕힐링에서 치유가는 생각을 다룰 뿐, 몸이나 상황과 같은 외부적인 것은 다루지 않습니다. 환자를 만지거나 혹은 손을 갖다 대거나 하지 않습니다. 환자에게 최면도 걸지 않습니다. 환자가 어디 있는지, 무엇을 하고 있는지도 신경 쓰지 않습니다. 이런 것들은 모두 제한된 관념입니다. 치유가의 치유는 자신의 의식 안에서 시작하고, 자신의 의식 안에서 끝을 맺습니다.

NERVOUSNESS

신경과민

신경과민일 경우에 마음에 채워야 할 생각은 평화, 균형, 힘과 같은 것입니다. 신경의 경련과 같은 것은 없습니다. 우주에는 긴장이나 투쟁과 같은 것이 없습니다. 만물은 조화롭고 고요하고 올바른 방식으로 움직입니다. 이런 조화롭고 고요한 생명의 활동은 치유할 환자에게도 마찬가지로 흐르고 있습니다. 치유가는 자신이 선언하는 진리를 확신할 때까지 치유를 계속합니다. 그건 일 분이 걸릴 수도, 한 시간이 걸릴 수도, 아니면 더 긴 시간이 걸릴 수도 있습니다.

STAMMERING
말더듬

말더듬에 대한 치유는 말에 대해 올바른 관념을 갖게 하면 됩니다. 말은 신의 **말씀**이기에 퇴색될 수 없고, 자신이 무엇인지를 인식하는 하나의 **생명**입니다. 말은 완벽합니다.

ARGUMENT IN TREATMENT
마음의 다툼이 종식되다, 치유

치유할 때 마음에서 다툼이 일어나는 것을 한 마디로 요약해보면 이렇습니다. 우리가 치유할 때 선언하는 것은 원리를 작동시키기 위해 하는 것이 아니라, 이미 작동하고 있는 원리를 확신하기 위해서입니다.

치유하는 것을 요약해보겠습니다. 당신은 의식을 지닌 마음입니다. 그리고 환자 역시도 **의식을 지닌 마음**입니다. 환자는 의식적으로 혹은 무의식적으로 불완전에 대해 생각을 했었거나, 혹은 지금 하고 있기에 그것이 그를 통해 활동하고 있습니다. 당신은 **의식을 지닌 마음**으로서 환자가 불완전하다고 말하는 이 생각을 제거합니다. 치유는 당신의 마음에서 시작되어 당신의 마음에서 끝납니다. 치유는 그 아픔에 대한 생각을 **완전함**으로 덮어서 아픔과 죽음에 대한 생각의 흔적을 사라지게 할 때 이루어집니다. 명상을 통해서 **스피릿**에 대해 보다 수용적인 마음을 지닌다면 치유는 항상 좋은 결과를 만들어낼 것입니다. 모든 생명의 일체성에 대한 깊은 내면의 인식은, 우리의 마음을 통해 흐르고 있는, 위대한 **의식적 마음과 우주의 스피릿**은 우리가 **무한한 생명**이자 **진리**이자 **사랑**이자 **힘**이라는 것을 느낄 수 있게 해줍니다. 우리는 우리의 말 배후에는 자신을 표현하려고 요동치는 **우주의 권능**이 있음을 느껴야만 합니다.

RECAPITULATION
Chapter 4 정리

병은 단지 경험일 뿐 궁극적 실체는 아닙니다. 그리고 결과일 뿐 원인이 아닙니다. 육체에 마음이 없다면 인식하거나 감각을 느끼지 못합니다. 그걸 봐도 육체는 전적으로 결과일 뿐입니다. 모든 창조가 이루어졌던 '생각하지 않는 질료(unthinking stuff)'로부터 인간의 육체도 만들어졌습니다.

태초 인간(Instinctive Man)은 완벽합니다. 하지만 **근원의 생명**과 **법칙**을 한 개성의 자유의지로 사용하다가, 그 **완벽한 관념**에 불완전함의 망토를 두르게 됐습니다.

인간은 객관적인 세상에 태어날 때, 인류암시를 통해 자신 안에 이미 내면화된 인류의 성향을 갖고 옵니다. 인류는 병과 한계를 믿고 있는데, 이 믿음은 사람들 각각에게는 다소 차이가 있겠지만 어느 정도 영향을 미칩니다. 이 암시는 인류생각의 주관적인 상태를 통해 활동하면서 이것을 받아들인 사람에게 영향력을 행사합니다.

인간이 개별적 개성을 지니게 되었을 때 인간은 의식적인 생각을 통해, 물질적 육체의 고요한 건설자인 **주관적인 마음** 안으로 암시를 계속해서 집어넣게 되었습니다. 그렇게 생각은 내면이란 곳을 통해 항상 그에 합당한 결과를 만들어가고 있습니다.

인간은 특정한 질병에 걸릴 것이라고 의식적으로 생각했기 때문에 그것이 나타난 것은 아닙니다. 자신이 한 부정적 생각들이 적절히 조합되어 그에 합당한 새로운 병이 육체로 나타납니다.

병 그 자체는 사람도, 장소도, 사물도 아닙니다. 그저 의식적 혹은 무의식적으로 마음 안 어딘가에 자리 잡고 있었던 생각이며, 그것이 활동할 수 있는 곳을 찾았을 때 그곳을 통해 형태를 취하게 되는 생각의 이미지일 뿐입니다.

마음이 사라진 육체는 더 이상 병에 걸리지 않는 것을 보면 병은 전적으로 마음에 관한 것임을 보여줍니다. 병은 이중성에 대한 믿음으로부터, 즉 신과는 분리된 힘에 대한 생각과 믿음으로 나타난 결과입니다.

생각의 방향을 반대로 돌려 생명의 영적인 자각의 세계로 돌린다면 병은 치유될 수 있습니다. 진정한 의미의 마음치유와 영적인 자각은 분리할 수 없는 것입니다. 왜냐하면 신은 모든 것이기 때문입니다.

치유의 방식인 마음의 논증방식은, 우리가 우리의 생각에 응답하는 **우주의 마음**에 싸여 있다는 이론에 기초하고 있습니다.

올바른 마음을 만들어내기 위해서는 마음을 건설적인 방향으로 계속 돌려야 합니다. 그것은 논증의 방식을 통해 **영적인 진리**를 표현하게 하는 것입니다. 그릇된 마음의 활동은 마음을 파괴적인 방향으로 사용하는 것입니다. 다시 말해 인간에 대한 그릇된 선언을 나타내기 위한 목적으로 행해지는 마음의 논증방식입니다.

우리는 올바른 마음의 활동을 **그리스도의 정신**이라고 일컫습니다. 그릇된 마음의 활동을 적그리스도의 정신이라고 일컫습니다. 그것은 저주인데, 의도적일 수도 그렇지 않을 수도 있습니다. 어떤 사람을 부정적인 모습으로 생각하는 것은 저주의 한 형태이고 이것은 해롭습니다. 이런 저주는 무지에 의할 수도, 순수한 목적일 수도, 혹은 악의적 의도를 갖고 행할 수도 있습니다. 그 무엇이든 항상 일정한 암시의 형태를 띱니다.

마음 안에서 우리는 한 사람을 그 사람의 이름을 통해 인식합니다. 그래서 마음 안에서 그 사람의 이름으로 한 어떤 주장은 **법칙**을 통해 그에게 작동됩니다. 이것이 모든 마음치유의 기초입니다.

치유가는 인류를 **영적인 실체**로 자각하는 사람입니다. 오직 하나의 마음만이 존재하기 때문에 치유가는 환자 내부에서 치유를 일으킬 수 있습니다. 치유가가 행했던 선언은 치유가의 믿음에 따라, 그리고 환자가 진리를 받아들이는 능력에 따라 **근원 마음의 매개체**를 통해 환자의 객관적인 상황 속으로 깨어납니다. 치유는 **주관적인 법칙**이 활동하게 되는 것을 통해 이루어집니다. 치유가의 마음이 보다 영적이고 혹은 **신**과 같을수록 치유의 힘도 보다 강력해집니다.

멘탈힐링은 치유가의 생각 안에서 시작해 생각 안에서 끝이 납니다. 왜냐하면 치유가는 그의 환자가 살고 있는 것과 동일한 **하나의 마음** 안에 있기 때문입니다. 치유는 **생명의 주관적인 면**(잠재의식) 안에 올바른 관념을 불어넣는 것입니다.

환자가 참석한 채 하는 참석치료(參席治療)나 환자가 없는 상태에서 하는 부재치료(不在治療)는 같습니다. 왜냐하면 **하나의 현존** 안에 우리 모두가 있기에 부재와 같은 말은 모순되기 때문입니다.

어떤 병이 쉽게 치유됐다면 다른 병도 쉽게 치유될 수 있습니다. 물론 치유가가 쉽게 고쳤던 병만큼 확신을 해야 합니다.

치유를 할 때 개인이 치유의 책임을 떠안을 필요는 없습니다. 치유가는 **근원의 권능**에게 지시를 해서 그것이 활동하게 만들 뿐입니다. 그래서 마음치유에서 치유가가 생각을 부여잡고 있을 필요는 없고, 생각을 풀어주는 것뿐입니다. 치유가는 암시를 거는 것도, 최면을 거는 것도, 정신적인 억압을 하는 것도 아닙니다. 단지 지금 현재 환자의 모습이 어떻든 아랑곳하지 않고 그 사람이 지금 영적인 존재임을 알아서 그 믿음을 지니는 것뿐입니다. 그래서 진정한 치유를 할 때는 치유가가 지치거나 피곤해지지 않습니다.

마그네티즘 에너지는 우리가 여기서 논하는 치유와는 관계가 없습니다. 지금 우리가 배우고 있는 마음치유의 가능성에 대한 모든 기초는 우리 모두는 **하나의 창조마음** 안에 살고 있고, 이 마음은 우리의 믿음에 따라 반응을 한다는 것입니다. 그것은 마치 귀를 기울이고 있는 우주가 있어서 우리가 말하고 느끼고 생각하는 모든 것을 듣고 있다가 그것에 반응을 해주는 것과 비슷합니다.

치유는 무언가 새로운 것을 만들어가는 작업이 아니라, **이미 완벽한 것을 끄집어내는** 작업입니다. 그래서 인간의 **완벽함에 대한 인식**이 항상 치유를 일으킵니다. 스피릿 안에서의 인간의 완벽한 상태를 올바르게 해내는 데에 시간이 걸릴 뿐입니다.

자신이 할 수 있다고 생각한 사람이라면 누구든 치유를 할 수 있습니다. 시간을 내서 그 믿음이 **법칙**을 통해 활동할 수 있게 한 사람이라면 치유를 할 수 있습니다.

매일 같이 완벽한 모습을 생각하며 그것이 나의 모습이라고 받아들이는 것은 올바른 마음활동이고 치유행위입니다.

멘탈힐링은 모든 것이 마음이고 모든 것이 마음에 관한 것임을 인식합니다. 모든 병을 생각이라고 여긴 후에 **진리**를 인식하면서 잘못된 생각을 사라지게 합니다. 그렇게 인식된 **진리**가 활동하게 된다면 그 무엇도 그것을 막을 수는 없습니다. 그 활동을 막는 것이 있다면 **진리의 실체**에 대한 믿음이 부족했거나 그것을 사용하는 인간의 능력이 부족했을 때뿐입니다.

멘탈힐링을 할 때면 치유가는 먼저 자신을 **스피릿**으로 인식한 후에 환자 역시도 온전한 상태로 인식합니다. 그 후에 환자에 대한 그릇된 마음의 주장을 공격해서 그것에 맞서는 **진리**를 확고히 만들어야 합니다. 즉, 그릇된 마음의 주장을 완전히 논박해서 **진리**를 인식합니다.

마음의 과학 2편에서 계속됩니다

멘탈힐링은 당신의 생각을 이용합니다.

모든 억눌림, 두려움, 의심, 실패, 우울한 감정, 상실감 등 지금 겪고 있는 문제가 무엇이더라도, 당신은 그것을 찾아내 중화시키고, 없애고, 흔적마저 사라지게 합니다.

당신의 생각이 아주 정확하고 오차 없이 명중시킬 때마다 그 생각은 마치 분필 선을 지우듯 아주 정확하게 그 일을 해낼 것입니다. 이것이 바로 생멸(生滅)의 신비입니다.

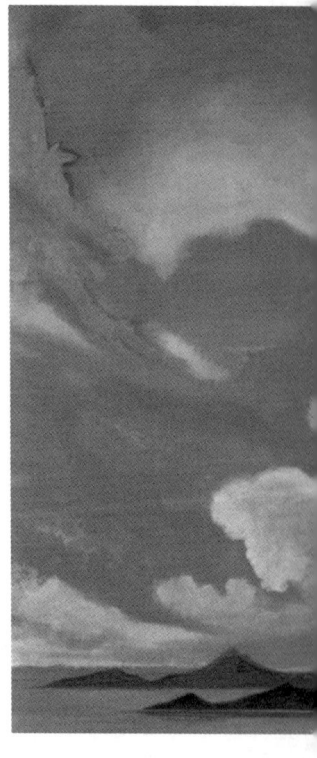

서른세개의 계단에서 나온 책들

어니스트 홈즈의 책을 읽으면서 감흥이 있었다면
모줌다, 왕국의 비밀을 함께 읽으시기 바랍니다.
어니스트 홈즈와 모줌다는 서로에게 많은 영향을 줬으며, 그들의 책 또한 의미를 더 명확하게 보완해줍니다.

성경에 대한 해석에 관심이 있다면
네빌고다드 5일간의 강의와 조셉머피의 당신안의 평화를 읽으시면 좋습니다.

멘탈힐링에 관심이 있다면
네빌고다드의 부활, 네빌고다드 라디오 강의, 믿음으로 걸어라를 읽으시면 좋습니다.

마음에 안정과 평화를 되찾는 것에 관심이 있다면
조셉배너의 웨이아웃을 읽으시면 좋습니다.